昭和全史

JN167306

古川隆久

角川文庫
24385

はじめに

昭和が終わって35年、昭和が始まって間もなく100年になろうとしています。昭和に郷愁を感じる方もいらっしゃれば、想像がつかない遠い昔のように感じる方もいらっしゃるでしょう。

実のところ、昭和期に日本に住んでいた人びとの努力の上に今の日本社会があることはまちがいありません。日本の大動脈である新幹線や高速道路の主要部分ができたのは昭和戦後期のことなのです。その意味で、昭和戦後期の高度経済成長によって、今の日本の骨格が作られたといっても過言ではありません。

その一方で、昭和期の大きな負の遺産として忘れるわけにはいかないのが戦争です。満州事変、日中戦争、太平洋戦争（アジア・太平洋戦争）は、日本に住む人びとだけでなく、広くアジアの地域に住んでいる人びとや、軍人として戦った人びとに多くの犠牲をもたらし、深い痕跡を今に残しています。そして今でもしばしば振り返られ、映画や小説、漫画などの題材にもなっています。時代を超えて考えるべき人間の生き様や苦悩がそこに現れているからでしょう。

つまり、昭和という時代の日本を振り返ることは、今の日本、これからの日本について考える上でも必要なことなのです。

本書は、もともと『早わかり昭和史』という題名で今から18年前に刊行されました。その後の歴史の歩みをふまえ、必要最小限の加除修正を加えました。18年前には存在していた景観や制度がなくなっていたり、当時は健在だった人物が亡くなっていたり、スポーツの記録が塗り替えられたり、事態が新たな展開を迎えた場合もあるからです。

昭和という時代の全体像を示すため、本書では、政治経済から社会文化に至るまで145の項目を立て、できるだけわかりやすく伝えることに努めました。興味のある所だけ読んでいただいても、全体を読み通していただいても構いません。昭和という時代に思いをはせ、さらに掘り下げて考えてみたいと思っていただけたら幸いです。とはいえ、取り上げきれなかった事項もあります。どういう事項を付け加えたらよいか、考えてみていただくのも本書の読み方の一つといえるでしょう。

なお、昭和史についての本ということで、年代表記は元号によることとさせていただきました。

本書の執筆にあたっては、広い分野を取り上げただけに、私自身の研究成果だけでなく、実に多くの文献や専門的な調査研究の成果を活用させていただきました。本書の性格上、それらを明記することは控えさせていただきますが、この場を借りて著者、編者の皆さまに厚くお礼申し上げます。

令和六年八月

著　者

目次

はじめに　3

第一章　戦争への道のり　昭和元年〜昭和20年

昭和のはじまり　昭和元年　16
金融恐慌と世界恐慌　昭和2年〜　19
地下鉄開通と特急「燕」　昭和2年、昭和5年　22
政党政治と男子普通選挙の開始　昭和3年　25
流行歌の誕生　昭和4年　29
満州事変と「満州国」の誕生　昭和6年〜昭和8年　32
「満州国」の実像　昭和7年〜昭和20年　35
五・一五事件　昭和7年　38
戦前の教育制度　〜昭和20年　41
二・二六事件　昭和11年　44
ダルマ蔵相　高橋是清　昭和6年〜昭和11年　47
国民的美男スター　長谷川一夫　昭和2年〜　50
喜劇映画の隆盛　昭和9年〜　53

第二章　占領と復興　昭和20年～昭和30年頃

講和条約の締結　昭和26年～昭和27年　166
日米安全保障条約の締結　昭和26年　169
戦後の航空事情　昭和27年～　172
ワンマン宰相　吉田茂　昭和21年～昭和29年　175
血のメーデー事件　昭和27年　179
『君の名は』の大ヒット　昭和27年～昭和29年　182
テレビ放送の開始　昭和28年　185
力道山の活躍　昭和29年～昭和38年　188
自衛隊の誕生　昭和29年　191
洞爺丸沈没　昭和29年　194
日本映画の全盛時代　昭和29年～昭和30年代　198
ミシンの普及　昭和30年代～　201
55年体制の成立　昭和30年　204
■COLUMN■　昭和のくらし博物館　207

第三章　高度成長のはじまり　昭和30年頃～昭和40年頃

高度経済成長のからくり　昭和30年～昭和45年　210
三種の神器と電話の普及　昭和24年～　213

集団就職の時代　昭和30年〜昭和40年代　216
石原裕次郎の衝撃　昭和31年　219
団地族の誕生　昭和31年〜　222
拙速だった日本の原子力開発　昭和29年〜　225
ロカビリーブーム　昭和30年〜　229
赤線の廃止　昭和33年　232
特急「こだま」とブルートレイン　昭和33年　235
水俣病の恐怖　昭和31年〜　238
伊勢湾台風の襲来　昭和34年　241
皇太子ご成婚　昭和34年　244
60年安保闘争　昭和35年　247
昭和の「妖怪」岸信介　昭和35年　250
時代の転換を示した三池炭鉱争議　昭和34年〜昭和35年　253
寛容と忍耐の池田勇人　昭和35年〜昭和39年　256
ラジオ中継された浅沼委員長刺殺事件　昭和35年　259
国民皆保険を実現　昭和36年　262
戦後初の国産旅客機ＹＳ11　昭和37年　265
吉展ちゃん誘拐事件　昭和38年　268
国産テレビアニメ始まる　昭和38年　271

相次ぐ薬害事件　昭和30年頃～　274
魔の一日　昭和38年　277
新潟地震の教訓　昭和39年　280
東京オリンピックの開催　昭和39年　283
新幹線の開業　昭和39年　286
高速道路の誕生　昭和38年～昭和44年　289
巨人・大鵬・卵焼き　昭和40年代　292
COLUMN 食生活の変遷　295

第四章　高度成長から安定成長へ　昭和40年頃～昭和50年頃

佐藤栄作の長期政権　昭和39年～昭和47年　298
3Cの普及の実態　昭和30年代　301
交通戦争の勃発　昭和30年代～　304
週刊誌、漫画雑誌の時代　昭和30年代～　307
続発する飛行機事故　昭和41年　311
ビートルズの来日　昭和41年　314
ミニスカートの流行　昭和42年　317
噴出する公害問題　昭和42年　320

■COLUMN■ 昭和の東京を写した写真家　桑原甲子雄　383

第五章　昭和のおわり　昭和50年頃〜昭和64年

今太閤　田中角栄　昭和47年　386
『日本列島改造論』　昭和47年　389
日中国交回復とパンダフィーバー　昭和47年　392
順法闘争とスト権スト　昭和45年〜昭和50年　395
日韓関係と金大中事件　昭和48年　399
第一次石油ショック　昭和48年　402
狂乱物価と買占め・売り惜しみ　昭和48年〜昭和49年　405
アイドルの時代　昭和49年〜　408
SLブームの到来　昭和45年〜昭和50年　411
女性の社会進出　昭和45年〜　414
延びる新幹線　昭和47年〜　417
エリザベス女王とダイアナ妃の来日　昭和50年、昭和61年　420
ロッキード事件と田中角栄の退場　昭和51年　423
テロと超法規的措置　昭和48年〜昭和52年　426
コンビニ・ウォークマン・カラオケ　昭和49年〜　429

王の大記録と長嶋の引退　昭和49年、昭和52年　432
成田空港の開港　昭和53年　435
大福中の確執　昭和51年〜昭和57年　438
校内暴力といじめ　昭和55年〜　441
ホテル火災と逆噴射　昭和57年　444
東京ディズニーランド開業　昭和58年　447
ロス疑惑とグリコ・森永事件　昭和59年　450
宮崎アニメの登場　昭和59年　453
御巣鷹山の大惨事　昭和60年　456
バブル経済の始まり　昭和60年　459
国鉄分割民営化の実現　昭和61年　462
リクルート事件と自民党の弱体化　昭和63年　465
昭和天皇死去　昭和64年　468
昭和天皇の生涯　明治34年〜昭和64年　471
■COLUMN■ テレビコマーシャルの昭和史　474

索引　488

第一章

戦争への道のり

昭和元年〜昭和20年

昭和のはじまり

昭和元年（１９２６年）

五大国の一つとなっていた日本

大正15年12月25日、5年余りにわたって病床にあった大正天皇が死去、摂政（天皇の代理）だった皇太子裕仁《ひろひと》が天皇に即位し（昭和天皇）、元号は昭和と改められた。昭和とは、中国古典を出典とし、明るく平和な世の中を願うという意味である。年末の改元だったので、雑誌の新年号は「大正16年1月号」のままだった。

１８６８年の明治維新以来、日本は貪欲に西欧文明を取り入れ、欧米列強に肩を並べる国づくりを目標に近代化の道をひた走った。

日清《にっしん》戦争、日露《にちろ》戦争に勝利して国際政治上の地歩を固め、第一次世界大戦では勝ち組（連合国）側について莫大な経済的利益を得た日本は、１９２０年にできた国際連盟の常任理事国となった。世界で有数の軍事力をもち、植民地のほかに南洋諸島も統治する一大帝国、名実ともに世界の五大国の一つとなったわけである。

歓迎された昭和の到来

こうした成果は国民が欧米列強なみの豊かな社会をめざして懸命に学び、働いた結果である。昭和初期の人口は朝鮮半島や台湾など植民地を含めて9000万人あまり、内地（日本本来の国土）だけで6500万人弱だった。

ただし、労働の成果のかなりの部分が軍備拡充に向けられたので、個々の国民が働いた度合いに見合うほど日常生活が豊かになったとはいえない。しかも、第一次世界大戦が終わると大戦景気が一段落し、大正12年の関東大震災で首都東京や京浜《けいひん》工業地帯が壊滅的な被害をこうむった影響もあって、日本の経済は停滞気味だった。

それでも、第一次世界大戦の反省を機に世界的に軍縮が叫ばれた大正末には、内地では義務教育（小学校）が完全に普及し、全国津々浦々に電信や電気、鉄道が通じ、ラジオや映画、新聞や雑誌といったマスメディアの普及が始まった。アジアで随一の先進国となったのである。そしてこうした社会の向上を背景に政党政治が確立し、大正14年に選挙権の納税制限が撤廃されて男子普通選挙制度が導入され、次の総選挙から実施される予定だった。

このような背景から、昭和の到来は、明るい兆候として国民に広く歓迎された。

しかし、国民の期待通りにはならなかった。その原因は、昭和初期の不況を政党政治が解決できず、軍部や官僚の政治への進出を招いたことと、アジアでいち早く近代化に成功したことからくる自信過剰で、国民全体がアジア周辺の人々を後れた民族として軽蔑し、英米を日本の発展を邪魔する勢力と考え始めたことにある。こうして、激動の昭和は始まった。

覚書 改元に際して、ある新聞は新元号を「光文」とスクープしたが、結果的には誤報となり、編集幹部の責任問題に発展した。

年	出来事	時期
1853年	ペリー来航	幕末
1854	日米和親条約	幕末
1858	日米修好通商条約	幕末
1868	明治維新	幕末
1871	廃藩置県	明治維新
1872	鉄道開通	明治維新
1877	西南戦争	明治維新
1881	国会開設勅諭	明治維新
1889	大日本帝国憲法発布	明治維新
1890	帝国議会開設	近代化
1894~95	日清戦争	近代化
1901	八幡製鉄所開設	近代化
1904~05	日露戦争	近代化
1910	韓国併合	近代化
1913	大正政変	近代化
1914~18	第一次世界大戦	国際化 大衆社会化
1918~21	原敬内閣	国際化 大衆社会化
1921~22	ワシントン会議	国際化 大衆社会化
1923	関東大震災	国際化 大衆社会化
1925	普通選挙法制定	国際化 大衆社会化
1926	昭和天皇即位	

幕末から昭和に入るまで

金融恐慌と世界恐慌

昭和2年（1927年）〜

きっかけは大臣の失言

昭和が始まって間もない昭和2年3月、大不況が日本を襲った。これを「金融恐慌」という。第一次若槻《わかつき》礼次郎内閣の大蔵大臣（現在の財務省）片岡直温《なおはる》が、まだ破綻していない銀行が破綻したと失言したのがきっかけである。

しかし、遠因は第一次世界大戦後から長引く不況と関東大震災にあった。大戦景気をあてこんで増産や買占めに走った企業が欧米からの需要の減少で過剰在庫を抱えて経営が悪化したうえ、震災の被害にあった企業や商店への銀行融資の多くが回収不可能となり、各銀行の経営は昭和初期にはかなり苦しくなっていたのである。

失言をきっかけに預金が引き出せなくなるのを恐れた多数の庶民が窓口に殺到したため、金庫が空になり、破綻する銀行が相次いだ。大戦景気で急成長していた商社「鈴木商店」などは、銀行からの融資を引き上げられて倒産してしまう。混乱の責任を取る形で退陣した若槻内閣にかわって成立した田中義一《ぎいち》内閣の高橋是清《これきよ》蔵相は数日間、銀行を休業させ、急遽《きゅうきょ》片面だけ刷ったお札を再開後の銀行窓口に積み上げさせて危機を収拾した。

金解禁は世界恐慌の影響で大失敗に

しかしその後、田中内閣は政治や外交で失策を重ねたため、世論はもちろん元老や天皇の信頼を失い、昭和4年7月に退陣して政権は浜口雄幸《おさち》内閣に移った。浜口首相と井上準之助《じゅんのすけ》蔵相は、不況の根本的解決のために、第一次世界大戦勃発により中止していた円の金兌換《だかん》（金と交換できること）の再開、つまり金解禁を昭和5年1月に実施した。

金に交換可能とすることは円の国際的な信頼度を高めることになるが、当時の為替状況下では円安ドル高を引き起こす。輸出品の現地価格が下がるので企業は生産コストを下げざるをえず、零細企業は倒産の憂き目にあう。しかしこれにより銀行の不良債権は一掃されるので結果的に日本経済が健全化・活性化するという狙いである。

ところが運悪く、そこへ世界恐慌の波が襲った。アメリカは日本と同様、第一次世界大戦で莫大な経済的利益を得たが、日本と違ってヨーロッパの戦後復興にも多大の援助をしたため世界一の経済大国となり、庶民に株式投資ブームが起きていた。しかし昭和4（1929）年10月、豊作続きで農産物価格が暴落したことなどをきっかけにニューヨーク株式市場で株価が暴落した（暗黒の木曜日）。影響はたちまち世界に及び、これが世界恐慌となった。

日本でも輸出が滞って政府の予想以上の不況となり、町には失業者が溢《あふ》れ、農村でも、欠食児童が増え娘の身売りが相次いだ。金解禁政策は大失敗となった。社会は不穏な雰囲気となり、浜口や井上はテロに倒れ、政党政治自体への社会の信頼も薄れていくことになる。

（覚書）日本銀行総裁を務めていた井上はもともと金解禁には消極的であったが、浜口により蔵相に登用されたことで一転、金解禁論者となった。

地下鉄開通と特急「燕」
昭和2年（1927年）、昭和5年（1930年）

アジア初の地下鉄開通

戦前から昭和30年代前半まで、もっとも人々が利用した乗り物といえば鉄道である。言いかえればこのころが日本の鉄道の黄金時代であった。それを象徴するできごとの一つが、昭和2年の東京の地下鉄開通と、5年の国鉄の特急「燕《つばめ》」号の運転開始である。

世界初の地下鉄は1863年にロンドンで開通した。日本では幕末のころである。その後、ハンガリーのブダペスト、フランスのパリ、アメリカのニューヨークなど各地で開通した。日本でも明治末期から東京で建設する構想があったが、資金難などからなかなか実現しなかった。東京の主な公共交通機関といえば路面電車で、市内を網の目のように走っていた。しかし、実業家・早川徳次《のりつぐ》は、欧米視察の結果、地下鉄事業は将来性があると確信し、大正初めごろから準備を進め、大正9年に東京地下鉄道株式会社を設立。大正14年に浅草―上野間2・2キロの建設を開始し、昭和2年12月に開通にこぎつけた。日本はもちろん、アジアでも初の地下鉄だった。

超特急と呼ばれた「燕」

はじめは物珍しさで乗客が押しかけたがすぐに減り、資金難のなか、地下街を作るなど企業努力を重ね、昭和9年に新橋まで開通した。渋谷から新橋までは、東京高速鉄道という別会社によって昭和14年に開通、まもなく直通運転を開始した。これが現在の東京メトロ銀座線である。大阪でも昭和8年5月に市営地下鉄が梅田―心斎橋《しんさいばし》間に開通した。ただし東京も大阪も、市街地の下を縦横に路線が走るのは戦後の高度経済成長期のことになる。

「超特急」と呼ばれた蒸気機関車

一方、国鉄（JRの前身）は昭和5年10月から東京―大阪間を8時間20分で結ぶ特急「燕」の運転を開始した（神戸まで運行）。同じ区間を走る特急「桜」「富士」（下関《しものせき》まで運行）より40分も短縮したため、俗に「超特急」とも呼ばれた。ちなみにこの列車の運転は新聞記者の提案がきっかけだったらしい。当時のことであるから、どの列車も主に蒸気機関車が客車を引っ張る形の列車である。

運転時間短縮のため、停車駅を従来の特急より減らし、機関車の給水時間を減らすためタンク車を連結するなどさまざまな工夫がなされた。最高時速は95キロ、表定時速（途中の停車時間も含めた平均時速）は70キロ近くになり、狭軌では世界有数の駿足列車だった。編成は一等車から三等車まであり、食堂車とのちには最後尾に展望車も連結された。人気は抜群で、臨時便まで走らせるほどだった。

「燕」は昭和9年に丹那《たんな》トンネルが開通すると、東京―大阪間を8時間に短縮、東京から沼津《ぬまづ》までは電気機関車が引くようになり、特急専用に流線型の電気機関車も作られた。昭和11年には食堂車に国鉄初の冷房車が使われたが、戦局悪化のため、太平洋戦争勃発後の昭和18年10月に廃止となった。戦後、再び特急が東京―大阪間を8時間で走れるようになるのは昭和25年10月のことである。

覚書 一等車の運賃は三等車の3倍という高額で、軍や政府高官など限られた人の乗り物だった。一等車が現在のＪＲのグリーン車にあたる。

政党政治と男子普通選挙の開始

昭和3年（1928年）

衆議院と貴族院からなっていた帝国議会

昭和3年、政党内閣のもとで男子普通選挙制度による初の総選挙が行なわれた。有権者数は国民の2割に当たる1200万人あまり、衆議院の議席数は466だった。

当時の日本は大日本帝国憲法によって天皇が元首で主権者、衆議院と貴族院からなる帝国議会は、内閣や軍部とともに天皇の政治を補佐する機関という位置づけになっていた。ただし、法律や国家予算は帝国議会で多数決により可決されなければ実行できなかったから、天皇も政府も軍部も議会を無視することはできなかった。

国民から選挙で選ばれた人々からなる衆議院に対して、貴族院は、男子成年皇族、家柄や国家への貢献によって公爵・侯爵・伯爵・子爵・男爵などの爵位を授けられた華族（伯爵・子爵・男爵は互選）と、高額納税者から互選された人々、学者や官僚経験者のなかから政府の助言により天皇が任命した人々（いずれも男性のみ）からなっていた。

二大政党・政友会と憲政会

政党としては、明治33年に結成された立憲政友会《りっけんせいゆうかい》（以下、政友会）がもっとも有力で、次に勢力をもつ政党として憲政会《けんせいかい》（昭和2年から立憲民政党）があった。

両党は、政権を争うさまざまな勢力が二つにまとまったにすぎず、いずれも基本方針は時代の流れをみきわめながら政治を進めていくという漸進的なもので、大きな違いはない。しかし、元老（天皇の助言役）や選挙民に政権担当能力を示すため、政友会は政府の積極的な公共投資による経済の振興を、憲政会（立憲民政党）は逆に財政削減と民間活力の重視による経済振興を主張した。

社会主義政党も結成されはじめたが、欧米の社会主義思想を直輸入した形のため庶民の共感はあまり得られなかった。また、共産主義は君主制や私有財産制を否定したので、治安維持法により禁止されていた。

さて、初の普通選挙による総選挙は田中義一《ぎいち》率いる政友会内閣のもとで行なわれた。田中内閣は憲政会内閣の失政による退陣後、元老が田中を首相として天皇に推薦したことによってできた内閣で、組閣時、与党の政友会は衆議院では少数派だった。

そこで田中首相は選挙違反を取り締まる道府県知事（当時は中央から官僚が派遣された）や警察官を更迭し、野党の選挙違反のみを厳しく取り締まって与党の議席を増

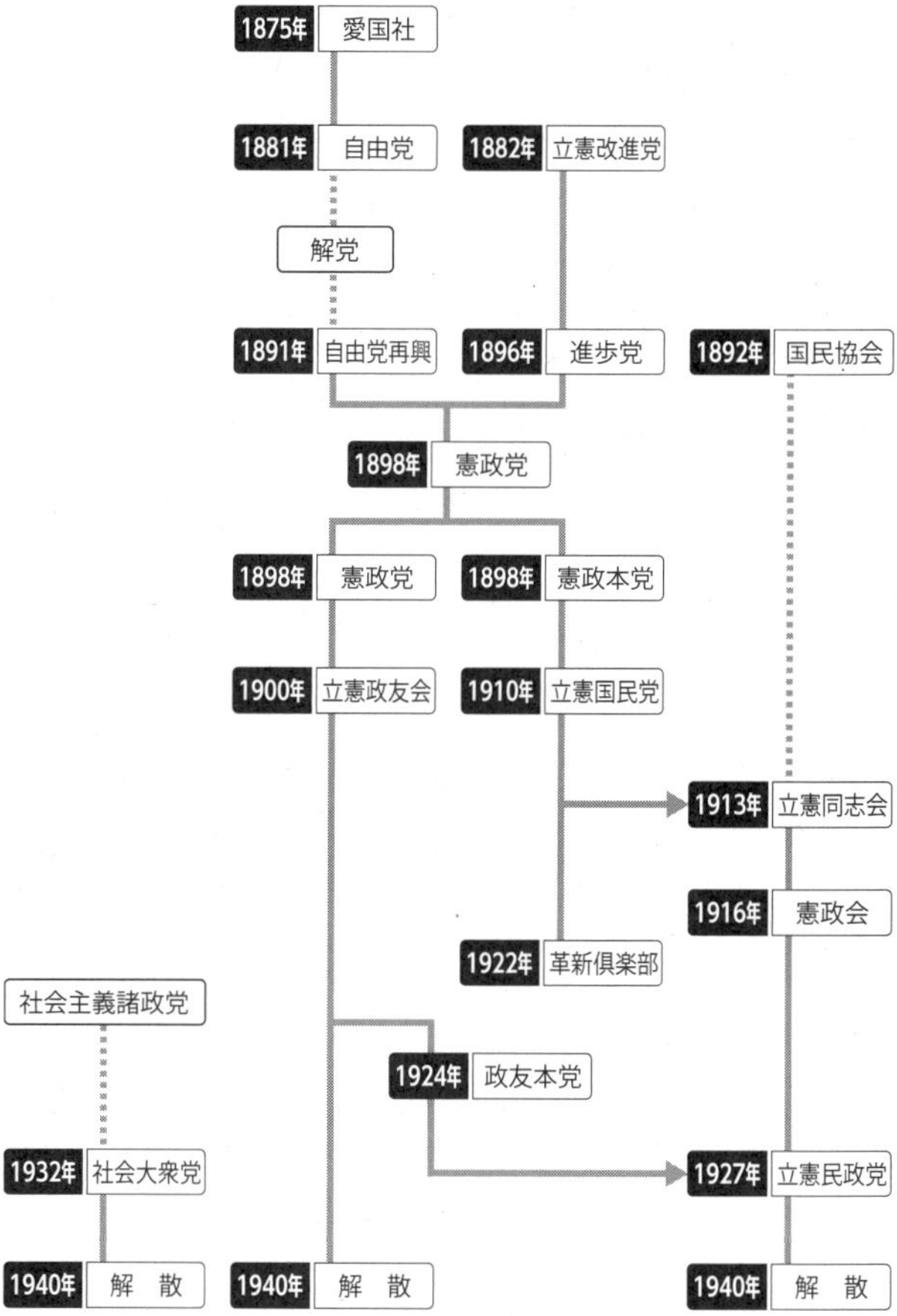
1875年 愛国社
1881年 自由党
解党
1891年 自由党再興
1882年 立憲改進党
1896年 進歩党
1892年 国民協会
1898年 憲政党
1898年 憲政党
1898年 憲政本党
1900年 立憲政友会
1910年 立憲国民党
1913年 立憲同志会
1916年 憲政会
1922年 革新倶楽部
社会主義諸政党
1924年 政友本党
1932年 社会大衆党
1927年 立憲民政党
1940年 解　散
1940年 解　散
1940年 解　散

戦前の主要政党の変遷

やした。しかし過半数の議席を取ることはできず、他の党派の議員を寝返らせて政友会に加えることでようやく過半数を確保することになる。

覚書 普通選挙実施後の一時期、一人だけ朝鮮出身の衆議院議員が出た（朴春琴《ぼくしゅんきん》）。植民地の住民でも内地に居住すれば選挙権・被選挙権があったため実現したのである。

流行歌の誕生
昭和4年（1929年）

流行歌第一号は「東京行進曲」

ヒットソングといえば、プロの歌手によって歌われるというだけでなく、プロの手で録音されて何らかの手段（現在ならばCD、テレビ、ラジオ、インターネットなど）で多くの人に聞かれ、歌われるもの、というのが一般的な感覚だろう。日本の場合は、戦後は歌謡曲、今ではJポップなどと呼ばれている。

この意味でのヒットソングが誕生したのは昭和初期だった。最初は新民謡、（混同されて）ジャズなどと呼ばれたが、まもなく流行歌と呼ばれるようになった。

右に示した意味での流行歌の実質的な第一号といえるのは、昭和4年に流行した「東京行進曲」である。映画の主題歌として作られ、西條八十《さいじょうやそ》作詞、中山晋平《しんぺい》作曲、佐藤千夜子《ちやこ》の歌で、日本ビクターからレコードが発売された。「昔恋しい銀座の柳〜」という歌いだしで東京の最先端の風俗が歌われたこの歌は、人気を博したものの、風俗上好ましくないとして、ラジオ（当時は準国営の日本放送協会のみ）で放送禁止となり、この措置をめぐる賛否両論が新聞紙上をにぎわすなど、社会的に大きな話題となった。

映画の宣伝としての流行歌

この歌が流行した要因として、まず、日本人でも西洋風の音程でリズミカルな音楽を何とかさまになる程度に歌ったり、演奏したりできるようになったことがあげられる。明治以来の学校での音楽教育の広まりや、軍楽隊の活躍に加え、大正時代にジャズが入ってくるなど、日本の若い人々の感覚に合った新しい音楽を日本人自身が生み出す条件が整ってきたのである。

次に、レコードの録音技術の向上や大量生産技術の導入などの技術革新が起きていたことがあげられる。これによって、音質のよいレコードや再生機（蓄音機と呼ばれた）を以前より安く手に入れることができるようになった。そこに新たな商機を求め、昭和初期には外資系を中心に多くのレコード会社が誕生し、毎月大量の新譜が発売されるようになった。

さらには、この動きに映画会社が眼をつけ、映画の宣伝手段として主題歌を作るようになった。古賀政男《まさお》の出世作、「酒は涙か溜息か」（昭和6年、藤山一郎歌）も映画の主題歌だったし、古賀の「東京ラプソディ」（昭和11年、藤山一郎歌）の場合は、歌のヒットに便乗して、藤山主演で同名の映画をＰＣＬ映画製作所（東宝の前身の一つ）が製作したほどだった。

「東京行進曲」の話でもわかるように初期の流行歌はラジオではあまり放送されず、まだレコードや蓄音機は庶民には高価だったから、まず映画館で聴いて、気に入ったらレコードを買うことになった。映画会社とレコード会社のタイアップは流行歌の確立に大きな意味があったのである。

覚書　初期の流行歌手やバンドのメンバーは、クラシック音楽畑や軍楽隊の退職者が多かった。現在に比べれば洋楽の普及はまだまだで、伝統邦楽の人気が根強かった。

満州事変と「満州国」の誕生
昭和6年（1931年）〜昭和8年（1933年）

満蒙権益と石原莞爾の「世界最終戦論」

現在の中国東北部は戦前、「満州」と呼ばれていた。明治37（1904）年に起きた日露《にちろ》戦争でロシアに勝った結果、日本は満州の最南端の遼東《リャオトン》半島（関東州）を清から25年間（のち99年間）借りる権利（租借権）と、満州南部にロシア（一九二二年からソビエト連邦）が建設した南満州鉄道の所有権、さらに満鉄の沿線地帯（満鉄付属地）の行政権や沿線の鉱山の採掘権などをロシアから譲りうけた。当時これらは満蒙《まんもう》権益と呼ばれた。

日本はこの権益を守るため、現地に陸軍部隊（関東軍）を駐屯させ、さらに現地政権（張作霖《ちょうさくりん》政権）を支援していた。ところが、張が次第に関東軍の意向に逆らうようになったため、昭和3年6月、関東軍の参謀・河本大作《こうもとだいさく》が爆弾を使って殺害した（張作霖爆殺事件）。これに怒った息子の張学良《がくりょう》は、政権を引き継ぎ、反日の意志を明らかにした。

蔣介石《しょうかいせき》率いる中国（中華民国）も、これを機会に日本に満蒙権益の返還を迫った。

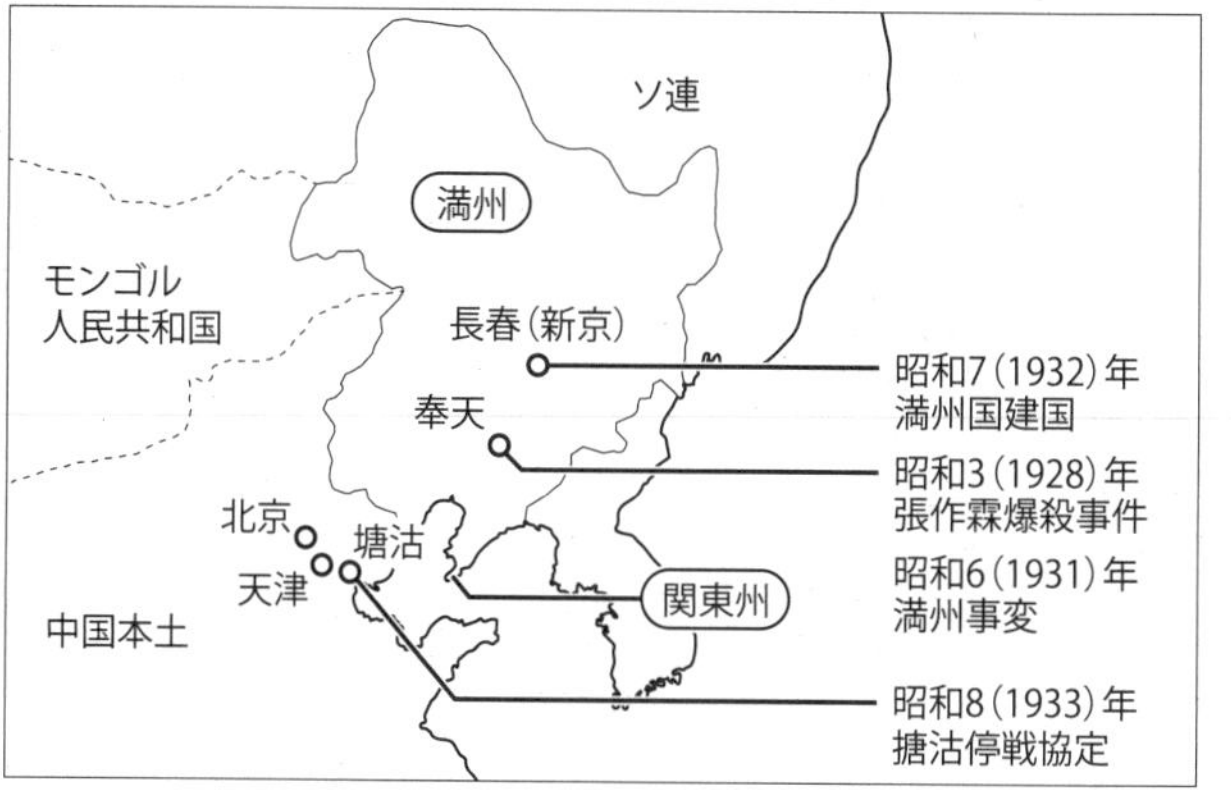

満州事変関係図

しかし、日本では日露戦争で多くの兵士の犠牲の上に獲得した権益を手放すことはできないという考え方が強く、権益を守るためには軍事行動も辞さないという声もあった。

一方、陸軍の若手エリート将校の1人で当時、関東軍参謀だった石原莞爾《かんじ》は、「世界最終戦論」を唱え、満州を日本領にすることを陸軍内で強く主張した。将来、世界の覇権を競う最後の戦争は日米間で起きるはずなので、それに備えるため満州を日本領にし、満州に豊富に埋蔵されているはずの石油や非鉄金属などの軍需資源を獲得し、日本の軍備をアメリカに負けない規模に拡大しようという構想である。

石原は上司の板垣征四郎《せいしろう》関東軍高級参謀を説得。昭和6年9月18日夜、中国人に変装した関東軍兵士が奉天《ほうてん》郊外の満鉄線路を爆破したのを合図に行動を起こした。満州事変の始まりである。関東軍は鉄道を使ってすばやく満州の主要都市を占領し、軍事行動は一段落した。

一方、昭和7年1月、中国の上海では、日本軍人の謀略がきっかけで日中両軍が戦う第一次上海事変が起きた。国際世論の目を満州事変からそらすためである。

満州国の建国

石原ら関東軍は当初、満州を日本領にする予定だったが、侵略として国際的に批判されないよう、表向きは現地の政治家によるという形で昭和7年3月に満州国を建国した。しかし、実権は関東軍が握っていた。国際連盟のリットン調査団はこれを見抜き、国際連盟は日本の行動を承認しなかった。そのため昭和8年3月に日本は連盟脱退を表明した。これに先立つ昭和7年9月に日本は満州国を承認、8年5月、関東軍と華北の地方政権との協定（塘沽《タンクー》停戦協定）で事変は一応終結したが、陸軍の独断的行動を許し、中国の反日気運を盛り上げたという意味で、結果的には昭和20年の敗戦の遠因の一つとなった。

覚書　満州事変勃発のきっかけとなった満鉄線路の爆破は、爆破直後に列車が無事通過できる程度の小規模なものだった。

「満州国」の実像
昭和7年（1932年）～昭和20年（1945年）

日本人官僚と関東軍が実権を握る

満州事変を起こし、「満州国」をでっちあげた関東軍は、天津《てんしん》で隠居生活を送っていた清《しん》朝最後の皇帝・溥儀《ふぎ》を連れ出して執政（大統領）とし、総理大臣にも溥儀の第一の側近だった鄭孝胥《ていこうしょ》をつけた。満州国は建前上は現地人が自主的に作った共和国だったためである。

満州国の領土にはもともと満州族、漢族、朝鮮族、モンゴル族が住んでおり、日本人が加わったということで「五族協和」をうたい、国民党と共産党が争っている中国よりもよい政治を行なうという意味で「王道楽土」建設を目標として掲げた。ただし、天皇をいただく国の子分格が共和国ではつじつまが合わない。昭和9年には帝政がしかれ、溥儀は皇帝となった。

清朝はもともと満州が発祥の地で、溥儀と側近たちは満州国を足がかりとして、清朝再興をはかるために関東軍の誘いに応じたようだ。しかし、関東軍はそもそも満州を日本領にしようと考えていたくらいだから、満州国を、日本、それも関東軍が自由に操れる傀儡《かいらい》国家にしてしまった。昭和7年9月に結ばれた日満議定書と秘密の付属文書で、関東軍の満州国支配が確定したのである。満州国は事実上、日本の植民地だった。

満州国政府の閣僚は中国人だったが、その補佐役には関東軍の推薦で日本から多数の高級官僚が送り込まれ、実権は日本側が握った。有名なところでは、東条英機《とうじょうひでき》、星野直樹、岸信介《のぶすけ》、松岡洋右《ようすけ》、鮎川義介《あいかわよしすけ》など「二キ三スケ」と呼ばれた軍人、官僚、財界人らがいる。また本来、軍隊の一司令官にすぎない関東軍司令官が皇帝をしのぐ強大な権力をもった。

その後、鄭ら清朝の遺臣は関東軍に反抗的だったため、昭和10年には閣僚を解任された。清朝再興の夢を断たれた溥儀はやがて自暴自棄の生活に入っていく。後任の総理大臣・張景恵《ちょうけいけい》は、関東軍の要求にはすべて「好《ハオ》（よろしい）」と答えるような人物だった。

実現されなかった五族協和

日本政府と関東軍は日本人の農業移民をすすめたが、移住者に提供される農地は現地住民が開墾したものを安い価格で強制的にとりあげたものだった。残念ながら、当時の日本人は他のアジア民族を蔑視していたのである。これでは「五族協和」「王道楽土」など絵に描いた餅で、抗日ゲリラが国内に多数出没した。関東軍は討伐に血眼となったが、住民がどちらに真に味方するかはおのずと知れたことだ。

しかも、太平洋戦争末期になると関東軍の大部分は南方の戦場に転用されてしまい、昭和20年の敗戦時にソ連軍が満州国に侵入した際には日本人農民たちは自力で命からがら脱出せざるを得ず、多数の残留孤児が発生するという悲劇も起きた。さらに、関東軍が満州国に期待していた軍需資源は、調べてみると実際にはほとんど埋蔵されていなかった。

満州国という壮大な試みは、無理を重ねたあげく、まったくの失敗に終わったのである。

（覚書）溥儀の弟溥傑《ふけつ》は、日本の嵯峨《さが》侯爵家の娘である浩《ひろ》と政略結婚させられた。日本で暮らしていた溥傑の長女慧生《えいせい》は大学在学中の昭和32年、友人の男子学生と自殺した。

五・一五事件

昭和7年（1932年）

首相官邸での暗殺事件

昭和7年5月15日の夕方、東京永田町《ながたちょう》の首相官邸に、ピストルを手にした海軍青年将校・三上卓《たく》を中心とする一団が侵入してきた。五・一五事件の発生である。

小柄ながら鋭い眼光をもつ官邸の主、犬養毅《いぬかいつよし》首相は、「まあ待て、撃つのはいつでもできる。あっちに行って話を聴こう」と、いきり立つ彼らを官邸奥の日本間に案内した。しかし彼らは「問答無用」と叫んで犬養を撃ち、足早に官邸を去った。

血まみれとなった犬養は、介抱する家族に「いまの若い者をもう一度呼んで来い。話して聞かせてやる」とつぶやいたが、夜遅く死亡した。享年77。首相が官邸で暗殺されたのは前代未聞のことだった。

首相官邸を去った一団はさらに数か所を襲撃したのち憲兵隊に自首、東京郊外の変電所を襲撃した別動隊も自首した。この別動隊は、茨城県在住の右翼運動家・橘孝《たちばなこう》三郎《ざぶろう》が率いる愛郷塾《あいきょうじゅく》という過激な団体のメンバーだった。

当時、犬養は、尾崎行雄《ゆきお》とともに「憲政の神様」ともいわれたことのある政党政治家の最長老で、政友会内閣の首相を務めていた。当時、二大政党制のもと、政権争いにこだわってなかなか不況を解決できず、汚職事件をしばしば起こしていた政党政治への批判が強まっていたが、犬養は政党政治擁護を叫んだ。さらに中国文化を愛し、中国に友人も多い犬養は、関東軍が作った傀儡《かいらい》国家「満州国」には批判的だった。

橘たちには、犬養のこうした態度は、不況に苦しむ庶民を助けずに財界を擁護し、さらにこれまで日本人が苦労して守ってきた満州の権益をないがしろにするものであり、さらには日本軍の権威を汚す許せないものと受け取られた。そのため襲撃対象となったのである。

犯人たちは裁判（軍人は軍法会議）にかけられたが、政党政治への不満が高まっていたため世論が同情的だったこともあって、無期懲役以下の比較的軽い判決となった。

犬養毅

政党政治の終焉

昭和天皇は元老・西園寺《さいおんじ》公望《きんもち》に後継首相の推薦を命じた。西園寺は政党内閣を続けることも多少は考えていたようだが、昭和天皇も天皇の側近たちも政党内閣を続けることには否定的だった。政党政治のたび重なる失態のためである。しかも、西園寺が静養先の静岡県興津《おきつ》から東京に向かう途中、西園寺の自動車に陸軍の秦真次《はたしんじ》憲兵司令官が強引に乗り込んで政党内閣絶対不可を力説した。軍人の横暴が始まっていたのである。ただし、天皇は極右や独裁主義者にも好感を抱いていなかった。

西園寺は結局、政党内閣をあきらめ、元海軍大臣の斎藤実《まこと》朝鮮総督を首相に指命した。斎藤は穏健な考えの持ち主で、宮中の信頼も厚かった。斎藤は天皇や西園寺の意向をうけて政党や官僚、軍部の連立内閣（挙国一致内閣）を組織した。

西園寺は、ここで政党が反省すればいずれは政党内閣が復活できるかもしれないと考えていた。しかし、政党の反省が十分に進まないうちに軍部や強硬派の力が大きくなってしまい、結果的には五・一五事件によって戦前日本の政党内閣時代は終わりを告げることになった。

（覚書）西園寺が当時住んでいた静岡県興津の坐漁荘《ざぎょそう》は愛知県犬山市の明治村に移築されており、内装の凝りように西園寺の粋人ぶりがうかがえる。

戦前の教育制度
～昭和20年（１９４５年）

義務教育は小学校だけだった

戦前の教育は、主に19世紀ヨーロッパの教育制度をまねたものだった。義務教育は小学校だけで、原則として男女別学だった。

小学校（正式には尋常《じんじょう》小学校）は今と同じ6年制で、昭和16年から22年までは国民学校と呼ばれた。低学年では男女共学だが、高学年になると児童数の少ない場合を除き、男女別のクラス編成となった。国語、算術、理科、国史、地理、修身、体操、唱歌、図画、裁縫（女子のみ）の各科目があり（国民学校では若干変更あり）、教科書は国定のものが使われた。

国史は日本史のことで、『古事記』や『日本書紀』のなかで神話にもとづいて書かれた部分も史実として教えられた。修身は現在の道徳にあたる。日本や外国の有名無名の人物を題材に基本的な社会道徳を教えた。誠実や努力といった徳目だけでなく、国家や天皇への忠誠、親への孝行や教師への尊敬など、社会的な上下関係を尊重していた点が現在と異なる。

進学先はさまざまに分かれていた

小学校卒業後の進路は、昭和初期の段階で、1割強が就職、2割強が進学、6割強が高等小学校に進んだ。高等小学校は2年制で現在の中学校にあたり、小学校に併設されていた。高等小学校を卒業すると、師範学校などに進む他は大半の人が就職した。師範学校は小学校教員を養成するため各地に作られた国公立の学校（3年〜5年制）で、入学すると給料が支給された。そのため貧しくても進学できたが、そのかわり小学校教員は薄給で有名だった。

小学校から進学する人は、主に男子の場合は中学校（旧制中学）、女子の場合は高等女学校に進んだ。いずれも公立か私立の5年制で、現在でいえば中学と高校の一貫校にあたる。

これらを終えると、男子は国立の高等学校（旧制高校）または私立の大学予科（いずれも3年制）をへて、帝国大学（国立）または私立大学（いずれも3年制）に進むことができた。旧制高校や帝大は狭き門で、ごく一握りの受験秀才だけが入学できた。

その他、旧制中学や高等女学校の教員を養成する高等師範学校（4年制、国立）や、各種の専門学校（現在の単科大学か短大に相当、3年制）という進路もあった。いずれの学校も男子校か女子校で、女性を受け入れる大学はきわめて少なく、九ヶ所にあった帝大では九州と東北など少数にとどまった。

小学校や高等小学校から就職した場合も、働きながら学べる各種の公立学校（青年訓練所、実業補習学校）や、中卒などの資格を取るための民間業者による通信教育といった手段があり、多くの人が学んでいた。

一見、進学率は低かったが、実際には多くの人がよりよい生活を求めて熱心に学んでいた。こうした教育への熱意が日本社会の活力を生み出した一因であった。

（覚書）小学校教員は薄給だったためか供給が需要に追いつかず、高等小学校を出ただけの代用教員も珍しくなかった。

二・二六事件

昭和11年（1936年）

皇道派と統制派の争いから事件は起きた

昭和11年2月26日、日本近代史上最大のクーデター、二・二六事件が起きた。原因は陸軍の内部抗争だった。

昭和9年1月、農村の不況対策や軍備拡大という陸軍の主張が斎藤実《まこと》首相や高橋是清《これきよ》蔵相に拒否され、面目を失った荒木貞夫《さだお》陸軍大臣が辞任した。すると陸軍内部では、天皇の名のもとに急激な国内改造をもくろむ「皇道派」と、強い軍隊を作るために官僚や財界を巻きこんで経済を統制し、軍需向けの重化学工業を発展させようという「統制派」という二大派閥が生まれ、陸軍首脳部の人事をめぐって陰湿な抗争を繰り広げていた。

しかし皇道派は抗争に敗れて次々と左遷されはじめ、形勢が不利となった。東京都心に駐屯する歩兵第一連隊と第三連隊にも、皇道派の青年将校が多くいたため、左遷の意味で満州に移駐することになった。そこで両連隊の青年将校たちが決起したのである。

反乱部隊は2月26日早朝、荒木を失脚させたと目される斎藤実前首相（当時は内大臣）、高橋是清蔵相、岡田啓介前海軍大臣（当時は首相）、牧野伸顕《のぶあき》前内大臣、鈴木貫太郎侍従長、皇道派に批判的だった渡辺錠太郎《じょうたろう》陸軍教育総監を襲撃。斎藤、高橋、渡辺は自宅で死亡、鈴木も自宅で重傷を負い、湯河原《ゆがわら》の旅館にいた牧野は難を逃れた。反乱部隊は岡田と勘違いして別人を殺害、首相官邸の押入れに隠れていた岡田は変装して脱出した。

反乱部隊はそのまま皇居に隣接する官庁街を占拠した。占拠地域には警視庁や陸軍省、国会議事堂も含まれた。まさに大日本帝国の中枢部は未曾有の大混乱となり、東京には戒厳令がしかれた。

激怒した昭和天皇

陸軍中央部に残っていた皇道派の高級将校たちは反乱部隊に同情的で、これを機に皇道派政権を樹立しようとした。しかし閣僚や側近を殺害された昭和天皇は激怒し、断固討伐を陸軍に指示した。陸軍の同士討ちの危機が迫ったが、陸軍の説得で29日に反乱部隊が投降、事件は終結した。

反乱を計画、指導した青年将校たちは自決した1名を除きすべて軍法会議で死刑となり、彼らに思想的影響を与えたとして右翼思想家・北一輝《きたいっき》も死刑になった。荒木とともに皇道派の有力者だった真崎甚三郎《まさきじんざぶろう》前教育総監も、青年将校をあおった疑いで軍法会議にかけられたが、無罪となった。

これを機に陸軍から皇道派は一掃されたが、東条英機《とうじょうひでき》ら、陸軍内の実権を握った統制派は、政治家や官僚が軍の意向を重視しなければまた若手将校が暴発するかもしれないという態度をとり、政治への影響力を次第に強めていく。

覚書　内大臣は常に天皇のそばに控えて印（御璽《ぎょじ》）や文章の管理をつかさどることになっていたが、実際には政治上の相談役ともなった。

ダルマ蔵相　高橋是清

昭和6年（1931年）〜昭和11年（1936年）

ケインズに先んじて公共投資政策を実行

世界恐慌などによる昭和初期の大不況から日本を救ったのは、昭和6年から11年まで大蔵大臣を務めた高橋是清《これきよ》だった。高橋は、国が借金をしてでも公共投資を増やして雇用を拡大することで景気を回復し、税収も増えて国の借金（国債）も返済できるというやり方を取った。これにより日本は当時の列強のなかで一番早く不況から脱出することに成功した。この経済政策はイギリスのケインズという経済学者の発案（『一般理論』1936年）として知られているが、高橋はケインズが発案するより前にこの政策を考えつき、実行したのである。

奴隷やヒモを経験して総理大臣に

高橋はペリー来航の翌年の1854年（安政元年）に幕府の御用絵師の子として江戸で生まれた。これからは英語の時代だと考えた高橋は1867年（慶応3年）にア

高橋是清

メリカに留学するが、だまされて奴隷を経験するなど苦学のすえ帰国。大学南校《なんこう》（東京大学の前身の一つ）の英語教師となるが、遊郭に入り浸ったためクビになり、一時は愛人に養われる「ヒモ」生活を送った。

それでも得意の英語を活かして明治14年に農商務省（経済産業省と農林水産省の前身）に雇われ、優れた能力を発揮してわずか6年で特許局長まで出世する。

しかし役人生活に飽き足らない高橋は、一山あてようと役所をやめ、ペルーに渡って鉱山開発を企てたが、またまただまされて失敗。明治25年に日本銀行にコネで就職する。またまたすぐに出世して、明治32年に副総裁、明治44年に総裁にのぼりつめた。

高橋は日露戦争の戦費調達のために英米で日本の国債を売りさばくことに成功し、日本の勝利に貢献したことで名を揚げた。大正2年、さらに大正7年の原敬《はらたかし》政友会内閣に蔵相として入閣、大正10年に原が暗殺されたあとは首相や政友会総裁も務めた。

ただし、党内をまとめきれず、大正13（1924）年には政友会は内紛をおこして分裂してしまう（26頁参照）。それでも財政家としての名声は高く、その後、昭和2年の田中義一《ぎいち》政友会内閣で金融恐慌収拾のため蔵相として入閣した。首相経験者としては異例の再入閣だった。しかも昭和恐慌に対する応急措置を済ますと（19頁参照）わずか2か月弱で後進に道を譲り、潔さで評判になった。

高橋は、文字通り小説より奇なりという人生を送って数々の修羅場を経験したためか、細かいことにこだわらない悠然とした性格の人物だった。だからこそ独創性と決断力をもつことができたのである。また、風貌がダルマによく似ており、「ダルマ」が愛称だった。

高橋は昭和9年ごろから景気回復が軌道に乗ると公共投資の削減を始めた。国の借金を返済可能な範囲に抑えるためである。しかし、なお農村部は不況にあえいでおり、徴兵された農村出身の兵士たちの心痛ぶりを見た陸軍の青年将校たちは財政引締めを唱える高橋に強い不満をいだいた。そのため昭和11年の二・二六事件の際、高橋は東京赤坂の自宅で反乱将校たちに殺害された。81年の波瀾万丈の生涯だった。

覚書　二・二六事件の舞台になった高橋の自宅は東京小金井《こがねい》市の江戸東京たてもの園に保存され、東京赤坂の自宅敷地は公園になっている。

国民的美男スター　長谷川一夫

昭和2年（1927年）～

流し目が女性に大人気

昭和期の日本で女性にもっとも人気があった男性映画スターといえば、長谷川一夫《かずお》であろう。

長谷川は明治41年に京都に生まれた。初代中村鴈治郎《がんじろう》のもとで歌舞伎役者として修業を積んでいたが、昭和2年、松竹下加茂《しもかも》撮影所に入社、林長二郎という芸名で時代劇スターとして映画界にデビューした。長谷川は容姿、演技力ともに恵まれていたが、家柄が幅を利かせる歌舞伎界では才能を活かせなかったのである。

こうした例は多く、大正時代に活躍した日本最初の映画スターである尾上《おのえ》松之助をはじめ、市川右太衛門《うたえもん》、阪東妻三郎《ばんどうつまさぶろう》（バンツマ）、嵐寛寿郎《あらしかんじゅうろう》（アラカン）、片岡千恵蔵《ちえぞう》など、チャンバラ映画の大スターの大半が歌舞伎界の出身である。

デビュー作のチャンバラ時代劇『稚児《ちご》の剣法』がヒットし、長谷川はまたたくまに松竹の時代劇映画の看板役者になった。特に流し目の表情が女性客に受けて、小学生ぐらいの男の子に絶大な人気があったチャンバラ映画のスターのなかでは唯一、若い女性客の絶大な支持を得ることになった。特に昭和10年から翌年にかけて封切られた『雪之丞変化《ゆきのじょうへんげ》』三部作では、歌舞伎の女形役者、その母、盗賊の三役を好演して大ヒットとなり、この映画は彼の代表作の一つとなった。

長谷川一夫　昭和6（1931）年

時代劇以外でも活躍

昭和12年に東宝に引き抜かれ、芸名も本名の長谷川一夫を用いるようになった。移籍のいざこざで暴力団員から顔を切りつけられるという事件もあったものの、やはり人気は衰えなかった。

東宝では現代物にも挑戦、上海に住む日本人船員に扮《ふん》して李香蘭《りこうらん》（71頁参照）と共演した『支那の夜』（昭和15年封切）は驚異的な大ヒットとなった。折から日本は戦争の時代に入っていたが、長谷川は兵役についた一時期を除いて数々の映画で主演を務め、太平洋戦争下の昭和18年にも男気たっぷりのいなせなやくざに扮した時代劇映画『伊那の勘太郎』で再び驚異的大ヒットを飛ばすなど、戦時下の若い女性たちの心を癒し続けた。

戦後は東宝の専属から離れ、大映の『銭形平次』シリーズで主役として活躍したほか、歌舞伎役者として「東宝歌舞伎」の中心俳優ともなった。昭和38年には再び時代劇映画『雪之丞変化』(大映製作)で女形、盗賊の二役を兼ね、55歳とは思えぬ好演をみせた。

昭和39年にはNHKの大河ドラマ『赤穂《あこう》浪士』で大石内蔵助《くらのすけ》に扮して好演し、高視聴率を挙げるなどテレビでも活躍。49年には宝塚歌劇の『ベルサイユのばら』の演出まで手がけ、空前のタカラヅカブームを巻き起こした。

これらの功績により、昭和59年に死去した際には政府から国民栄誉賞が贈られた。二枚目の代名詞ともいわれた容貌だけでなく、飾らない人柄と切れ味のよい演技で常に理想の男性像を演じた、まさに国民的俳優だった。

覚書　浅草にあるプロマイド店「マルベル堂」では、今でも長谷川一夫のプロマイドが売れ続けているという。

喜劇映画の隆盛
昭和9年（1934年）～

喜劇王・エノケンの登場

昭和初期の日本でもっとも人気の娯楽といえば映画だった。外国映画もあったが、人気は年間５００本前後も作られる日本映画。無声映画の時代には、主な映画会社に日活や松竹があり、阪東妻三郎《ばんどうつまさぶろう》、嵐寛寿郎《あらしかんじゅうろう》、林長二郎（のちの長谷川一夫《かずお》）などチャンバラスターや田中絹代《きぬよ》などが人気だった。しかし、昭和6年ごろから音も出るトーキー映画が普及しはじめ、その新しい可能性にかけた新興の映画会社ＰＣＬ（のちの東宝）は、映画界以外のスターを起用した。

その一番手が榎本《えのもと》健一（エノケン）である。明治37年、東京青山のかばん店の息子として生まれたエノケンは、早くから役者を志し、浅草オペラの脇役としてデビュー。喜劇俳優としての才能を認められるようになり、昭和4年、浅草で喜劇劇団カジノ・フォーリーを旗揚げした。

エノケンは小柄ながら運動神経に恵まれ、だみ声の歌も独特の味わいがあったので、

榎本健一

ジャズソングや若い女性のダンス、コミカルで派手なアクションを交えた彼の劇団の舞台は絶大な人気を博すようになっていた。

エノケンは昭和9年、自分の劇団とともにPCLの喜劇ミュージカル映画『エノケンの青春酔虎伝』で映画初主演。歌とお色気とギャグ満載のこの映画は大ヒットし、エノケンの名は一挙に全国区になった。以後、昭和20年代中ごろまで40本以上の主演映画が作られ、そのほとんどがヒット作となり、東宝映画は映画界の大手企業にのしあがった。

トーキー映画の寵児たち

ついでPCLが目をつけたのは漫才コンビのエンタツ・アチャコである。昭和5年にコンビを結成、得意のネタ「早慶戦」が日本放送協会のラジオで放送されて好評を博し、上方《かみがた》漫才がはじめて全国に知られるようになった。昭和11年、得意のネタをたっぷりと披露した喜劇映画『あきれた連中』で映画デビュー。この年、アチャコの病気がきっかけでコンビは解消されたが、映画の中でだけは戦後までコンビを続けた。

そのほか、男爵家の出身で映画記者から喜劇俳優に転身し、やはり自分の劇団をもっていた古川ロッパや、軍隊生活を題材にした「兵隊落語」で人気を得た落語家・柳《やなぎ》家《や》金語楼《きんごろう》もPCL映画に登場、独特のおかしな表情のギャグが受けて、戦後までたびたび映画に出演した。エノケン、ロッパ、エンタツ・アチャコ、金語楼など、いずれも歌や話術が魅力の一つであり、トーキー映画が普及しなければ映画スターになることはなかった。

特にエノケンは昭和45年に亡くなるまで映画や舞台の第一線で活躍し、昭和の喜劇俳優の代表格として「喜劇王」と呼ばれるようになった。

覚書　古川ロッパが芸能界に入るきっかけは、映画人との宴会で披露した物まね（声帯模写）だった。彼は声帯模写の創始者ともいわれる。

浪曲の大流行

昭和10年（1935年）頃〜

名セリフが満載の「清水次郎長伝」

「旅行けば駿河《するが》の道に茶の香り」「馬鹿は死ななきゃなおらない」。若い人でもこのセリフはどこかで読んだり聞いたりしたことがあるだろう。この名セリフで昭和10年代から20年代にかけて一世を風靡《ふうび》したのが、浪曲師・二代広沢虎造《とらぞう》である。

広沢は明治32年に東京で生まれた。小さなときから浪曲好きだった彼は、大正中ごろに大阪の二代広沢虎吉に弟子入りし、才能を認められた。浪曲とは明治初期にできあがった芸能で、ところどころで三味線の伴奏で節をつけながら物語を語っていくものである。

虎造はその後さまざまな浪曲師の芸を研究し、特に三代神田《かんだ》伯山《はくざん》から学んだ「清水《しみずの》次郎長伝《じろちょうでん》」を自分なりに工夫を重ねて得意演目とし、昭和10年前後から爆発的な人気を得た。レコードも作られたほか、ラジオでもしばしば放送されるようになった。

「清水次郎長伝」は、今の静岡県静岡市清水で幕末から明治初期に実在したやくざの物語で、全部語れば一日がかりの大作である。なかでも人気だったのは、子分の一人である森の石松が、次郎長親分の代理として四国の金比羅宮《ことひら》に参詣し、帰途に別のやくざに殺されるまでを描いた部分だった。

特に大坂から京都までの淀川《よど》での船中で石松と乗り合わせた客との問答を面白おかしく物語る「石松三十石船道中《さんじっこくぶねどうちゅう》」という部分は、「旅行けば駿河の道に茶の香り」ではじまり、「江戸っ子だってねぇ」「神田の生まれよ」「飲みねえ、飲みねえ、寿司をくいねえ」「馬鹿は死ななきゃなおらない」などの名セリフが満載で、知らぬ人はいないほど有名だった。

「石松三十石船道中」はこうして浪曲の代名詞ともいえる演目となった。

兵士たちの心をとらえた〝森の石松もの〟

ちょうど映画がトーキー時代を迎えたこともあり、昭和10年代になると虎造の「清水次郎長伝」を題材にした映画（股旅物《またたびもの》）がたくさん作られた。その半分は〝森の石松もの〟である。なかには虎造のうなる浪曲をバックにしたものや、虎造が画面に登場する作品もある。ただし当局は、戦時中に無頼の徒が人気を得ることをきらい、股旅物映画の製作を制限した。

日中戦争が始まると虎造も兵士の慰問のため何度か中国にわたったが、兵士たちのリクエストは決まって「石松三十石船道中」か、石松がやくざ同士の対立に巻きこまれて殺される部分だった。また、兵士同士の慰問演芸会でもこれらの演目がよく演じられた。

石松の実直さがかもし出すユーモラスな雰囲気が人をなごませたのであろうが、だまし討ちにあい「馬鹿は死ななきゃなおらない」と言いつつ死んでいく石松に、戦場で明日をも知れぬ兵士たちが自分の運命を重ね合わせたのではないかといわれている。

いずれにしろ、侠気《きょうき》あふれる次郎長は理想のリーダーとして、森の石松は愛すべき仲間として昭和期前半の人々の心を広くつかんだのである。

(覚書) 昭和10年代の浪曲の人気演目としては、他に虎造の股旅物「国定忠治《くにさだちゅうじ》」、寿々木米若《すずきよねわか》の悲恋物「佐渡情話」などがあった。

戦中・戦前の人気スポーツ

〜昭和19年（1944年）

双葉山が人気を博した大相撲

昭和の戦前・戦中にもっとも人気があったスポーツといえば相撲と野球である。相撲はプロスポーツとしては唯一、明治以前からのものであった。江戸時代には大名たちが力士を雇って力自慢を競わせていたが、明治以後は自力で相撲興行を行なうようになり、相撲協会の前身や、東京に常設の相撲場として国技館が作られた。ただし戦前は、春と夏の場所以外は地方巡業が主だった。

昭和戦前期で最強の力士は双葉山《ふたばやま》である。昭和11年春場所から12年の横綱昇進をはさみ、14年春場所にかけて前人未到の69連勝を達成した。双葉山のおかげで相撲のラジオ中継は大変な人気を博すようになった。

沢村栄治、川上哲治らが活躍したプロ野球

野球は明治初期にアメリカから入り、明治中期に第一高等学校（現在の東大教養学

部）や慶應義塾、東京専門学校（後の早稲田大）などでクラブ活動として定着し、大正14年には現在の六大学野球の前身にあたる対抗戦も始まった。戦前、六大学野球は次に述べる中学野球やプロ野球と並ぶ人気を得ており、漫才コンビの元祖ともいえるエンタツ・アチャコ（54頁参照）の代表的な演目は「早慶戦」である。

野球はついで企業や中学校（現在の高校に相当）に広まり、大正4年夏に朝日新聞社の部数拡張策の一つとして全国中等学校優勝野球大会が始まり、毎日新聞社もこれに対抗して大正13年春から全国選抜中等学校野球大会を始めた。これらが夏と春の甲子園高校野球の前身である。ラジオによるこれらの試合の中継放送は相撲と並んで大きな人気を得た。

こうした状況を背景に、大正後半からプロ野球創設の話が持ち上がり始めた。それを決定的にしたのが昭和9年、読売新聞社が主催したアメリカ大リーグ選抜チームの来日である。ホームラン王ベーブ・ルースを含むこのチームと対戦するために結成された日本選抜チームが母体となって、昭和9年に事実上日本初のプロ野球球団として大日本東京野球倶楽部（後の読売ジャイアンツ）が誕生した。

続いて大阪タイガース、東京セネタース、名古屋、名古屋金鯱《きんこ》、阪急、大東京の6チームによるプロ野球リーグ（当時は職業野球と呼ばれた）が結成され、7球団で昭和11年から本格的なリーグ戦が始まった。巨人軍の本拠地は後楽園《こうらくえん》球場となった。

当時は春・秋の2シーズン制で、初の最高殊勲選手には巨人のエース沢村栄治が選ばれた。巨人とタイガースが二強として優勝を競い、打者では中島治康《はるやす》、川上哲治《てつはる》などが、投手では沢村のほか、スタルヒンなどが活躍した。

プロ野球の試合もラジオで中継され、まもなく六大学や中学野球に肩を並べる人気を得るようになった。戦前のプロ野球リーグ戦は19年まで続く。

覚書　スタルヒンは亡命ロシア人の子供。戦後もパ・リーグで活躍し、昭和30年に300勝を記録して引退。32年に自動車事故で亡くなった。

日中戦争の開戦

昭和12年（1937年）

いまだに真相がわからない日中戦争の発端

昭和12（1937）年7月7日夜、北京郊外の盧溝橋《ろこうきょう》付近で訓練中の日本の駐屯部隊に向けて一発の銃声が鳴り響いた。日中戦争の発端となった盧溝橋事件である。

銃声については、付近に駐屯していた中国軍の発砲説、戦争を起こそうとした日本軍の謀略説、当時の中国の正統政権だった蔣介石《しょうかいせき》率いる中国国民党の国民政府と日本を戦わせて政権獲得をねらった中国共産党による謀略説などがあるが、いまだに真相は不明である。昭和史最大の謎といえるが、中国軍の発砲説が今のところ有力である。

対岸の中国軍の発砲と判断した日本軍は応戦、小競り合いとなったが、両軍の幹部が話し合って9日には停戦にこぎつけた。しかしこのころ東京でも南京（国民政府の首都）でも双方の非難合戦が激しくなっており、7月下旬には華北地方（北京とその周辺）で日中両軍の本格的な戦闘が始まり、8月には上海に飛び火し（第二次上海事変）、事実上全面戦争となった。

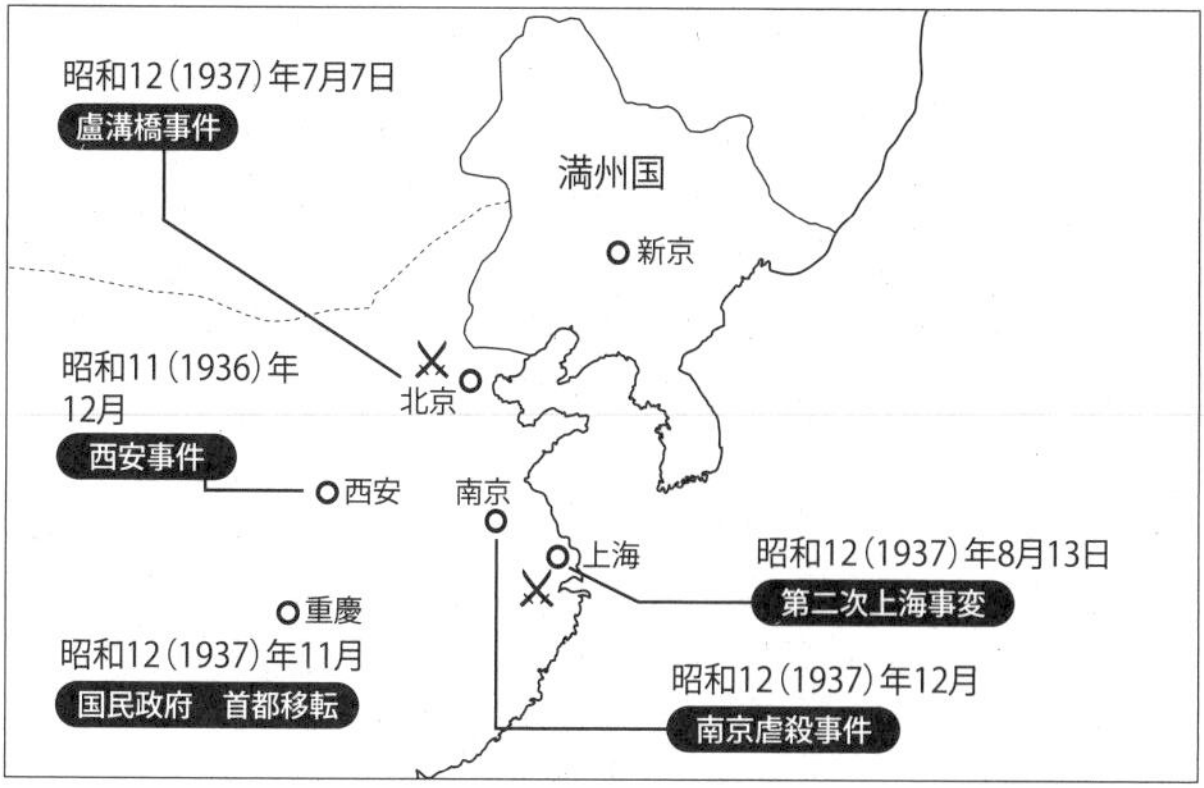

日中戦争の関係地図

アメリカからの軍需物資の輸入を維持するため、アメリカの中立法にふれないよう、日本は宣戦布告を行なわなかったので、当時は「日中戦争」ではなく「支那事変」と呼ばれた。

日中関係は昭和11（1936）年12月の西安《シーアン》事件以後、悪化の一途をたどっていた。西安事件は日本軍に殺された満州軍閥の指導者張作霖《ちょうさくりん》の息子、張学良《がくりょう》が共産党の撲滅に力を入れていた蒋介石を西安で監禁し、共産党と協力してでも日本を中国から追い出すことを優先するよう蒋に求めて認められた事件で、これにより第二次国共合作（国民党と共産党の協力）が実現した。中国には、なんとか日本の勢力を追い出し、自分たちの手で真の独立国家を作りたいという雰囲気が盛り上がっていたのである。

予想以上に強かった中国軍

はじめ日本側は中国の軍隊や人々の力を弱く見積もっており、戦争はすぐに終わると考えていた。しかし、祖国防衛にかける中国の人々の意志は強かった。中国軍は強く、住民も日本には非協力的だったため、戦争は長期化し、日本軍は中国側の妨害工作やゲリラ戦に悩まされた。そのため、最初の3か月で数万人以上の戦死者を出し、その後も数十万の兵士が中国の戦場にとどめられた。疑心暗鬼になった日本軍は南京をはじめ各地で非戦闘員の虐殺などいき過ぎた行為を起こし、ますます中国の人々の怒りを買ってしまった（南京虐殺事件）。

日本政府（第一次近衛《このえ》文麿《ふみまろ》内閣）は、はじめは日本をむやみに追い出そうとする中国が悪いと主張し、昭和13年秋には東亜新秩序の建設が戦争の目的であるなどと主張した。しかし国際社会の大勢は日本による侵略戦争とみなして中国支持に傾き、日本はしだいに孤立、太平洋戦争へと追い込まれていくことになる。

覚書 当時の中国軍が強かったもう一つの要因としては、ドイツ軍の指導や援助を受けていたことがあげられる。昭和11（1936）年に日独防共協定が結ばれていたことを考えると皮肉な話である。

つかの間の戦争景気

昭和12年（1937年）〜昭和15年（1940年）

軍需で潤った人々が娯楽へ走った

昭和12年7月に日中戦争が始まると、最初は経済への悪影響が心配された。戦争への出費や、娯楽や消費を控える動きが出ると考えられたのである。

しかし、13年に入るころからにわかに好況となった。戦争が拡大し、長期化したための戦争景気である。

兵器、弾薬、軍服や軍用の食糧など、軍需産業や関連産業の需要が急増し、まず軍需産業や関連産業で働く人々が増収になった。さらに軍需を扱う各会社は急に人手不足になったため、給料を上げてでも人材の募集や熟練工の引き抜きを競うようになり、これらの会社に勤める人々の収入はますますよくなった。

当然、経済的に余裕ができた人々はさまざまな娯楽を楽しむようになる。もともともっとも人気があった映画などは、映画館入場者数が年間1億9000万人前後だったものが昭和13年以後急増して、15年には4億人を超えた。『愛染《あいぜん》かつら』が驚異的大ヒットを飛ばし、長谷川一夫《かずお》（50頁参照）や李香蘭《りこうらん》（71頁参照）、エノケン（53頁参照）が銀幕で絶大な人気を博しはじめたのもこの時期である。また、『キング』に代表される庶民向けの雑誌も、内容、分量ともに従来にない充実ぶりであった。

各観光地の人出も急増していく。昭和14年の年末から15年の年始にかけては大都市周辺の温泉地の旅館はどこも満室で、スキー客も急増して国鉄が運びきれないほどだった。高級料亭にも工場労働者が札びらを切って乗り込むようになった。デパートも人出や売上げが急増し、ぜいたく品の売行きが伸びた。

さらに不動産投機ブームも起きた。当時の新聞には大都市郊外の土地分譲広告がたくさん載っている一方、二束三文の土地を高く売りつける悪徳不動産業者の動きに注意するよう呼びかける記事がしばしば載っていた。

しかし、戦争の長期化により軍需生産はさらに増え、民需は圧迫された。国民の気分を引き締めるため、昭和15年7月からぜいたく品の製造販売が禁止され、娯楽映画の統制も始まった。こうして好況感にも影が射しはじめた。

戦争バブルの結末

ところで、このような市中にばら撒かれたカネは誰が払ったものなのだろうか。

戦争は国家が行なうのだから国である。国の収入源は税金か、郵便貯金か、国債であった。増税も行なわれたが、郵便局に貯金することや国債を買うことが大々的に奨励された。いずれ利子がついて戻ってくるはずだから増税より抵抗感が少ない。国民に返すべき金や利子は中国との戦争に勝って、賠償金を取ったり、中国の資源開発を日本が独占したり、日本に有利な条件で日本商品を中国で売りさばくことでまかなえるはずだった。いきおい、国民も戦争のゆくえに期待をよせた。

しかし、戦争はなかなか終わらず、ボーナスまで国債で支給されるようになった。そのあげく昭和20年に日本は戦争に負け、たまりにたまったはずの貯金は泡と消えた。急激なインフレで貯金通帳や国債はただの紙切れになってしまったのである。

まさに戦争バブル経済・戦争バブル景気だったといえる。

覚書　戦争景気の陰で、経済統制が昭和12年7月の日中戦争勃発直後から少しずつ始まり、14年の価格等統制令により庶民の生活に影響が及び始めていた。

戦中・戦前の映画と流行歌

～昭和15年（1940年）

淡谷のり子や渡辺はま子が名曲を歌った

昭和戦前・戦中の若者に人気の娯楽といえば映画と流行歌である。昭和12年ごろから15年ごろまで、日中戦争の初期には軍需景気の波に乗って、多くの名作、名曲が生まれた。

流行歌では、昭和12年の「別れのブルース」（淡谷《あわや》のり子歌）、13年の「支那の夜」（渡辺はま子歌）と「旅姿三人男」（ディック・ミネ歌）や「雨のブルース」（淡谷のり子歌）、14年の「上海ブルース」（ディック・ミネ歌）と「名月赤城山《あかぎやま》」（東海林太郎《しょうじたろう》歌）に「九段の母」（塩《しお》まさる歌）など、戦後まで長く活躍する人々による名曲が次々に生まれている。

恋愛物や股旅物のほか、中国や戦死者の遺族を題材にしたもの（「九段の母」）があるのは、いかにも戦時下らしい。また、ジャズの感覚を活かした曲も増えつつあり、日本人の音楽感覚の変化もうかがわれる。

『愛染かつら』『支那の夜』が大ヒット

映画ではなんといっても松竹が昭和13年から14年にかけて製作した『愛染《あいぜん》かつら』三部作があげられる。田中絹代《きぬよ》扮《ふん》する夫に先立たれた子持ちの看護婦・かつ枝と上原《うえはら》謙《けん》扮するエリート医師・浩三のすれちがいメロドラマである。流行作家・川口松太郎《まつたろう》が女性向けの月刊誌『婦人倶楽部』に連載した人気小説の映画化で、恋に落ちたものの医師の実家に結婚を反対された2人が駆け落ちしようとしたが手違いで失敗し、かつ枝が浩三を追っていくが、さまざまな事情でなかなか会えない。しかし、最後にはめでたく結ばれるという筋書きである。

逆境の女性が幸せをつかもうとするハラハラドキドキの展開が女性に大受けし、松竹は急遽《きゆうきよ》続編と完結編を作ったがいずれも大ヒット。総集編が作られて上映されたほか、戦後になってもリメイク版の映画が作られた。また、「花も嵐も踏み越えて」と始まる西條八十《さいじようやそ》作詞の主題歌「旅の夜風」も大ヒットし、今でも懐メロとして歌い継がれている。

ついで映画の大ヒットといえば、渡辺はま子のヒット曲をヒントに東宝が昭和15年に製作した『支那の夜』である。舞台は日中戦争下の上海。長谷川一夫《かずお》扮する日本人船員・長谷と、李香蘭《りこうらん》扮する戦争で両親を失って日本を憎む中国人女性・桂蘭の恋愛ドラマである。2人はふとしたことで知り合い、最初は反発するがやがて恋に落ち、抗日ゲリラの謀略に巻き込まれながらも最後は結ばれる。主題歌はもちろん李香蘭の歌う「支那の夜」。新婚旅行の場面では服部良一作曲の「蘇州夜曲《そしゅうやきょく》」をも李香蘭が歌う。

この映画はサスペンスと情熱的な恋愛が描かれるという日本離れした作風が、李香蘭の美しさとあいまって大ヒットし、太平洋戦争中も中国や東南アジア各地で大好評だった。しかし日本政府は、神聖なる戦場での恋愛は不謹慎として、この映画の大ヒット以後、娯楽への統制を強めた。しかしこれらの名作、名曲が人々の心から消えることはなかった。

覚書 この時期は「愛国行進曲」や「愛馬進軍歌」のように、政府や軍が公募で作った流行歌風の歌も学校や儀式で盛んに歌われた。政府も流行歌の力に気づいたのである。

李香蘭の真実

昭和15年（1940年）〜

中国人歌手として満州でデビュー

昭和15年の東宝映画『支那の夜』のヒロイン役で一世を風靡《ふうび》した李香蘭《りこうらん》。当時は日本語の上手な中国人女性俳優として売り出されていたが、実は山口淑子《よしこ》という日本人だった。

山口は大正9年、中国旧満州（現在の中国東北部）の奉天《ほうてん》（現瀋陽《しんよう》）で日本人教師の家に生まれた。のちに父と親しい中国人銀行家の養女となり、中国の学校に通ったので、中国語は中国人と変わらないほどに上達した。

満州事変を経て日本の傀儡《かいらい》国家・満州国が作られたあとの昭和13年、山口は美貌と歌手としての才能と中国語のうまさを買われ、満州映画協会（満映）から歌える中国人俳優・李香蘭としてデビューし、満映のスターの一人となった。満映は国策として設立された映画会社であり、現地の人々に満州国という新しい国家になじんでもらう手段の一つとして劇映画を作ることを主な目的としていた。ただし、製作の中心は日

李香蘭（山口淑子）　昭和21（1946）年

本人だったため、現地の風習になじまない筋書きや演技が多く、満映の劇映画は現地の人々にはあまり人気がなかった。人気があったのは、もっぱら上海などで中国の映画会社が作った映画だったという。

日本に逆輸入され大スターに

山口は当然ながら日本語もできるので、映画を通しての日満親善を演出するのにうってつけのスターだった。そこで昭和14年、満州国を舞台にした東宝映画『白蘭《びゃくらん》の歌』で長谷川一夫と共演して日本デビュー。この映画が好評だったため、15年の『支那の夜』にもヒロインとして出演、今度は大ヒットとなり、李香蘭は当時の日本の若い男性のアイドルとなった。以後、毎年のように李香蘭主演の日本映画が作られていく。

昭和16年2月11日。この日は当時は紀元節《きげんせつ》、つまり建国を祝うという厳かな祭日であった（昭和42年建国記念の日として復活）。この日、東京有楽町《ゆうらくちょう》にあった日本劇場で李香蘭が歌を披露するコンサートが開かれたが、ファンが押しかけて劇場の周りを七回り半も取り囲み、警官が出動する騒ぎになった（日劇七回り半事件）。この出来事に対し、厳粛であるべき日に日本の若い男性たちが中国人女性俳優に大騒ぎしたのはけしからんとして社会問題になった。李香蘭がいかに人気者だったかがわかる。

ただし、こうした批判には中国人への蔑視感情もうかがわれる。事実、山口は仕事で日本に入国する際に係官に侮辱的な言葉をかけられたことがあったという。

昭和20年、日本が戦争に負けると、山口は上海で戦犯に問われそうになったが、かろうじて免れて日本に渡り、本名の山口淑子で映画俳優として再スタート。歌手としても「夜来香《イエライシャン》」などのヒットを出した。その後結婚してアメリカに住んだのち、日本でテレビ司会者をへて自民党の参議院議員となり、日中親善に尽力した。

覚書　山口の波乱万丈の人生と日中親善への思いは、自伝のほか劇団四季のミュージカル「李香蘭」でも知ることができる。

経済統制と配給制のはじまり

昭和12年（1937年）～昭和20年（1945年）

用意されていた国家総動員計画

昭和12年7月に勃発した日中戦争は、中国側の頑強な抵抗のため拡大、長期化し、国家の総力を挙げて戦う総力戦となった。政府は第一次世界大戦を教訓に、かねて総力戦の場合の対策を用意していた。いわゆる国家総動員計画である。

国家総動員計画とは、工業原料や人員、工場の設備をできる限り軍需生産にあてるための人、物、金の配給計画である。政府は昭和12年9月に輸出入や企業の設備投資に関する統制法令を制定し、10月に国家総動員計画を発動、戦時統制経済が始まった。昭和13年5月には国家総動員法が施行され、さらに経済統制を拡大できることになった。

そこへ軍需増産と凶作がもたらした物価の急上昇が重なり、昭和14年には庶民にも経済統制の波が押し寄せることになる。軍需品はすべて政府が買い上げるため、市中に大量の通貨が出回り、急激なインフレが発生したのである。別の言い方をすれば、軍需産業の労働者の金回りがよくなり、購買欲が高まった一方、軍需増産のために民需用の生産は減りはじめていたので、需要が供給を上回り物価が急上昇したのである。運の悪いことに干ばつによる凶作で米の価格も急上昇した。

物価の急上昇は軍需産業や関連産業で働く人以外の庶民には大問題であり、ひいては社会の不安を招きかねない。そこで政府は昭和14年10月18日、国家総動員法にもとづき、9月18日（満州事変の勃発記念日）にさかのぼって、すべての物価を固定した（九・一八ストップ令）。そして、約1年がかりですべての商品やサービスに公定価格を設定して物価を固定した。

配給制の開始は昭和16年

しかし、一片の法令で経済原理が変わるわけもない。商人は表向き品切れを装い、違法と知りながら公定価格より高い金を払ってくれる軍需産業関係者に商品を売った。こうしてヤミ経済が日本中にはびこった。しかも戦争は収拾するどころか対米戦争の可能性さえ出てきた。

そこで政府は昭和16年4月、生活必需品の配給制を本格化した。年齢、性別により一人当たりの配給量を決め、米については世帯ごとに米穀通帳を持たせて配給量をチェックした。米以外の衣服、砂糖、石鹸などの必需品については、世帯構成に応じて品種ごとに点数制の切符を配り、物資によって決められた点数に応じた切符を店に持っていけば品物が手に入るようになった。生活必需品を売る商店は登録制となり、事実上物資の配給所となったのである。

軍需増産のため民需品は生産量だけでなく品質も落とされ、すでに日中戦争期から代用品が現われ始めた。木炭でエンジンを動かす木炭車、代用コーヒー、合成酒などなど。太平洋戦争末期には婦人雑誌に土の料理法まで載ることになる。

覚書　繊維の代用品といえば、合成繊維ステープルファイバー（スフ）が有名である。下着やシャツによく使われたが、すぐ破れ、汗を吸わないので不評だった。

悲劇の宰相　近衛文麿

昭和12年（1937年）～昭和20年（1945年）

元老・西園寺公望に目をかけられ、首相候補に

近衛文麿《このえふみまろ》は家柄、若さ、聡明さで信望を集め、日中戦争下に三度にわたり内閣を組織したが戦争を収拾できず、戦後、占領軍に戦犯に問われて自殺した「悲劇の宰相」であった。

近衛は明治24年に東京で生まれた。生家は高い家柄の元公家で、明治以後は華族でも最も高い公爵を授かっていた。父篤麿《あつまろ》も貴族院議長を務めるほどの有力者だったが、文麿がわずか12歳のときに死去、文麿は世間の冷たさを知ったという。京都帝国大学法科に進学し、経済学者・河上肇《はじめ》京大教授の影響で社会主義に共感を寄せる一方、元老・西園寺公望《さいおんじきんもち》からは聡明さを買われて将来の首相候補として目をかけられるようになった。

大正7年、第一次世界大戦終結後の世界情勢について、大国の既得権を守る風潮を批判する論文を発表、翌年フランスのベルサイユで開かれた講和会議に、西園寺の好意で随員として参加し、自分の主張の正しさを確信した。

帰国後は若き貴族政治家として、貴族院の特権的なあり方の改善を主張し、昭和8年に貴族院議長となった。不公平を生み出すとして政党政治には批判的で、軍部や官僚の統制主義に共感を寄せたため、軍部からも首相候補と目されるようになった。

近衛文麿

決断力のなさゆえに戦争を収拾できなかった

昭和12年6月、政党勢力と軍部・官僚の政治的対立を収拾するため、西園寺の希望で首相に就任（第一次近衛内閣）。高い家柄、45歳という若さと端整な容姿で国民から大きな期待を寄せられた。しかし、国内の政治的対立や組閣直後の7月に勃発した日中戦争を収拾できず、昭和14年1月退陣。天皇の法律顧問にあたる枢密院議長に転じた。

つづく平沼騏一郎《きいちろう》、阿部信行《のぶゆき》、米内光政《よないみつまさ》の各首相も政治対立や戦争を収拾できず、中国を支援するアメリカは昭和14年末以降日本に対し経済制裁をちらつかせてきた。そこで軍部や政界には、近衛の再登板による事態の打開を望む声が高まった。そのため15年7月に第二次近衛内閣が成立した。陸相には東条英機《ひでき》、外相には松岡洋右《ようすけ》が起用された。

しかし、聡明だが優柔不断な近衛はなんら問題を解決できず、アメリカを抑えるために松岡が9月に結んだ日独伊三国同盟はかえってアメリカを硬化させ、日米交渉は頓挫《とんざ》した。そこで近衛は、外相をかえるため昭和16年7月に内閣を再組織するも（第三次近衛内閣）、軍部の抵抗でアメリカに譲歩できず日米交渉は失敗。皇族を首相に立てて事態の収拾をはかろうとするがはたせず、10月に近衛はついに退陣し、東条英機が首相に就任した。12月に太平洋戦争が始まる。

太平洋戦争中、近衛は戦争を収拾できなかった責任を痛感し、早期の戦争収拾に努めたが力及ばず敗戦。昭和20年12月、連合軍から戦犯に指名され、誇り高い近衛は囚人になるのをきらい服毒自殺した。

覚書　弟の近衛秀麿《ひでまろ》は、オーケストラ指揮者として、作曲家・山田耕筰《こうさく》とともに日本人クラシック音楽家として初めて国際的な活躍をした一人だった。

大政翼賛会とはなんだったのか

昭和15年（1940年）～昭和20年（1945年）

近衛文麿、陸軍などが中心になって創立

大政翼賛会《たいせいよくさんかい》といえば、ドイツのナチスばりの恐ろしい組織という印象が一般的であるが、その実像は意外と知られていない。

大政翼賛会は昭和15年10月に創立された。これに先立つ同年6月、元首相・近衛文《このえふみ》麿《まろ》は、親しい政治家たちとともに、さまざまな政治勢力を一つにまとめることを目標に掲げて新体制運動を始めた。日中戦争で勝利を収めるにはまず国内の団結を強める必要があるので、そのためには当時破竹の勢いだったナチスドイツのような全体主義体制をとる必要があると考えたためである。陸軍もこうした考え方に賛成であった。

実際には、近衛たちは全体主義に積極的な人々だけでまず政党を作り、それから政権をとってナチスのような独裁政権を作ろうとしていた。しかし、それでは日本を全体主義化するのに時間がかかりすぎると考えた陸軍は、謀略を使って米内光政《よないみつまさ》内閣を倒し、昭和15年7月に第二次近衛内閣を成立させた。

首相となった近衛は新体制運動に消極的になった。首相が権力を使って独裁政党を作ることは、天皇の権力を否定することにつながり、天皇を主権者と定めた大日本帝国憲法の規定に違反するという有力な憲法学説（国体明徴論《こくたいめいちょう》）があったためである。近衛の側近や陸軍、全体主義を奉じる政治家たち（社会大衆党の麻生久《あそうひさし》など）は、この問題は何とかなると考えて新体制運動を続けた。彼らは近衛の人気を利用してすべての政党を解散させ、10月に近衛を総裁とする大政翼賛会を創立した。

独裁政党ではなく、政府の外郭団体となった翼賛会

しかし、衆議院で過半数を占める旧政友会や旧民政党など保守系政治家の多くは、内心、全体主義に反対で、国民の多くも同じだった。

そこで保守系政治家たちは議会で国体明徴論を持ち出し、翼賛会は政治団体ではないことを政府に認めさせた。また、地方行政を担当する内務省も、仕事を翼賛会にとられるのをきらい、翼賛会道府県支部の支部長は道府県知事（当時は内務省からキャリア組官僚を派遣）兼任とするよう強く主張した。

こうした議会の多数派や内務省の抵抗の結果、政府は昭和16年4月に翼賛会を改組して全体主義者を辞めさせ、道府県支部長は知事の兼任とし、幹部にも多くの官僚が出向した。また総裁は代々首相が就任することになった。

以後の大政翼賛会は、独自に政治活動をすることはなく、政府の要請で戦争への一層の協力を呼びかけたり、戦争協力のため政府が企画したさまざまな行事の実施を請け負う組織となった。独裁政党ではなく政府の外郭団体となったのである。翼賛会は、昭和20年6月、本土決戦に備えて国民義勇隊が作られたかわりに、敗戦を待たずに解散した。

覚書 翼賛会の宣伝部門には、戦争で仕事がなくなったグラフィックデザイナーやコピーライターが集められ、標語の発案やポスターのデザインが行なわれた。

太平洋戦争の開戦

昭和16年（1941年）

日中戦争で反日的になった英・米・仏

昭和12年7月に始まった日中戦争に際し、日中両国はそれぞれ世界に向かって自国の正しさを宣伝し、また世界のジャーナリストは真実を探ろうと取材合戦を繰り広げた。その結果、日本と防共協定を結んでいたドイツやイタリアなどを除けば、世界的にこの戦争は日本の中国侵略戦争であると理解されるようになった。大変残念なことであるが、これは戦争の実態ともつじつまの合う、正しい認識だった。

当然、英米でも世論が反日的となり、政府も日本に対して厳しい姿勢をとるようになった。両国はフランス領北部インドシナ（北部仏印、現在のベトナム北部）経由で中国への軍事援助を行なうとともに、アメリカは日本への経済制裁を考えはじめた。当時の日本は、軍需生産や軍事行動に必要な、高度な工作機械、原料としてのくず鉄、燃料としての石油をアメリカから輸入していたので、アメリカが経済制裁をすれば日本は戦争を続けられなくなり、中国から手を引くと考えられたのである。

見込み違いだったアメリカの強硬姿勢

昭和14年7月、ついにアメリカは日本に対し日米通商航海条約の破棄を通告し、15年1月に条約は失効し、次第に対日経済制裁をすすめた。これに対し日本は、英米はこれ以上東アジアに介入しない、つまり戦争にまではならないと考え、北部仏印経由の英米の中国援助を妨害するとともに、鉄や石油に加え、軍用機生産に必要なゴムや鉱物資源を獲得すべく東南アジアへの進出をもくろんだ。

昭和15年9月、陸軍は本国がドイツに占領されていることを利用して北部仏印を占領した。アメリカのアジアへのさらなる介入を防ごうと、松岡洋右外相は9月に日独伊三国同盟を結んだ。しかしかえってアメリカを硬化させ、アメリカは対日屑鉄禁輸などで対日経済制裁を強化した。

そのため日本は、日米交渉を行なう一方、やはり本国がドイツに占領されているオランダ領東インド（蘭印《らんいん》、現在のインドネシア）にゴムや石油、鉱物資源などの譲渡を交渉したが拒否された。そこで日本は、蘭印政府に圧力をかけようと昭和16年7月、陸軍部隊を南部仏印に進駐させた。これで対米関係は決定的に悪化、アメリカは在米日本資産を凍結した。

このあとも日米交渉は続いたが、日本が中国大陸から手を引く意思がない以上進展はなく、ついに同年12月8日、日本は自衛自存を理由にアメリカ、イギリスに対して宣戦を布告。ハワイ真珠湾のアメリカ海軍基地と、マレー沖のイギリス艦隊などを攻撃し、太平洋戦争が始まった。日本のかたくなな態度と見込み違いが招いた開戦だった。

覚書　開戦直後、アメリカ西海岸に住む日系アメリカ人11万人あまりが劣悪な環境の収容所に入れられた。近年アメリカ政府は誤りを認め、1990年から補償が始まった。

軍人宰相　東条英機
昭和16年（1941年）～昭和23年（1948年）

日米開戦を主張し続けた東条英機

東条英機《ひでき》といえば、太平洋戦争を始めた首相として有名である。東条は明治17年、陸軍高官の息子として生まれた。陸軍エリート将校となるべく早くからエリート教育を受け、大正4年に陸軍大学校を卒業してエリート将校の仲間入りをした。東条は同年代のエリート将校永田鉄山《てつざん》らの統制派（44頁参照）に属し、能力よりコネ重視だった陸軍人事の改革を主張、優れた事務能力も評価されて出世街道を突き進み、昭和12年には関東軍参謀長に就任。満州国を動かす有力者の一人といわれた。

昭和13年5月陸軍次官に、15年7月陸相に就任し、陸軍の最高首脳の一人となった。16年10月には、日米開戦を避けるため陸軍の中国や「満州国」からの撤退を希望する近衛《このえ》首相に対し、これまでの軍と政府との折衝や、日露戦争以来の国民の犠牲が無駄になるとして拒否。「人生たまには清水《きよみず》の舞台から飛び降りることも必要だ」と述べて日米開戦を主張したため近衛は退陣した。東条は近衛退陣の責任をとる形で10月に首相に就任。陸相や内相（内務大臣、警察を含む国内行政を担当）も兼任し、軍人としても陸軍大将に昇進した。軍人が現役のまま首相に就任したうえ、陸相を兼任するのは異例のことだった。

東条は昭和天皇から日米開戦の可否について再検討を命じられたが判断は変わらず、12月8日、ついに太平洋戦争を開戦した。最初の半年は日本軍の快進撃が続いたこともあって国内での東条の人気は大変高かった。しかし、18年に入り、次第に戦局の不利が政界に知られるようになると東条への批判が増え始めた。

東条英機

東条は、こうした動きは戦争遂行のための国内団結を妨げ、敵国に対しても弱みを見せることになるとして警察や憲兵（軍事警察）を使って弾圧しようとしたが、これがますます東条批判を増やすことになった。しかし、律儀な性格の昭和天皇は、細かいことまできちんと報告してくる東条の律儀さを気に入っていたため、首相として信頼し続けた。

東条は天皇の信頼に応えるため、19年2月に陸軍の作戦責任者である参謀総長も兼任した。しかし、首相が陸相と参謀総長を兼任することは前例がなく、独裁的過ぎるうえ、戦局の立て直しにも失敗、19年7月、政治家たちの尽力により東条は退陣させられた。

独裁者ではなく官僚的人間だった東条英機

東条は敗戦後、占領軍から戦犯に指名され自殺を図ったが失敗、連合国による極東国際軍事裁判（東京裁判）の被告となった。裁判では国民に対する敗戦責任は認めたが、戦争自体は自衛戦争で違法ではないと主張した。しかし死刑判決を受け、昭和23年12月執行された。

東条は独裁者ともいわれるが、実は、国の命運を分ける決断をするときでさえ、官僚機構の決定の積み重ねを覆すというような思い切った発想ができない官僚的人間の典型だった。

覚書　昭和18年には、新聞で東条を公然と批判したり、東条暗殺計画への関与が疑われた右翼政治家・中野正剛《せいごう》（94頁）が警視庁に逮捕され、憲兵隊に身柄を移されて、釈放後自殺する事件もあった。

徴兵と召集の実態

～昭和20年（1945年）

平時でもうとまれていた徴兵

敗戦までの日本は、「国民皆兵」のスローガンのもとで徴兵制の軍隊を設けていたので、人々にとって軍隊はやっかいだが身近な存在だった。

徴兵検査は20歳になった男性に対して行なわれた。体格や健康状態によって甲乙丙の3種に分けられ、平時は甲種合格者の中からくじ引きで当たった者（甲種合格者の半数前後）が徴兵された。平時の陸軍兵力24万人弱に対して海軍は8万人弱で、海軍は視力など合格条件も厳しかったので、合格者の大半は陸軍に入った。また大学生は、旧制中学、高校、大学で軍事教練を受けていたかわりに、エリートとして平時は事実上徴兵を免除された。

徴兵されると兵役期間中は軍から給料をもらえるが、いったん仕事を辞めなければならないうえ、軍隊内での私的制裁（リンチ）など面倒も多く、徴兵検査で甲種合格にならぬよう、なってもくじで外れるよう、仮病を使ったり神社に祈願したりする人が絶えなかった。

徴兵された若者は、全国の主要都市に置かれていた連隊に出身地ごとに入隊し、住み込みで2年間兵士としての訓練を受ける。なお、連隊が三つ（戦時は四つ）集まると師団という部隊になり、平時は17個師団が日本各地や植民地に配置されていた。

陸軍の場合徴兵された兵士は、平時であれば兵役を2年間務めると一般社会に復帰する。兵役経験者は在郷軍人と呼ばれ、戦時に兵力が不足した場合に兵士に戻れるように時々訓練を受けなければならなかった。しかし在郷軍人は、兵役というみんなが嫌がる義務を果たした人として地域で尊敬され、有力者になることも少なくなかった。

召集により膨れ上がった日本軍

戦時になると、まずは兵役期間中の兵士が出征するが、日中戦争以後は大量の兵力が必要になったので、在郷軍人も大量に戦場に送られた。これを召集といい、赤紙と呼ばれた召集令状が市町村役場を通じて渡され出征した。

出征兵士たちは弾丸除けとして「千人針」（さらしの布に一人一つずつ針を通してもらったもの）を持っていったが、運悪く戦死すると靖国《やすくに》神社に神として祭られた。遺族や重い障害を負った場合には少額ながら年金が与えられた。

しかし、太平洋戦争になるとそれでも兵士が足りなくなり、徴兵年齢の引下げや徴兵基準の緩和、大学など高等教育機関の文科系学生の徴兵猶予廃止（学徒出陣）、少年兵の募集、植民地住民の志願兵募集などが行なわれ、戦争末期には陸軍640万人、海軍186万人にまで膨れ上がった。

なお、部隊の隊長を務める軍人は将校と呼ばれ、少尉から大将まで9の階級（大将、中将、少将、大佐、中佐、少佐、大尉、中尉、少尉）があり、軍人専業なので職業軍人とも呼ばれた。将校は陸軍士官学校や海軍兵学校という旧制中学在学生に受験資格のある給費制の学校で養成され、さらに軍の最高幹部養成のために陸軍大学校、海軍大学校があった。

覚書　日本の場合、軍隊は天皇に直属しており、組織上他のいかなる権力からも独立していた（統帥権の独立）。そのことが昭和期に軍部が暴走する一因になった。

翼賛選挙とその結果

昭和17年（1942年）

当時でも政府が選挙に干渉するのは違法だった

昭和17年4月30日、衆議院議員の任期満了に伴い第21回総選挙が行なわれた。日中戦争から太平洋戦争と続く8年間の戦時下でただ1回の総選挙である。しかも、事実上、政府が公認候補を立てるという異例の形となったため、この総選挙は翼賛選挙と呼ばれる。

総選挙にあたって、政府はもちろん政界の主流派も、この選挙を敵国（米英中など連合国）に対し日本国民の団結を誇示する機会にしたいと考えた。そこで、戦争に特に協力的な候補者を政府の推薦候補とし、推薦候補に国民が投票することを望んだのである。

ところが、大日本帝国憲法で衆議院の選挙は公選によると定められていた。公選とは立候補や投票、選挙運動は国民が自主的に行なうもので、政府が関わってはいけないという意味だとされていた。政府が公然と特定の候補者を推薦することは、当時でも違法だったのである。

そこで政府や政界の主流派は、政官財の有力者を集めた形ばかりの有志団体を作り、それが優良候補者を推薦する——つまり事実上の公認候補を立てる——ことにしたのである。

こうして昭和17年2月23日、東条首相の要請によるという形で有志団体・翼賛政治体制協議会（翼協）が作られ、会長には陸軍出身の元首相阿部信行が就任した。ただし、政府や政界の一部には、戦争遂行のためには政界を一新し、推薦候補は新人重視とすべきだという意見もあり、推薦候補者選びは難航した。

結局、衆議院の定数と同じ466人の推薦候補を立てたが、その半数は前職議員で、有権者には人気があるものの戦争にはあまり協力的でない者も少なくなかった。それでも推薦されたのは、推薦候補の当選率があまりに低いと恰好がつかないためである。しかも、東条内閣が統制主義的すぎると公然と批判する前職議員も少なくなく、130人あまりの前職が非推薦候補となった。

政府の目論見は成功したが、非推薦の当選者も

選挙は4月4日に公示され、選挙戦が始まった。新人を歓迎する動きもあったためか、立候補者は過去最高の1079人となった。翼協は有志団体とはいいながら、実

際は政府と一体であることは公然の秘密で、政府から資金援助も受けていた。一方、非推薦候補者は非国民扱いされた。

4月30日、投票が行なわれた。投票率は八割強と高く、推薦候補者は事前の予測通り8割にあたる381名が当選し、一応国民の団結を示すことには成功したとされた。ただし、非推薦の当選者も85人にのぼった。有権者が必ずしも政府の言いなりではなかったことがわかる。前職・元職では自由主義者の鳩山《はとやま》一郎、斎藤隆夫、尾崎行雄、中野正剛《せいごう》ら、新人では極右の赤尾敏《びん》、笹川良一《ささかわりょういち》らが非推薦の当選者である。当選者たちは5月に翼賛政治会という政治団体を作り、議会活動を行なっていった。

覚書 鹿児島県では非推薦の落選者が県や警察の嫌がらせがひどすぎるとして選挙無効訴訟を起こし、大審院（現在の最高裁）で訴えが認められて再選挙となった。

日本のゼロ戦、アメリカのB29

昭和14年（1939年）～昭和20年（1945年）

世界最優秀機だったゼロ戦

日米の力の差は兵器にもよく現われている。海軍航空隊の長距離爆撃機の掩護用として、昭和12年3月から開発が始まったゼロ戦（零式《れいしき》艦上戦闘機）は、当時の日本の航空技術の粋を集め、工夫に工夫を重ねて生み出された戦闘機だった。

当時の戦闘機としては最大の口径20ミリの機関銃を備え、エンジンは940馬力とやや小さいにもかかわらず、航続距離をやはり戦闘機としては世界最長の3000キロ以上とするため、世界最新の超強力アルミ合金を用い、防弾装備を簡略にし、デザインを洗練させることで機体を可能な限り軽くした。さらにプロペラや方向舵を工夫して小回りが利くようにした。

ゼロ戦は昭和14年に試作機が完成、15年から実戦配備され、敗戦までに一万機以上が作られ、日中戦争、ついで真珠湾攻撃をはじめ太平洋戦争で無敵の活躍をして交戦国を恐れさせた。

ゼロ戦　昭和17（1942）年10月、米海軍撮影

しかし、昭和17年6月、北太平洋の小島に不時着したゼロ戦が米軍の手に落ちてしまった。米軍は研究の結果、アメリカの戦闘機2機でゼロ戦1機を攻撃すれば勝ち目があることをつかんだ。アメリカの工業生産力をもってすればゼロ戦の倍の戦闘機を作ることは簡単だった。ゼロ戦は最後まで1機としては世界でも最優秀の戦闘機であり、海軍の主力戦闘機として改良を続けながら合計1万機以上作られたが、アメリカに弱みを握られ、次々と撃墜されるようになった。

高度1万メートルを飛べるB29

一方、昭和17年9月に初飛行したアメリカの爆撃機B29は、第二次世界大戦中では最大で最優秀の爆撃機だった。もともと南米に軍事独裁国家が生まれた場合の攻撃用として昭和15年1月にボーイング社で開発が始まった。与圧装置を搭載することで高度1万メートルを4800キロ以上も飛び続けられる史上初の実用機となった。四つのプロペラエンジンを持ち、当時としては超大型機だった。ゼロ戦は高度3000メートル以下で性能を発揮するようにできているので、B29が低空に降りてこない限り太刀打ちできなかった。

B29は昭和19年6月から実戦配備され、まずインドのカルカッタ、まもなく中国奥地の成都《せいと》を基地として、主に中国や東南アジアの日本占領地や北九州などを爆撃した。19年10月からは南洋のマリアナ諸島に基地を置き、日本本土の大半を行動範囲に収めた。アメリカの生産力に物をいわせて急速に大量生産されたB29は、大編隊となって主要都市を襲い、さらには原爆投下にも使われ、日本の都市部の住民を恐怖に陥れることになる。

工芸品のような繊細で小回りの利く名機を生み出す技術はあっても生産力で劣る日本、贅沢に新機能を搭載した超大型機を大量生産できるアメリカ。やはり、アメリカを敵に回して大戦争をするのは無謀だったとしか言いようがない。

覚書　零式とは、海軍が採用した昭和15年が神武《じんむ》天皇紀元（皇紀）で2600年にあたることから末尾のゼロをとったもの。艦上とは空母で離着陸可能という意味である。

戦局の悪化

昭和17年（1942年）〜昭和20年（1945年）

ミッドウェーでの大敗から敗勢へ

太平洋戦争の緒戦は日本軍が優勢で、昭和17年3月上旬までに東南アジア一帯を占領し、「大東亜共栄圏《だいとうあきようえいけん》」と呼んだ。しかし、真珠湾攻撃を卑怯なだまし討ちとみたアメリカ国民は打倒日本で団結し、全力を挙げて戦いはじめたため、日本の勝利は長続きしなかった。

昭和17年4月18日に太平洋上の空母から飛び立った米軍の爆撃機が東京、名古屋、神戸などの空襲に成功した。威信を傷つけられた日本海軍は6月、空母部隊の総力を挙げて太平洋上のミッドウェー諸島周辺でアメリカの空母部隊と対決したが、戦術上のミスが重なって大敗北を喫し、制海権、制空権ともにアメリカに握られた。しかし、ミッドウェー海戦の敗北は極秘とされ、日本の敗勢を国民が知るのは昭和18年2月の陸軍のガダルカナル島撤退開始からだった。

昭和18年4月には山本五十六《いそろく》連合艦隊司令長官の乗機がアメリカ空軍機に撃墜され、

昭和16年12月	太平洋戦争開戦
	○真珠湾、マレー沖海戦で大勝
昭和16年末～17年初	○シンガポール、マニラなどを占領
昭和17年 4月	米軍、日本本土を初空襲
〃 6月	●ミッドウェー海戦で日本大敗
	↓ 日本敗勢へ
昭和18年 2月	●ガダルカナル島撤退
昭和19年 7月	●サイパン島陥落
	↓ 東条内閣退陣
〃 11月	本土空襲が本格化
昭和20年 3月	東京大空襲
〃 8月	広島、長崎に原爆投下

太平洋戦争の戦局の推移

山本は戦死した。日本側の暗号が解読されていたためで、日本軍は手の内をすっかり読まれていたのである。海上補給路も危うくなり、南洋諸島や北太平洋の島々にいた陸軍部隊も次々と玉砕（全滅のこと）や転進（撤退のこと）を余儀なくされた。

工業力で勝るアメリカは、連合国陣営の中心としてヨーロッパ戦線にも参加していたが、最新式兵器を大量生産できたうえ、兵士たちに十分な休養と栄養を与える余裕があり、気力でも日本は負け始めた。東南アジアの日本軍は本国からの補給を断たれて苦しくなり、中国戦線の日本軍も住民の反抗や連合国の対中軍事援助のため苦しい戦いを続けていた。

東条内閣は敗戦は避けるため、昭和18年ころから軍需生産や兵力増強に全力を挙げようと学徒勤労動員、娯楽の制限、学徒出陣などを次々と行なった。しかし、不慣れな生徒たちが作った軍用機や兵器は不良品が多く、見かけほどの効果はなかった。

サイパン島の陥落で空襲が本格化した

昭和19年7月にはサイパン島が陥落、これが直接の原因となって東条内閣は退陣に追い込まれた。なぜなら、これによってアメリカの爆撃機B29が楽々と日本本土爆撃をできるようになったからだ。こうして11月からはB29による本土爆撃が本格的にはじまることになる。

空襲に備えて、大都市の密集地で火が燃え広がらないよう、空き地を作るため住宅を壊したり（建物疎開）、大都市の小学生を山間部に学年ごとに移す（学童疎開）などの対策も採られたが、建物疎開は米軍の強力な焼夷弾《しょういだん》の前には焼け石に水であった。工業生産力が日本の78倍といわれたアメリカが全力を挙げて日本に向かってくれば日本に勝ち目がないことは政府や軍の中枢では最初からわかっていた。こうして日本は破局へと近づいていったのである。

覚書　敗勢になっても海軍が戦果を誇大に発表し続けた一因として、戦闘機や爆撃機の優秀なパイロットの戦死が増え、未熟なパイロットが戦果を誤認していたことがあげられる。

沖縄戦と戦艦大和

昭和20年（1945年）

二十数万人が死亡した沖縄戦

昭和20年4月1日から6月23日まで行なわれた沖縄戦は、日本で行なわれた唯一の地上戦であり、多数の現地住民を巻き込む悲惨な戦闘となった。

日本軍は、沖縄本島に上陸してきた18万人にも及ぶアメリカ軍の物量作戦に圧倒され、追い詰められていった。元気な住民は日本軍の補助に駆り出され、老人や子供、病人は足手まといとして軍から冷遇され、中には日本軍に殺害された人もいた。また、軍に動員され、アメリカ軍の降伏勧告に従わず自決した女学生たち（ひめゆり部隊）の悲劇は特に有名である。

その一方、沖縄県知事（当時の県知事は内務省から派遣されたエリート官僚）島田叡《あきら》は、脱出する機会があったのに最後まで現地にとどまって死亡した。

日本軍の戦死者は9万人以上、現地住民の死者は約9万4000人といわれる。

大和は沖縄を救うための特攻隊だった

沖縄戦が始まった直後、これを座視するに忍びないとして、海軍は戦艦大和《やまと》を中心とする10隻の軍艦による特攻隊を沖縄に突入させることを決定した。

戦艦大和は、世界恐慌を原因とする世界情勢の悪化により昭和11年に日本が海軍軍縮条約から脱退したため、当時最大級の戦艦として、姉妹艦武蔵《むさし》と合わせれば戦後の東海道新幹線の建設費に匹敵するほどの巨費をかけて建造された。主砲の口径は当時世界最大の46センチ、射程は42キロメートルに及んだ。昭和12年11月に広島県呉《くれ》市の海軍工廠《こうしょう》（海軍直営の造船所）で起工、太平洋戦争開戦直後、極秘裏に完成した。

しかし、完成時には海上戦闘の主力は巨砲巨艦ではなく小回りの利く飛行機となっていた。しかも日本海軍の場合、昭和17年6月のミッドウェー海戦で主力空母や優秀なパイロットとともに制空権も失っていた。

大型で小回りの利かない巨大戦艦は、味方の戦闘機の援護なしで戦闘機や雷撃機（魚雷で攻撃する軍用機）の大編隊に襲撃されると不利だったため、大和が能力を活かす機会はほとんどなかった。

実際、姉妹艦武蔵は昭和19年10月、南方で作戦行動中に米軍機の襲撃により沈没した。その後、東南アジアからの燃料供給もままならなくなり、大和は瀬戸内海で予備隊的存在に甘んじていた。

大和を中心とする特攻部隊は昭和20年4月6日、山口県徳山を出発、7日朝、太平洋上で米機動部隊（空母を主力とした海軍部隊）に発見され、昼過ぎから米軍機の激しい攻撃にさらされた。反撃も空しく、合計12本の魚雷を受け、午後2時23分、轟音とともに沈没、3300人あまりの乗員のうち、艦長など3000人あまりが戦死した。

軍隊が自国民を殺したことや、巨費が投じられながらもてあまされた戦艦大和が特攻隊となったことなど、沖縄戦は戦争の恐ろしさと空しさを示す典型的な戦いだった。

覚書　呉市の大和ミュージアムには10分の1の精巧な大和の模型が展示されている。また、沖縄県知事・島田叡の責任感ある行動は今でも沖縄で高く評価されている。

原爆、そして終戦

昭和20年（1945年）

陸軍が徹底抗戦を主張し続けた

昭和19年7月の東条内閣退陣をうけて成立した小磯国昭《こいそくにあき》内閣は、ようやくもはや勝利はありえないと悟り、連合国側との講和の道を探りはじめた。ただし、少しでも有利な条件を得ようと、一回でも戦闘に勝ってから講和交渉に入る考え（一撃講和論）だった。しかし、戦局は悪化の一途をたどり、連合国側も日本を徹底的にたたくつもりだったから、講和の糸口をつかむことはできなかった。それどころか米軍の本土空襲は激しさを増し、ついに20年3月9日深夜から10日未明にかけて東京の下町が焼夷弾攻撃に見舞われた。東京大空襲である。住宅密集地だっただけに被害は大きく、死者8万4000人、罹災者130万人、焼失戸数27万戸といわれる。

このような非戦闘員をも標的にした無差別爆撃は戦略爆撃と呼ばれ、相手国の戦意を失わせるために行なわれるが、始めたのは日本だった。日中戦争のとき、海軍の航空隊が中国の臨時首都重慶《じゅうけい》を繰り返し無差別爆撃し、多くの犠牲者を出したのである。

4月7日に首相に就任した鈴木貫太郎《かんたろう》は、内心は早期終戦を決心していたといわれるが、軍部、特に陸軍は、東条がかつて陸相時代に制定した戦陣訓に「生きて虜囚《りょしゅう》の辱めを受けず」とあるせいか、負けを認めようとせず、本土決戦、徹底抗戦を主張し続けた。

しかし、5月にドイツが降伏、空襲で皇居内の宮殿が焼失し、6月下旬、沖縄が陥落した。ついに昭和天皇も早期終戦を決断、政府内の調整が始まった。その一方、本土決戦に備え、国民義勇隊の結成や、長野県松代《まつしろ》に大本営（天皇直属の作戦本部）移転用の防空壕の建設が進められた。

そして「広島」「長崎」の悲劇へ

7月26日、米英中の首脳はポツダム宣言を発した。日本に無条件降伏を求めるとともに、終戦後の日本の非軍事化、民主化を約束していた。軍部の強い反対もあって鈴木首相はこれを黙殺すると発言、連合国は最後の手段に出た。

8月6日、アメリカは広島に人類初の原子爆弾を投下した。アメリカは7月に原爆の開発に成功していたのである。一瞬にして町は壊滅、年末までに14万人前後の死者を出し、放射能汚染の後遺症に悩む人も多かった。ついで8日にソ連は対日宣戦を布告して「満州国」と樺太《からふと》に侵攻、9日には米軍が長崎に原子爆弾を投下、7万人前後

原爆投下後まもない原爆ドーム　昭和20（1945）年9月3日

の死者を出した。

　昭和天皇は御前会議で陸軍の反対を押し切って終戦を決断、8月15日正午、天皇が朗読する「終戦の詔書」の録音がラジオ放送され、戦争は終わった。

　8年間の戦争による死者はアジア全体で3000万人以上、日本だけで300万人といわれ、日本は国富の3分の1を失った。近代化に成功しすぎて増長したがための挫折であった。

覚書　本土での実質的戦闘は8月15日で終わったが、正確には、9月2日に東京湾上の米戦艦ミズーリ号で日本と連合国の代表が降伏文書に調印したときが終戦である。

昭和の戦争遺跡

戦前〜現代

現在も利用されている軍事施設

戦争遺跡というと、普通は戦場の跡か、旧日本軍が使った軍事施設をさす。軍事施設は現在でも自衛隊や米軍が利用している場合が多く、遺跡というより現役の軍事施設である。

たとえば、広島県呉《くれ》市は、戦前は日本海軍の根拠地（鎮守府）の一つだった。呉海軍工廠《こうしょう》（海軍直営の造船所）は戦艦大和《やまと》が建造されたことで知られる。太平洋戦争の空襲で町も軍事施設も大きな被害を受けたが、現在も海上自衛隊や在日アメリカ海軍が基地にしており、常に艦船が停泊しているのがみえる。市内にある旧呉鎮守府司令長官官舎は入船山《いりふねやま》記念館として公開されている。また、旧呉鎮守府庁舎は戦前と変わらぬ姿で海上自衛隊の庁舎として使われている。なお、平成17年4月には、海軍工廠跡に戦艦大和関係の展示を中心とする呉海事歴史科学館（大和ミュージアム）が開館した。

学校や公共施設となっている場合も多い。東京都北区十条にあった陸軍造兵廠《ぞうへいしょう》（兵器工場）の跡地には、今も陸上自衛隊が駐屯しているが、一部は公園となり、本部庁舎だった建物は北区の文化センターとして利用されている。また、軍事施設に近い海岸には要塞の跡がみられることが多い。神奈川県横須賀《よこすか》市の猿島《さるしま》は島全体が要塞だったため、いたるところに砲座跡があり、弾薬庫兼用のトンネルや防空指揮所も残る。

全国にみられる戦争遺跡

戦場になった陸地は日本では沖縄県にしかない。沖縄本島はほぼすべて戦場跡といってよいが、昭和20年6月、従軍看護婦となっていた女学生たち（ひめゆり部隊）が自決した防空壕《ごう》跡（糸満《いとまん》市）は公園となり、ひめゆりの塔と平和祈念資料館が建っている。

太平洋戦争にまつわる日本軍の戦場跡はむしろ外国に多い。ハワイの真珠湾をはじめ、中国や東南アジアに多数あり、日本軍の艦船や軍用機の残骸が残っている場合もある。訪れる場合は米英中などの将兵、現地の人々の犠牲も大きかったことを忘れないようにしたい。

戦争遺跡はこうしたものにとどまらない。全国どこにでもあるのは戦死者の慰霊碑である。寺や神社の境内にあることが多いが、忠魂碑や忠霊塔などという名前で公園に建てられているものも少なくない。碑文をみると、戦死者の数がもっとも多いのはやはり太平洋戦争であることがわかる。

また敗戦後、空襲による焼け野原の跡に現われたヤミ市の名残りも、東京の吉祥寺《きちじょうじ》などに、まだわずかに残っている。これらも戦後復興における人々のたくましさがうかがえるという点で一種の戦争遺跡といえる。しかし、これらは再開発の波で消えてゆく運命にある。

なお、靖国《やすくに》神社の遊就館《ゆうしゅうかん》は、戦前から軍事博物館として存在している。現在では国内唯一のゼロ戦の実物や、兵士たちの遺書など多くの軍事資料が展示されている。

覚書　参謀本部（陸軍）は江戸城内濠《うちぼり》沿いの旧彦根《ひこね》藩屋敷跡に国会議事堂に背を向けて建っていた。現在は憲政記念館と公園になっている。

■COLUMN■　仲の悪い陸海軍

旧日本軍は陸軍と海軍からできていたが、何かと仲が悪かった。陸軍と海軍は完全に別系統の組織で、両方に命令を下せるのは天皇だけだった。戦時には陸海軍の統合作戦本部として大本営が設けられたが、実態としての分離状態はほとんど変わらなかった。航空部隊についても、陸海軍それぞれが航空隊を持つという効率の悪い形になった。内部での用語も微妙に異なり、たとえば「大佐」を陸軍では「たいさ」、海軍では「だいさ」と読んだ。日中戦争や太平洋戦争のときには、年度ごとの物資配分計画（物資動員計画）の決定でいつも壮絶な物資ぶん捕り合戦を演じ、4月からの計画が6月になっても決まらないといったことが続いた。軍用機の開発もまったく別に行なわれ、同じ企業に製造を発注するときも、陸軍機の製造ラインと海軍機の製造ラインの間には塀《へい》が作られたほどだった。陸海軍協同で上陸作戦が行なわれることもあったが数は少なく、日中戦争のときには海軍が抜け駆けをしたとして陸軍が怒って協同作戦が中止になったこともあった。もともと陸軍は長州《ちょうしゅう》藩出身者が中心、海軍は薩摩《さつま》藩出身者が中心で、陸軍はドイツ、海軍はイギリスと、お手本とする国も違っていた。それでも明治時代、日露戦争のころまでは、陸海軍の最高幹部はみんな維新の時代に一緒に苦労した知人・友人だったから協力できた。しかし、皮肉なことに、軍の教育制度が整ってくると、優秀だが視野の狭い、大局が見えずに自己中心的な行動が目立つエリート軍人が幅を利かせるようになってしまい、陸海軍の仲は最後まで修復されることはなかった。

第二章

占領と復興

昭和20年〜昭和30年頃

占領軍がやってきた

昭和20年（1945年）

アメリカ主導の占領統治

昭和20年8月28日の占領軍の先遣隊に続いて30日、連合国軍最高司令官マッカーサーがマニラから飛行機で神奈川県の厚木《あつぎ》飛行場に到着した。サングラスをかけ、コーンパイプをくわえて降り立ったマッカーサーの写真や映像はよく知られている。

とりあえず横浜に入った占領軍は、日本政府に対し、軍政の実施と軍票（軍隊が発行する通貨）の使用を通告した。不慣れな進駐軍が直接行政を行なえば混乱は避けられない。さらに軍票を使われると、円の価値はガタ落ちとなり日本経済は大混乱に陥ってしまう。

そのことに気づいた日本政府は大慌てで占領軍を説得し、両方とも中止となった。占領軍は、日本政府が設置した終戦連絡事務局を通じて間接統治することになった。そのほうが軍政を行なうより費用も人員も節約できるからである。ただし、沖縄だけは一足先の6月に陥落していたこともあり、アメリカ軍の軍政下に置かれた。また、

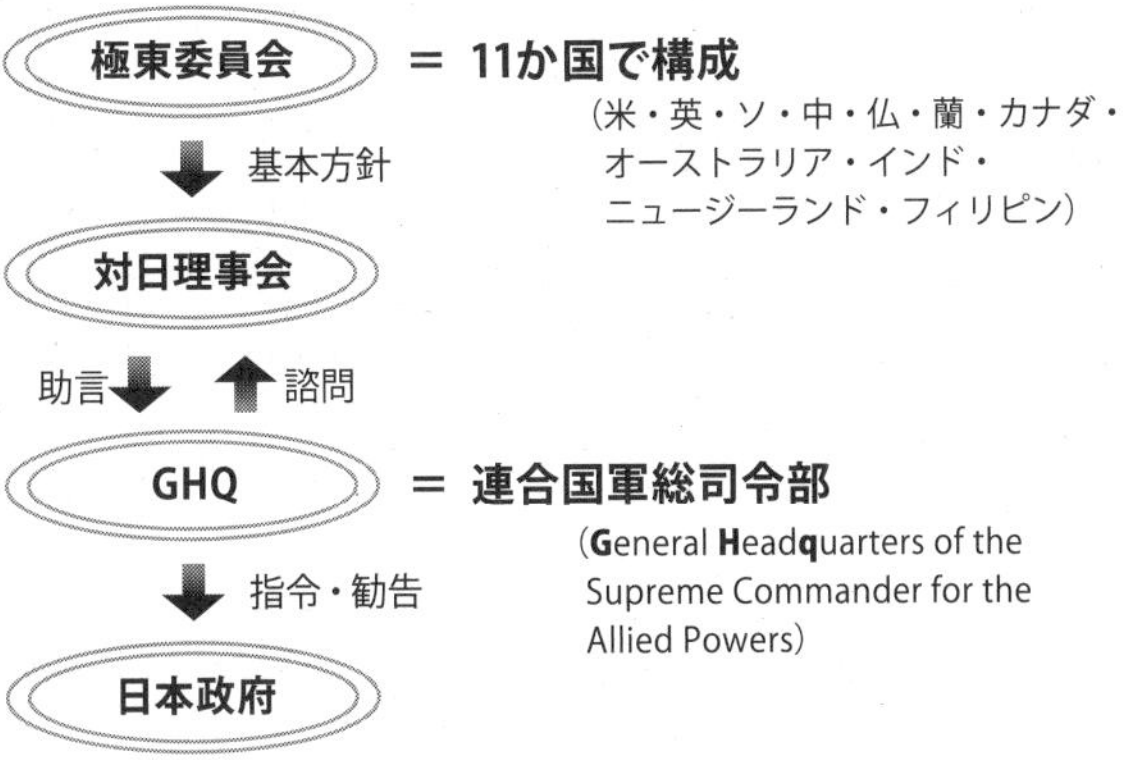

占領機構のしくみ

インフレはこれとは関係なく急激に進み、消費者物価は昭和23年までに終戦時の4倍近くになった。日本政府が軍需産業への代金支払いをすべて済ませようとした結果、市中に大量の通貨が出回ったためである。

9月17日、占領軍は総司令部を東京のお堀端にある第一生命館に移し、マッカーサーはごく限られた日本人にしか会わず、天皇をしのぐ最高権威者としてふるまった。この連合国軍総司令部の上には、米英ソ三国を中心とした極東委員会がワシントンに置かれ、東京にはその出先機関として対日理事会が置かれた。しかし、占領統治の主導権はアメリカが握っていた。年末までに約43万人の占領軍が日本全国に展開した。大半はアメリカであるが、オーストラリア軍や英軍も若干含まれていた。

敗戦の現実

占領軍は東京など主要都市で軍事施設はもちろん、状態のよいビルや劇場、邸宅を接収した。事務所や占領軍将兵の娯楽施設、住宅として使うためである。鉄道でも状態のよい車両は接収され、占領軍専用車両となった。長距離用の車両には冷暖房も完備された。

敗戦で打ちひしがれた国民、特に焼け出された都市部の住民は、焼け跡のバラック住まいから豪華な占領軍の施設をまぶしく見つめ、駅では椅子もない車両の中から冷暖房が効いた空いた車内でくつろぐ占領軍将兵を目の当たりにしなければならなかった。

子供たちはお菓子めあてに占領軍将兵の乗ったジープを追い、大都市では生活に困って占領軍相手に体を売る女性も現われた。こうして日本人は敗戦という現実をいやというほど味わわされることになった。しかも、占領軍の言論統制により、日本側の不満や占領軍将兵による犯罪は一切報道されることはなかった。

覚書　占領軍は日本国民の動向を探るため、一般人の手紙までひそかに開封して検閲していた。

引揚げと復員

昭和20年（１９４５年）～

困難をきわめた一般邦人の引揚げ

昭和20年8月15日の敗戦の時点で、東南アジアや中国大陸、朝鮮半島などに約７００万人の日本人がいたと考えられている。軍人が約３５０万人、一般邦人が約３５０万人である。このうち国内にいた場合も含め、兵士が兵役を解除されて一般社会に戻ることを「復員」、海外に在留していた一般邦人が本土に帰国することを「引揚げ」という。

日本政府は敗戦により力を失っていたので、アメリカ軍や現地政府の協力がなければ復員や引揚げを実行できなかった。敗戦となった以上、海外の日本人の大半が一刻も早く帰国したいと考えたに違いない。アメリカ軍も各地域が独立国となるためにも日本人をなるべく早く退去させることが好ましいと判断した。そのため、敗戦からわずか1年余りの間に約５００万人が帰国を果たした。

もちろん帰国にはさまざまな困難が伴った。特に一般邦人は引揚げ船に乗れる港まで自力でたどり着くほかはなかった。多くの場合は集落ごとに集団で行動したが、もともと最低限の手回り品や現金しか持っていくことを許されなかったため、移動の途中で飢えや寒さに襲われ、食糧や衣服を奪い合ったり、乳幼児や病人が十分な栄養をとれずに死亡する悲劇が珍しくなかった。

殊に旧満州の奥地からの引揚げは困難をきわめ、死なせるよりはましと現地の人に乳幼児を託す親が続出し、残留孤児問題の悲劇を生んだ。運よく引揚げ船に乗り込めても、衛生状態が悪く、故国を眼にしながら上陸前に息を引き取る人もいた。これも特に乳幼児に多かった。こうして一般邦人のほとんどは長年築き上げたものをすべて失い、文字通り命からがら、着の身着のままで帰国したのである。

50万人を超えたシベリア抑留者

戦後長期にわたって多くの残留者が出たのは旧満州国関係のシベリア抑留者である。敗戦直後、ソ連は旧満州から多数の日本人男性をシベリアに連行し、抑留した。人数は57万から70万まで諸説がある。

農業移民で満州に移住していて、敗戦直前に現地で召集されたため連行されてしまった不運な人が多かった。彼らは数年間にわたって現地で共産主義教育を受けさせられただけでなく、極寒のなか、粗末な食事で過酷な重労働を強制されたため、約１割が死亡した。生き残った人の大部分は昭和25年前後までに帰国を果たした。
そのほか、南方では、昭和47年に救出された横井庄一、49年に救出された小野田寛《ひろ》郎《お》のように、戦争末期に部隊が離散して連絡がつかず、日本の敗戦を知らずに山中で孤独な戦闘を続けていた将兵がいた（363頁参照）。

覚書　東南アジアや中国では、戦後独立戦争や内戦に参加した旧日本軍兵士もいた。また、技術者のなかには現地側の希望で残留して技術指導に携わった人もいた。

買出しとヤミ市

昭和20年(1945年)～昭和20年代中頃

買出しは命がけの物々交換

空襲や敗戦の混乱による配給組織の機能低下や昭和20年夏の凶作のため、食糧事情は敗戦前後から急激に悪化した。違法行為を嫌い、配給だけで暮らしていた裁判官が栄養失調で死んだ事件も起きたほどである。やはり配給制だったその他の生活必需品も同じような状況だった。そこで、都市部の人々の大部分は、買出しやヤミ市(闇市)に活路を見出すことになった。

買出しとは、都市部の住民が近郊の農山漁村に食料を直接買いに行くことである。まず往復するのが大変だった。当時の主な交通手段は鉄道だが、戦時統制や戦災で本数が減っていたため、列車はいつも殺人的に混んでいた。そのうえ車両には満足に椅子も窓ガラスもなく、線路や保安設備もぼろぼろで事故が多かった。人々はデッキや屋根、はては機関車にまでしがみついて命がけで行かなければならなかった。

さらに、敗戦による急激なインフレが始まったため、お金を持って行っても農家の

新橋駅前のヤミ市　昭和20（1945）年12月20日

人々はなかなか食料を売ってくれなかった。そこで人々は、晴れ着や貴金属など、金目のものを家の中から探し出して持って行かなければならなかった。物々交換というわけである。

無事に米や野菜を手にしてもまだ安心はできなかった。占領軍と政府は、なお食料や生活必需品の価格統制や配給制を続けていたから、買出しは違法行為である。警察はしばしば買出しから帰る人々の乗った列車を抜き打ちで検査し、悪質とみなされれば没収や逮捕という運命が待っていた。

日本再建の起点となったヤミ市

ヤミ市は、やはり統制の網をかいくぐって品物を売る仮設の市場で、空襲で焼け野原となった都市部のターミナル駅の駅前広場に次々と現われた。

仕切っていたのは暴力団で、ヤミ市自体が違法行為だから当然、警察は取り締まるべきだったが、敗戦直後の混乱期のこと、警察はとても手が回らず、数年は事実上野放し状態だった。

ヤミ市は、生活必需品なら何でも売っており、どこが出所かわからないような怪しげな飲食物を出す食堂や飲み屋もあった。働き手は復員兵が多かったといわれる。

統制外の市場だから価格は政府の公定価格よりかなり高かったし、まがい物を売りつけられる可能性も少なくなかった。しかし、配給をあてにできないなか、都市部の住民でヤミ市の世話にならなかった人はほとんどいないだろう。

ただし、ヤミ市は、中心部がほとんど焼け野原となった敗戦後の日本の都会では唯一活気のある場所だった。敗戦後の日本の再建は、ヤミ市から始まったといっても過言ではない。

ヤミ市は、朝鮮戦争の特需景気で復興が本格化した昭和20年代中ごろに急速に姿を消していくが、現在でもその雰囲気を残す商店街が全国にいくつかある。

（覚書）酒も不足していたので、ヤミ市ではバクダン（燃料用アルコール）やカストリ（悪質な焼酎）など、悪酔いしたり、最悪の場合には失明したりするような酒が売られていた。

政党の復活

昭和20年（1945年）

主要三党復活のほか、共産党を合法化

昭和15年の夏に新体制運動の影響で各政党が解散して以来、内外に国民の団結を示すため、政府は大同団結した形の政治団体しか認めてこなかったが、戦争に負けたことと、勝者である連合国が民主主義を奨励したため、昭和20年秋にいくつかの政党ができた。

まず11月に主な政党が三つできた。最初は日本社会党である。党名の示すとおり社会主義者が集まって作った政党である。ただし、党内は戦争に協力的だった勢力と非協力的だった勢力が派閥争いをする形になっており、党首にあたる委員長に片山哲《てつ》が就任するのは翌年のことになる。また、社会主義政党でありながら天皇制を支持していた。次に鳩山《はとやま》一郎を総裁とする日本自由党ができた。この党は保守系で戦争に非協力的だった議員たちが作った政党で、翼賛選挙（92頁参照）の際、非推薦で当選した議員が中心だった。主要政党の最後としては日本進歩党ができた。この党は保守系で戦争に協力的だった議員たちが作った政党で、翼賛選挙の推薦候補だった人々が中心

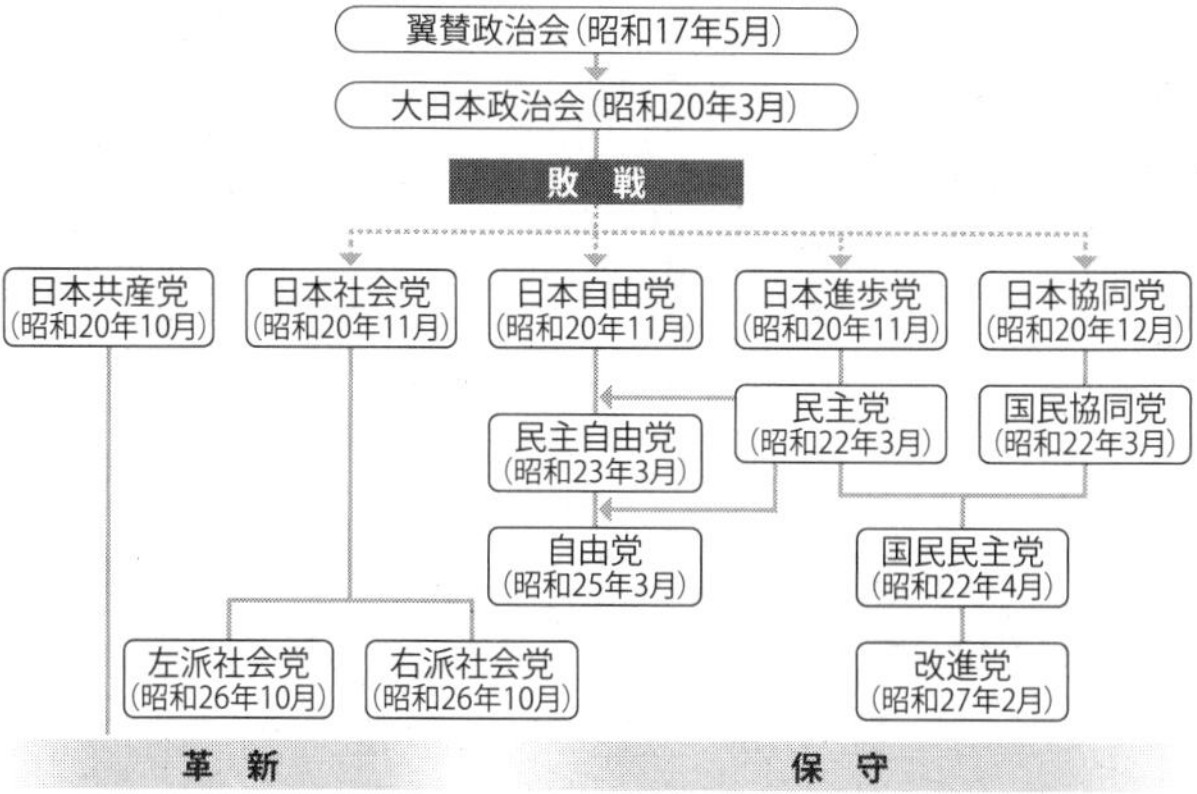

敗戦前後の政党の変遷

だった。当然、進歩党が衆議院の過半数を占める議会の最大勢力だったが、党首選びは難航し、年末に町田忠治《ちゅうじ》が就任した。

その他、翼賛選挙で新人の推薦候補だった議員を中心にした日本協同党も結成された。また、敗戦までは治安維持法によって禁止されていた共産党が合法化され、指導者たちが中国から帰国したり獄中から解放されたりした。

都合よく濫用された公職追放

時の幣原喜重郎《しではらきじゅうろう》内閣は、敗戦に伴い政治状況が変わったことから、20年の年末に衆議院を解散し、年明けに総選挙を行なうことにした。これに伴い選挙法が改正されて女性にも選挙権が与えられた。それでも事前の予想では保守系前職が有利とされた。

らっていた。また、前職議員たち自身、今度こそ政党政治、政党内閣の時代が来るとして再選をね

しかし、占領軍は民主化の促進のためには、戦争中の翼賛選挙の推薦議員が戦後の政界で主導権を握るのは好ましくないと考えた。それに進歩党には権謀術数にたけたベテラン議員が多く、占領軍が政治を進める場合に邪魔になる可能性もあった。そこで占領軍は総選挙を延期させ、昭和21年1月4日に公職追放（128頁参照）を発表。翼賛選挙で推薦候補となった議員は立候補できなくなり、このため進歩党は大きな打撃を受けた。

総選挙は4月に行なわれた。当選者のほとんどが新人で、日本初の女性議員が39人も誕生、自由党が第一党となった。党総裁の鳩山が内閣を組織しようとしたが、占領軍は、鳩山は占領軍の言うことを聞きそうにないと判断、戦争中の好戦的と見られる言動を探し出し、公職追放にしてしまった。かわって5月に吉田茂が首相と自由党総裁の座についた。こうして政界は占領軍の手で一新され、有力政治家のほとんどは雌伏の時期を迎えることになった。

覚書　鳩山側近の河野《こうの》一郎と三木武吉《ぶきち》も非推薦当選者だったのに吉田内閣成立直後に公職追放となった。鳩山の影響力を断ちたい吉田の陰謀によるといわれる。

戦犯と公職追放

昭和21年（1946年）

A級戦犯28人、BC級戦犯5700人が起訴された

連合国は、ポツダム宣言で日本に対し戦争犯罪人の処罰と軍国主義者の追放をするとしていた。敗戦まもない9月11日、占領軍はまず東条英機《ひでき》元首相ら39人の戦争犯罪人の逮捕を始めた。さらに11月から12月にかけて79人が逮捕された。そのなかには近衛《この》文麿《ふみまろ》元首相、昭和天皇のほぼ唯一の側近だった木戸幸一内大臣が含まれ、近衛は自殺した。

昭和20年5月に降伏していたドイツ軍に関しては、すでに同年11月から連合軍が、敗戦時に自殺していたヒトラーらを除くドイツの指導者たちの重大な戦争犯罪を裁く国際軍事裁判をドイツのニュルンベルクで始めていた（ニュルンベルク裁判）。連合国は日本でもニュルンベルク裁判にならった戦争犯罪裁判をすることにしていた。

最大の問題は昭和天皇も戦犯とするかどうかであった。オーストラリアとニュージーランドはするべきであると強く主張したが、占領軍のマッカーサー司令官は、日本

の占領統治を円滑に進めるには昭和天皇の存在が必要であると判断したため、戦犯からはずされた。

結局、昭和21年4月に「平和に対する罪」などを起訴理由とする東条以下28人の被告（A級戦犯）が決定し、5月3日に東京で極東国際軍事裁判（東京裁判）が始まることになる。

この他、捕虜虐待など、通常の戦争法規に反する行為をした日本軍人も犯罪者とされた。行為を指示したため起訴された場合はB級戦犯、実行して起訴された場合はC級戦犯と呼ばれたが、実際には両者を区別することが困難なので、まとめてBC級戦犯と呼ぶことが多い。BC級戦犯裁判は横浜のほか戦域の各地で行なわれ、あわせて5700人が起訴された。

公職追放は独立回復までに全員解除された

また、占領軍は、軍国主義者や極端な国家主義者を一掃するため、昭和21年1月4日に公職追放指令を出した。基準は戦争犯罪人、現役将校、憲兵、有力な政治団体の幹部、植民地や占領地統治機関の幹部、その他反軍国主義者を抑圧し、戦争に協力した者など7項目で、一つでも該当する場合は役人、議員、占領軍が指定した団体や企業の幹部（有力企業の社長など）になることはできなくなった。該当者は1000人あまりであった。

昭和22年1月4日、公職追放令が改正され、中央だけでなく地方の有力者にも対象が拡大され、さらに約20万が追放された。東西冷戦が深まる25年以降は共産主義者も公職追放の対象となり、約2万人が追放された。追放処分は昭和27年4月に講和条約が発効して独立を回復するまでに全員解除された。

いずれにしろ、戦犯逮捕と公職追放は、国際社会に対して日本が大きな惨禍をもたらした責任を取るための代償となったのである。

覚書　自殺や辞職謹慎により自主的に責任を取った人もいた。敗戦時の陸相阿南惟幾《あなみこれちか》、特攻隊の指揮官である宇垣纏《うがきまとめ》などは自殺し、衆議院議員でも数名が辞職した。

労働争議は花盛り

昭和20年（1945年）～

賃上げと首切り反対が闘争目標

戦前は大工場が少なかったことや政府や財界の共産主義への警戒感から労働組合自体が少なく、労働争議も数的には少なかった。戦争中は軍需増産のため工場も労働者も増えたが、労働組合はすべて事業所ごとの労使協調組織である産業報国会に強制的に改組させられていた。

敗戦後、占領軍による民主化の一環として労働組合の再結成が奨励され、産業報国会がそのまま企業ごとの労働組合に改組された。はじめは共産主義も容認されていたため、組合の指導者は共産主義運動家が多く、勢い労働運動は過激なものとなった。

闘争目標の多くは賃上げだった。戦後の急激なインフレに対処するためである。経営陣はどうしても会社の利益優先になってしまうため、ストライキのほか、生産管理闘争といって、労働者が経営も管理するという方法も用いられた。一方、インフレが進むと人員整理も始まる。特に公務員については、昭和24年に占領軍の指示によるインフレ抑制のための財政再建政策（ドッジライン）の一環で大幅な首切りが行なわれた。当然、次第に首切り反対闘争も増えていく。

そして「春闘」へ

占領初期の主な労働争議としては、昭和20年の読売新聞争議、21年前半の東芝、東宝映画、日本鋼管などの生産管理闘争、同年10月の炭鉱や各新聞社、NHKのストなどがあった。さらに国鉄などの官公庁の労組が22年2月1日にゼネラル・ストライキ（総同盟罷業、二・一ゼネスト）を計画していた。国民生活に直結する業種のストが多いのが特徴で、特に炭鉱ストは、鉄道の運行本数の減少（都市部以外はまだ大半が蒸気機関車牽引《けんいん》）や停電の多発をもたらした。

ところが同じころ、世界ではアメリカを中心とする自由主義の西側陣営とソ連を中心とする社会主義の東側陣営の対立（東西冷戦）が始まっており、マッカーサーは労働運動の左傾化を恐れて二・一ゼネストを中止させ、公務員の争議権を否定した。しかし、以後も労働争議はやまず、昭和23年8月には東宝争議の解決のため米軍が出動したり、24年6月には神奈川県で国鉄の労組が生産管理闘争の一種として自主的に「人民電車」を走らせたりした（人民電車事件）。

さらに昭和24年からは、占領軍による共産主義者の公職追放（レッド・パージ）が始まったため、労働運動はいったん鎮静化した。しかし、労働運動の中心的な組織として25年7月に結成された日本労働組合総評議会（総評）は、はじめは穏健な方針をとっていたがまもなく過激な方針に転換し、社会党と結びつくようになった。

占領終結後の30年には、各労組が共闘して毎年春にゼネストを設定して賃上げ交渉を行なう春闘が始まった。

（覚書）二・一ゼネスト中止命令を受けた伊井弥四郎全官公庁共闘議長が、中止を告げるラジオ放送で「一歩退却、二歩前進」と涙ながらに述べたことは有名である。

戦後改革のゆくえ

昭和20年（1945年）～

戦後の民主化五大改革

連合国はポツダム宣言で、日本の軍国主義を一掃することをうたっていた。占領軍最高司令官マッカーサーはこれにもとづき、占領開始直後から一連の民主化改革に着手した。

まず昭和20年10月に婦人解放、労働組合奨励、学校教育の自由主義化、司法制度や経済制度の民主化という民主化に関する五大改革を政府に命じた。11月には財閥解体、12月には農地改革を政府に指令、翌年2月には憲法改正案を政府に示して実行を迫った。

こうした一連の戦後改革のうち、憲法改正（145頁参照）や政治関係の改革は別項で扱うので、財閥解体、教育改革、農地改革についてみておこう。

財閥解体については、三井、三菱《みつびし》、安田、住友の四大財閥に加え、中小財閥など83企業が対象とされ、持ち株会社の解体、各会社の独立がめざされた。占領軍は過度経済力集中排除法にもとづき、主な財閥を解体し、後には財閥幹部の財界からの追放も行なわれ、三井、三菱など財閥を示す言葉を社名に使うことも禁止された。

さらに昭和22年に独占禁止法を日本側に制定させ、財閥の復活を防いだ。ただし、27年に独立を回復した後は、株式持合いという形で各旧財閥ごとのつながりが復活していき、三井、三菱など旧財閥系の社名も復活した。

戦前から準備されていた教育改革・農地改革

教育改革については、昭和21年に来日した米国教育使節団の報告にもとづき、翌年3月に公布された教育基本法を中心に改革が行なわれた。義務教育を男女とも小学校6年、中学校3年とし、その上に高校3年、大学4年とした。また義務教育の新しい教科として社会科が設けられ、国民主権の国の国民にふさわしい政治教育が行なわれることになった。

ただし、義務教育年限の延長は戦時中の国民学校で制度上は実現しており、理科や芸術系の科目では、戦時中の資材不足で不十分に終わったものの、実験、実技重視という戦後教育改革の方向性はすでに打ち出されていた。

農地改革は、耕作をせず地代を取り立てるだけの不在地主と、土地を持たないため立場が弱い小作人の関係を解消し、すべての農民が自立した経営が可能な農地を持てるようにする改革である。

昭和20年12月、政府は大正時代から農林省（現農林水産省）で検討していた案をもとに独自に農地改革を実施しようとした（第一次農地改革）。小作地の6割が解放される案だったが、不十分と見た占領軍がさらに徹底した改革を政府に指示、第二次農地改革が昭和22年から25年まで実施され、小作地の8割が解放された。農村社会はこれによって安定した。

占領軍の改革のうち、大成功したといわれる教育改革と農地改革は、いずれもすでに日本側によってかなりの程度構想され、実行に移されていたものだったからこそ成功したのである。

覚書　戦時中、食糧増産のため小作人の増産意欲を高めようとした政府は、地主が勝手に地代を上げることを禁止した。地主はすでに力を失いつつあったのである。

プロ野球再開

昭和20年（1945年）

戦後すぐに再開されたプロ野球

プロ野球は戦況悪化のため昭和19年秋に休止となっていた。敗戦後まもなく関係者は復活をめざして活動を開始。占領軍も野球には理解を示し、昭和20年11月に日本野球連盟としてプロ野球リーグが再結成された。戦中からの巨人、名古屋（産業）、阪神、阪急、近畿日本、朝日に新設のセネタースが加わり、年内は関東や関西で東西対抗戦が4試合行なわれた。

昭和21年春からはさらに一球団（ゴールドスター）が加わり、占領軍から後楽園球場も返還されてリーグ戦が始まった。近畿グレートリングが戦後初の優勝を飾り、セネタースの大下弘《おおしたひろし》が本塁打王に輝いた。娯楽が乏しいこともあって各試合は大盛況となった。24年春にはプロ野球の生みの親である正力《しょうりき》松太郎読売新聞社元社長がこうした状況を背景に2リーグ制を提唱、新球団設立を希望する企業が続出した。

昭和20年11月	**日本野球連盟復活**	
	球団▷巨人・名古屋（産業）・阪神・阪急・近畿日本・朝日・セネターズ	
11月〜12月	**東西対抗戦**	
昭和21年	**リーグ戦復活**	
	球団▷巨人・名古屋（中部日本）・阪神・阪急・近畿日本・セネタース・ゴールドスター	
昭和24年11月	**セントラルリーグとパシフィックリーグに分裂**	
昭和25年	**2リーグ制＆日本シリーズ開始**	
	セ球団▷巨人・大阪・中日・松竹・大洋・広島・西日本・国鉄	※昭和28年から6球団制
	パ球団▷阪急・南海・大映・東急・毎日・西鉄・近鉄	※昭和33年から6球団制

プロ野球の再開から2リーグ制の成立まで

2リーグ制の成立

2リーグ制について既存球団のあいだでは賛否が分かれ、昭和24年11月末にまず阪急、南海、大映、東急の既存4球団に毎日、近鉄、西鉄が加わった太平洋野球連盟（パシフィックリーグ）が結成され、12月に残りの既存4球団（巨人、大阪、中日、松竹）に大洋、広島、西日本、そして新球団の国鉄が加わったセントラル野球連盟ができた。

こうして昭和25年のシーズンからはセ・パ2リーグ制が始まり、占領軍の提案でアメリカ大リーグのワールドシリーズにならって、セ・パ各リーグの優勝チームが日本一を争う日本シリーズも創設された。

8球団から一気に倍近くの15球団に増えたのだから選手不足は深刻だった。新球団の中には国鉄のように選手のうちプロ経験者は一人しかいないという例まであった。当然、選手の引抜きが多発した。

球団の親企業は新聞、映画や鉄道関係が多かった。大衆相手の産業としてはこれらが当時の人気産業だったわけだ。昨今、ＩＴ企業がプロ野球に参入してきたことを考えると隔世の感がある。

2リーグ制最初のシーズンは、セ・リーグは松竹、パ・リーグは毎日が優勝、日本シリーズでは毎日が栄冠に輝いた。毎日の主砲・別当薫《べっとうかおる》は本塁打と打点の二冠王となった。その後はセ・リーグでは巨人、パ・リーグでは南海や西鉄が優勝を重ねる。

昭和30年代前半までの有力選手としては、セ・リーグでは巨人の川上哲治《てつはる》、別所毅《べっしょたけ》彦《ひこ》、与那嶺要《よなみねかなめ》、藤田元司《もとし》、大洋の青田昇《あおたのぼる》、大阪タイガース（のち阪神タイガース）の藤村富美男《ふみお》、パ・リーグでは西鉄の大下弘、稲尾和久《いなおかずひさ》、中西太《ふとし》、毎日の山内一弘、南海の野村克也《かつや》などがいる。

2リーグ制の成立と彼らの活躍で、プロ野球は、大学野球や高校野球、大相撲をしのぐ人気を得ることになった。

覚書 広島はプロ野球史上初の市民球団、つまり、企業より地元の自治体や市民が中心になってできた球団だった。

昭和天皇の戦後巡幸

昭和21年（1946年）～昭和29年（1954年）

「あっ、そう」が流行語に

昭和21年2月から29年8月にかけて、昭和天皇は沖縄を除く全都道府県を訪れた。昭和天皇の戦後巡幸《じゅんこう》である。占領軍のすすめもあり、国民に直接会って励まそうというのである。

最初に訪れたのは神奈川県で、川崎や横浜の戦災地や工場地帯、横須賀《よこすか》にある復員兵や引揚者たちの収容施設などを訪問し、積極的に人々に声をかけ、交流した。

昭和天皇が平服（背広）姿で町に出てこれだけ気さくに人々に話しかけること、さらにそれを多数の報道陣が直接取材し、盛んに報道されるというのは前代未聞のことだった。行く先々で天皇は人々の熱狂的ともいえる歓迎を受けた。

訪問先で説明を受ける際の天皇の「あっ、そう」という言葉はこの年の流行語の一つになった。

この巡幸が好評だったため、昭和天皇は昭和22年12月までに合わせて32都府県を回

昭和天皇の巡幸　昭和21（1946）年2月、横浜市

った。時にはお召し列車を宿代わりにすることさえあった。冷たい眼で迎える人々もいないわけではなかったが、どこに行っても昭和天皇はスターと見まがうばかりの大変な人気ぶりだった。そのため、昭和天皇が目立ちすぎることで諸外国の天皇戦犯論の再燃を恐れた占領軍の意向で、巡幸は22年12月を最後に一時中断された。

その後、東京裁判も終結したことから昭和24年5月に巡幸が再開された。このときは九州を回り、25年3月には四国を訪れた。さらに秋には巡幸の最後として北海道行きが予定されていた。しかし、朝鮮戦争勃発のため延期された。

北海道行きは、昭和29年8月、国民体育大会開会式への出席という名目でようやく実現した。帰途には皇后とともに飛行機を利用した。天皇・皇后が飛行機に乗ったのは史上初めての出来事だった。東京に帰った天皇は、人々を励まし、国家再建に尽くしたいという念願が遂げられたという談話を出した。戦後巡幸はこうして成功し、昭和天皇は国民統合の象徴として国民の大多数から支持され続けることになった。

なお、国民体育大会は昭和21年から始まり、22年の第2回から各都道府県持ち回り開催となったが、この北海道行幸を機に、開会式に天皇が出席するのが通例となった。植樹祭と合わせ、昭和天皇はこれ以後も定期的に全国を回っていくことになる。

沖縄訪問はついに果たせなかった

ただし、日本で唯一戦場となって民間人にも大きな被害が出た沖縄だけは訪れることがなかった。長くアメリカ軍の軍政下に置かれていたうえ、昭和47年の返還後も、沖縄の複雑な県民感情に配慮してのことであったと考えられる。

昭和62年、国体開催に合わせてようやく訪問が実現するかと思われたが、天皇はがんに倒れ、ついに訪問する機会は訪れなかった。

覚書　北海道行幸の往路、天皇は青森から函館《はこだて》まで国鉄の青函《せいかん》航路の新鋭船洞爺丸《とうやまる》に乗船した。洞爺丸事件はそれから2か月もたたないうちの出来事である（194頁参照）。

東京裁判

昭和21年（1946年）〜昭和23年（1948年）

「平和に対する罪」「人道に対する罪」で起訴

東京裁判は正式には極東国際軍事裁判といい、日本の指導者の責任を追及するため連合国が行なった裁判である。

被告は、昭和20年9月以後に逮捕された戦争指導者の中から、東条英機《ひでき》元首相、武藤章《むとうあきら》元陸軍省軍務局長、松岡洋右《ようすけ》元外相をはじめ、唯一の民間人として右翼思想家の大川周明《しゅうめい》など計28人が「平和に対する罪」や「人道に対する罪」などで起訴された（A級戦犯）。ただし、大川は裁判開廷直後、法廷内で前の席にいた東条の頭を叩くなど精神を病んでいたため免訴となった。また松岡ほか1名は裁判中に病死した。

裁判官はオーストラリアのウェッブを裁判長とする連合国各国の法律家11人、検事団はアメリカのキーナンを主席とする38人、弁護人は、東条の場合、清瀬《きよせ》一郎とブルウェットというように、日米両国の法律家が常時各被告に一人ずつついた。

審理は昭和21年5月3日から23年4月中旬まで行なわれた。清瀬は、裁判が始まってまもなく、ウェッブ裁判長の忌避動議や、「平和に対する罪」「人道に対する罪」は事後法であることなどを理由に連合国がこの裁判を行なう権利はないと主張し、アメリカの弁護士ブレイクニーもアメリカの原爆投下を非人道的であると非難した。しかし裁判長はこれらの主張をしりぞけ、審理は進められた。証人は前「満州国」皇帝・溥儀《ふぎ》など419人、証拠書類は4336通にのぼり、日中戦争初期に起きた南京虐殺事件など、さまざまな事実が明らかになった。

海外では無実の罪を着せられる悲劇も起きた

判決は昭和23年11月12日に下された。裁判官の中でインドのパルだけは、事後法による裁判は正当性がないなどとして全員の無罪を主張したが、多数意見により25人の被告全員が有罪とされた。量刑は、東条、武藤、広田弘毅《こうき》元首相など7名が絞首刑、重光葵《しげみつまもる》元外相と東郷茂徳《とうごうしげのり》元外相が有期の禁固刑、その他は終身禁固となった。広田は、第一次近衛内閣の外相として南京虐殺事件を放置したことが致命傷となって、文官でただ一人死刑となった。しかし、世界にはなお昭和天皇が裁かれなかったことへの不満が少なくなかった。

絞首刑は同年12月23日に巣鴨《すがも》拘置所（巣鴨プリズン）で執行された。残りの戦犯は同拘置所に収監されたが、病死者以外は占領終結直後までに釈放された。中立国ではなく戦勝国が裁いたこと、事後法によって裁かれたことなどから、東京裁判には今でも批判が少なくないが、戦争による犠牲の大きさを考えればやむをえない裁判だったといわざるを得ない。

このほか、捕虜虐待など通常の戦争犯罪を裁くBC級戦犯裁判が日本の他、アジア各地やソ連などで行なわれ、937人が死刑を執行され、3400人以上が懲役(無期・有期)となった。海外での裁判では通訳の不備などで無実の罪を着せられる悲劇も起きた。

覚書 東京裁判の法廷が設けられた東京市ケ谷《いちがや》の旧陸軍省大講堂は、その一部が今も現地(防衛庁構内)に保存され、見学することができる。

新憲法の制定

昭和21年（1946年）

新憲法の原案は占領軍により作られた

大日本帝国憲法は主権者を天皇と定めていたため国民の権利が制限できるようになっていた。軍部は政府から独立した形となっていた（「統帥権の独立」という）ため、暴走しても歯止めをかけるものがなかった。大臣は民意と関係なく天皇が任命する形であった。

占領軍はこうした憲法が日本の軍国主義化を許したと判断。日本民主化の一環として、憲法の改正が必要と考えた。

まず、日本政府が独自に改正案を検討したが、改正は小幅なものにとどまることが確実となった。これではポツダム宣言の実現にはほど遠いと判断した占領軍のマッカーサー総司令官は、昭和21年2月、急遽《きゅうきょ》部下に新憲法案を作らせた。これが現在の日本国憲法の原案にあたるもので、国民主権の大原則にもとづいて、議院内閣制、文民統制をとること、天皇は国民統合の象徴となって実権はないこと、戦争放棄だけでなく軍隊を持たないこともうたわれていた。

2月13日、占領軍はこの案を日本政府に示し、日本政府案として発表することを迫った。政府側は天皇が実権を失うこと、軍隊を持たないことなどに驚いたが、占領軍案としてこれが発表されれば日本政府の面目が丸つぶれとなるので、やむなく受け入れた。多少の修正のうえ、3月6日にこの案が政府案として発表された。

新憲法の制定は大日本帝国憲法の改正という形をとり、5月に始まった臨時議会で審議された。多少の修正は許されたが、大幅な改正は占領軍により許されなかった。

紛糾の種となった第9条

戦争放棄、軍隊不保持は第9条に盛り込まれたが、審議の中で時の吉田茂首相は条文の解釈をいかなる場合でも一切の軍隊は持たないことであると明言した。ただし、軍隊不保持を定めた第9条第2項に「前項の目的を達するため」という修正が加わったため、自衛力ならば許されるとされ、後に自衛隊が作られることになる。しかし、自衛隊は実質的には軍隊であるから違憲だという説もあり、紛糾の種となっている。

新憲法は国会審議をへて日本国憲法として昭和21年11月3日に公布され、昭和22年5月3日に施行された。これに伴い貴族院は廃止、ともに公選制の衆議院と参議院による国会が設けられた。また都道府県は知事を選挙で選ぶ完全な地方自治体となり、国家公務員は奉仕の対象が天皇から国民に変わった。その後、5月3日は憲法記念日という祝日となった。

制定の経緯から、新憲法をアメリカから押し付けられたとして批判する向きもある。しかし、象徴天皇制や戦争放棄、政治の民主化などは敗戦直後から日本側でも一部の学者が唱えていたし、新憲法は戦争の悲惨さを味わった国民に大筋で受け入れられてきた。形は押し付けでも、日本国憲法は内容的には広く国民が求めていた憲法だったのである。

覚書　占領軍の草案では国会は一院制だった。衆議院と参議院の二院制は、日本側の修正が占領軍に認められた結果だった。

中道政権の挫折

昭和22年（1947年）～昭和23年（1948年）

新憲法下初の首相は社会党委員長

昭和22年4月25日、新憲法の施行を前に総選挙が行なわれた。その結果、衆議院定数466議席のうち社会党が143議席と、過半数は取れなかったものの第一党となった。国民は新憲法施行にあたって政治に変化を求めたのである。社会党幹部の一人、西尾末広《すえひろ》は予想外の躍進に思わず「えらいこっちゃ」と叫んだという。

吉田茂率いる自由党政権は連立による政権維持を望まず、社会党を中心とし、民主党、国民協同党による連立内閣が組まれることになった。5月23日、新憲法施行による日本初の国会による首班指名選挙によって社会党委員長・片山哲《てつ》が首相に選ばれた。社会主義政党が政権に参加するのも、社会主義政党の党首が首相となるのも日本初の出来事である。

当時、社会党は「緩やかな社会主義」をめざす右派と、急進的な社会主義をめざす左派が対立していた。

民主党や国民協同党はどちらかというと保守系の政党なので、片山は左派を入閣させないことで連立内閣の組閣にこぎつけたのである。

左翼すぎず、右翼すぎないこの内閣の性格から「中道政権」ともよばれた。そして占領軍司令部の有力幹部の一人ケーディスも民主化推進の立場からこの中道路線を支持していた。

しかし、この政権参加を社会主義実現の好機と見た左派はこれに不満を抱いた。片山は左派をなだめるため、炭鉱を事実上国有化する法案を国会に提出したが、今度は民主党が不満を抱き、法案は骨抜き状態でようやく国会を通過した。そこで社会党左派は党内野党に転じて予算案否決に加担したため、昭和23年2月、片山内閣は退陣した。

挫折の決定打となった昭電疑獄

その後も三党の連立政権は維持され、3月10日、民主党総裁・芦田均《あしだひとし》が内閣を組織した。ところが発足まもない6月、昭電疑獄の嵐が内閣を襲った。当時、肥料製造の大手だった昭和電工が、政府系金融機関から多額の不正な融資を受けようとして、政府関係者に贈賄したという疑惑が持ち上がったのである。

10月までに、昭電社長・日野原節三《ひのはらせつぞう》、大蔵省主計局長・福田赳夫《たけお》、前国務大臣で経済安定本部長官・栗栖赳夫《くるすたけお》、別の疑惑ですでに辞職していた西尾末広前国務大臣などが逮捕された。芦田は事件の責任をとって10月に退陣したが、芦田首相自身も12月に逮捕された。首相経験者の逮捕は日本初である。実はケーディスも連座していたが、そのことは隠蔽された。

ケーディスは、なお中道政権の継続を画策したが、東西冷戦の深まりによって挫折。民主自由党（民自党）を率いる吉田茂が政権に復帰した。昭和24年1月の総選挙で社会党は片山が落選するなど大敗、民自党は大勝した。中道政権はまとまりがなく、成果をあげることができずに有権者に嫌われたのである。

覚書 昭電疑獄における政府側逮捕者のうち、栗栖は昭和37年に有罪が確定したが、芦田と福田は33年に無罪が確定した。

続く謎の怪事件

昭和23年（1948年）～昭和24年（1949年）

国鉄をめぐる三大事件

昭和24年夏は、6月に政府直営から公共企業体（日本国有鉄道）に生まれ変わったばかりの国鉄をめぐる怪事件が続き、世間を驚かせた。

7月5日、初代国鉄総裁になったばかりの下山定則《さだのり》が出勤途中に東京日本橋の三越本店に立ち寄ったところで行方不明となった。翌6日未明、下山は東京都足立《あだち》区の国鉄常磐《じょうばん》線北千住《きたせんじゅ》―綾瀬《あやせ》間の線路上で貨物列車にひかれ、死体となって発見された。下山事件である。

白昼の怪事件だけに世間は沸きたった。警察は当初他殺説を打ち出し、東人の司法解剖結果も他殺であった。つまり、誰かに殺された後、鉄道自殺したように見せかけるために死体が線路に置かれたというのである。しかし慶應大学では自殺と鑑定。警察も自殺と断定して捜査を打ち切った。国鉄は当時数万人に及ぶ大幅な人員削減に乗り出していたが、労働組合は激しく反対しており、総裁の下山は苦悩の末、鉄道自殺したとされたのである。

下山事件の発生からわずか10日後の7月15日夜、国鉄中央線三鷹《みたか》駅の車庫に停めてあった電車が突然暴走して民家などに突入、6人が死亡し、再び世間を驚かせた。三鷹事件である。容疑者として国鉄の労組関係者や共産党関係者など10人が逮捕された。

さらに8月17日未明、国鉄東北本線金谷川《かなやがわ》―松川《まつかわ》間でレールを固定する釘が抜かれ、通りかかった旅客列車が脱線転覆、乗務員など3人が死亡した。松川事件である。警察は、近くにある東芝工場の労働争議と関係があると判断、国鉄と東芝の労組関係者20人を逮捕した。

事件は共産主義批判へ結びつけられた

下山事件についてはその後、他殺の可能性がきわめて高いことがわかっている。問題は誰が何のためにということである。労組に同情的な下山を占領軍が消そうとしたという見方が有力であるが、確証は得られていない。

三鷹事件と松川事件は共産主義者の陰謀によるとされ、占領軍や吉田首相は共産主義批判の声明を発表、昭和25年6月から共産主義者の公職追放（レッド・パージ）が始まる。しかし、三應事件については死刑1人のほかは全員無罪、松川事件は長い裁判のすえ、昭和38年に全員無罪が確定した。三鷹事件と松川事件の真相についても、東西冷戦という状況を背景に、共産主義者の力を弱めようとした占領軍の陰謀という見方が出ているが、これも確証はない。

さらに、昭和23年1月に発生した帝銀事件も謎の多い事件だった。東京の帝国銀行椎名町《しいなまち》支店で行員ら12人が青酸薬物で毒殺され、現金などが奪われた。容疑者として画家・平沢貞通《さだみち》が逮捕され、30年に死刑が確定したが、平沢は無実を主張したまま62年に病死した。手口や遺留品などから旧日本陸軍の軍医の犯行が疑われている。

覚書　松川事件の被告が全員無罪を勝ち取れた要因として、被告たちを見て無罪を確信した作家・広津《ひろつ》和郎《かずお》が綿密な取材をもとに無罪説を主張し続けたことが大きい。

昭和の歌姫　美空ひばり

昭和24年(1949年)〜

「のど自慢」で不合格になった天才少女

戦後初期を代表する歌手といえば、なんといっても「歌謡曲の女王」といわれた美《み》空《そら》ひばりであろう。

ひばりは昭和12年5月、横浜のとある魚屋の娘として生まれた。歌うことが好きな父の影響で小さいときから流行歌を歌うようになり、そのうまさはすでに近所では評判だった。

敗戦後まもない昭和21年、はやくも地元で歌手として初舞台を経験した。この年に始まったNHKの前身である社団法人日本放送協会ラジオの人気番組「のど自慢素人音楽会」に出演したが、うますぎて素人らしくないという理由で不合格になった。しかしこれで才能が広く知られるようになり、24年に歌手としてレコードデビューした。

彼女がレコードに吹き込んだ歌は膨大な持ち歌だけでなくジャズにも及ぶ。主な大ヒット曲として、昭和24年の「悲しき口笛」、27年の「リンゴ追分」、39年の「柔《やわら》」、

41年の「悲しい酒」などがある。その他、港町を舞台にした一連の歌も人気を集めた。

24年には映画でもデビューし、昭和30年代まで150本以上の映画に出演。歌う映画俳優としても人気を博した。

こうした人気と実力を背景に、ひばりはNHKラジオ（のちテレビも）の大晦日の歌番組「紅白歌合戦」の常連出演者となった。特に昭和38年から47年までは10回連続で紅組のトリ（最後を飾る役目）を務めた。しかもこの時期、「紅白歌合戦」の視聴率はほぼ常に70パーセントを超えていた。この時代、ひばりの人気は老若男女を問わない、まさに国民的なものだったことがわかる。

美空ひばり
昭和52（1977）年3月、NHK ホール

病魔との闘い、そして復活

しかし昭和48年に、身内の不祥事が問題となって「紅白歌合戦」に出場できなくなり、熱心なファ

ンのために地方巡業は続けていたが、ヒット曲も出なくなった。62年には腰痛、肝硬変、特発性大腿骨頭壊死《えし》症など病気が重なって入院、再起は絶望と思われた。しかし、63年に体調を回復してコンサートを再開、平成元年には「川の流れのように」の大ヒットを飛ばした。

その後まもなく再び体調を崩し、同年6月、52歳の若さで死去した。歌手生活は43年間にも及び、まさに歌にすべてをささげた人生だったが、私生活では離婚などの不運が続いた。

ひばりの歌は庶民の哀歓を歌ったものが多く、コンサートでの寸劇や映画でも庶民的な役柄が多かった。庶民性がひばりの人気の秘密だったといえる。

覚書 ひばりの歌は、彼女の歌唱能力を発揮させるように作られたため、素人には難しい歌が多いといわれる。

庶民の作詞家　西條八十
昭和4年（1929年）～昭和45年（1970年）

流行歌を確立させた偉大な作詞家

昭和50年代から60年代にかけて、テレビ局が人々に好きな歌のアンケートをとると決まって一位となった曲は「青い山脈」であった。昭和24年に封切られて大ヒットした同名の東宝映画の主題歌である。作曲は服部良一《りょういち》、そして作詞は西條八十《さいじょうやそ》であった。

西條は流行歌（歌謡曲）というジャンルを事実上確立した記念碑的な歌である昭和4年の「東京行進曲」（29頁参照）、そして昭和8年の「東京音頭」、昭和13年に大ヒット映画『愛染《あいぜん》かつら』の主題歌として作られた「旅の夜風」、昭和18年の「若鷲《わかわし》の歌」、昭和36年に村田英雄の歌で大ヒットした「王将」など、膨大な数の流行歌（歌謡曲）の作詞を手がけ、その多くがヒットした偉大な作詞家として歴史に名を残している。

しかし西條の実際の人物像、そして作詞家として名を成した理由が本当にわかってきたのは、ごく最近のことである。

「かなりあ」など童謡の名作も

西條は明治25年に東京牛込《うしごめ》で石鹸の輸入製造販売を営む家に生まれた。幼少時は、家業の関係で英語が上達した一方、姉や親類の影響で新内《しんない》(浄瑠璃の一つ)や落語など大衆的な伝統芸能に親しんだ。

明治42年に早稲田大学予科に入学、大正4年、早大英文科を卒業する。学生時代は失恋や父の死で家の生計を一人で担わなければならないといった苦労が続くなかで、三木露風《みきろふう》の詩風にひかれて詩作の道に入っていった。

大学卒業後は英文学の研究や詩作を続けながら生計のため天ぷら屋の経営や株取引にも手を出し、庶民の哀歓を学んでいった。

鈴木三重吉《みえきち》の誘いで童謡雑誌『赤い鳥』に寄稿するようになり、童謡の名作「かなりあ」が生まれた。大正8年には本格的な詩集『砂金』を刊行し、文壇で詩人としても注目され出した。

大正10年には、優れた研究能力が認められて母校早大英文科の教員に迎えられ、翌年には新設の仏文科に移った。大学進学率がまだ低い当時にあっては、大学教員は人もうらやむエリートであった。

関東大震災後、西條は民謡や流行歌の作詞を手がけるようになり、伝統芸能に親しんだ経歴を活かし、人々に親しみやすく、かつ庶民の哀歓を的確に表現する詞で次々とヒット曲を生み出していく。西條は、学術研究の最高峰たるべき大学教員で芸術家たる詩人でもある一方、低俗であるとして知識人たちの軽蔑の的となっていた流行歌の人気作詞家ともなったのである。

西條は大衆の人気を得たことで学界や文壇では嫉妬の対象となった。その結果、しだいに無視されるようになり、昭和20年の敗戦前後には教壇を追われた。

しかしその後も作詞のかたわら、昭和24年の「銀座カンカン娘」、32年の「有楽町で逢いましょう」、37年の「いつでも夢を」などで有名な佐伯孝夫《さえきたかお》、38年の「高校三年生」などのヒットを出した丘灯至夫《おかとしお》など数々の人気作詞家も育て、さらにフランス文学の研究を続けて学術書も出版。昭和45年、78歳で死去した。

西條は、人生経験や才能、学識を、文学研究だけでなく、広く人々を癒し、人々に喜んでもらう方向に役立てたことで、多くの人々の心にいつまでも残る歌を生むことができたのである。

覚書　映画『青い山脈』は戦後民主主義を取り入れた青春映画であるが、西條の詞は、戦前にも自由な雰囲気があったことを示唆していたため、幅広い年代の人気を得ることができたといわれる。

日本初のノーベル賞受賞

昭和24年（1949年）

湯川博士の業績は戦前に生み出されたものだった

昭和24年11月3日、理論物理学者湯川《ゆかわ》秀樹博士は日本人として初めてノーベル賞を受賞することが発表され、あっという間に日本一の有名人となった。

ノーベル賞は、ダイナマイトの発明などで財を成したスウェーデンの実業家ノーベルの遺言により1901年に創設された賞である。湯川は中間子理論を打ち出したことでこの年のノーベル物理学賞を受賞したのである。

湯川は明治40年、東京で、父も3人の兄弟もいずれも学者となるという学者一家に生まれた。京都帝国大学理学部を卒業後、大阪帝国大学の教員だった昭和10年、中間子理論を発表、その後理論の正しさが日本人物理学者たちによって証明された。この理論は物質の構造の探究に大きな貢献をしたとして注目され、昭和18年にはすでに文化勲章を授与されていた。つまり、湯川の業績は戦後生まれたものではなく、戦前にすでに生み出されていたものだった。戦後はアメリカにわたり、受賞時はニューヨークのコロンビア大学の客員教授で、受賞後最初の記者会見はアメリカで行なわれた。
湯川のノーベル賞受賞は、日本人が世界で認められた証として、戦後の混乱で打ちひしがれていた日本人を勇気づけたとされるが、実は戦前の日本の学問的水準の高さを物語る出来事でもあったのである。

その後、湯川は母校京大に戻り、有名人としての忙しさのためか戦後は大きな学問的業績をあげることができなかったが、研究のかたわら、科学を人々に広める仕事や、原水爆禁止運動に取り組み、昭和56年に死去した。

湯川秀樹

「フジヤマのトビウオ」も活躍

湯川に先立ち、日本人を勇気づけた人がもう一人いた。水泳選手の古橋広之《ひろの》進《しん》である。昭和24年8月、日本人スポーツ選手の戦後初の海外遠征となったアメリカで行なわれた水泳大会で一気に自由形の3種目で世界新記録を出し、

「フジヤマのトビウオ」として日本のみならずアメリカでも大きな話題となったのである。

こちらも戦後初の快挙として日本人を大きく勇気づけたといわれるが、昭和3年生まれの古橋も小学生時代から日本学童新記録を出し、昭和22年にも非公式ながら400メートル自由形で世界新記録を出していた。やはり戦前からの努力が実った快挙だった。

古橋は、日本がオリンピックに復帰した大会となった昭和27年のヘルシンキオリンピックでも金メダルを期待されたが、体調不良で不振に終わってしまった。

覚書 昭和40年、日本人2人目のノーベル賞受賞者となった朝永《ともなが》振一郎《しんいちろう》も京都帝国大学を出た理論物理学者だった。

朝鮮戦争と日本

昭和25年（1950年）

発端と経緯

アジア地域で東西冷戦の影響が最も大きかったのは朝鮮半島だった。明治43年以来日本の植民地だった朝鮮半島は、昭和20年に日本が戦争に負けると、北緯38度線を境に南はアメリカ軍、北はソ連軍の占領地域となった。昭和23年の8月に、南部には李《イ》承《スン》晩《マン》率いる親米の大韓民国（韓国）が、9月に北部には金日成《キムイルソン》率いる親ソの朝鮮民主主義人民共和国（北朝鮮）ができ、両政権とも自分の政権での朝鮮半島統一を目指していた。

昭和24年、アメリカはアジアにおける西側陣営の防衛線を日本と定め、アメリカ軍の韓国からの撤退を開始した。これを北朝鮮による朝鮮半島統一の好機と見た金日成は、ソ連の支持を得たうえで25年6月25日、突如38度線を越えて南に侵攻、朝鮮戦争が始まった。

国連安全保障理事会は、この日ソ連欠席のまま北朝鮮の攻撃を侵略と断定。7月7日には国連軍の出動を決めた。その主力はアメリカ軍で、司令官はマッカーサーが兼任した。一時、米韓両軍は総崩れとなり、釜山《プサン》まで追い詰められた。しかし、9月15日にソウル近郊の仁川《インチョン》への上陸作戦に成功して反撃に転じ、北朝鮮の首都平壌《ピョンヤン》を陥落させ、10月下旬には北朝鮮軍を中国と北朝鮮の国境付近まで追い詰めた。

金日成はソ連の指導者スターリンの援助を要請、スターリンはソ連空軍を援軍に出した。さらにスターリンからの要請で、毛沢東《もうたくとう》率いる中国（中華人民共和国）も10月25日に北朝鮮に援軍を出して反撃した。米韓両軍も反撃したが、戦局は昭和26年春には38度線付近で膠着《こうちゃく》状態となった。4月には中国本土への原爆投下を主張したマッカーサーがアメリカ大統領トルーマンにより占領軍と国連軍の司令官を解任される出来事も起きた。

同年7月から停戦会談が始まり、昭和28年7月27日、休戦協定が結ばれ、北緯38度線が休戦ラインと定められて今日に至っている。この戦争での戦死傷者は１８０万人とも４００万人以上ともいわれ、難民は１０００万人に及ぶといわれる。

朝鮮特需とその裏側

日本はこの戦争で思わぬ恩恵を受けた。米軍が日本を主な基地としたため、計16億ドルにも及ぶ兵器の修理や兵器、弾薬の製造といった大量の需要が日本にもたらされたのである。この朝鮮特需により日本の復興は一気に進んだ。昭和26年から28年にか

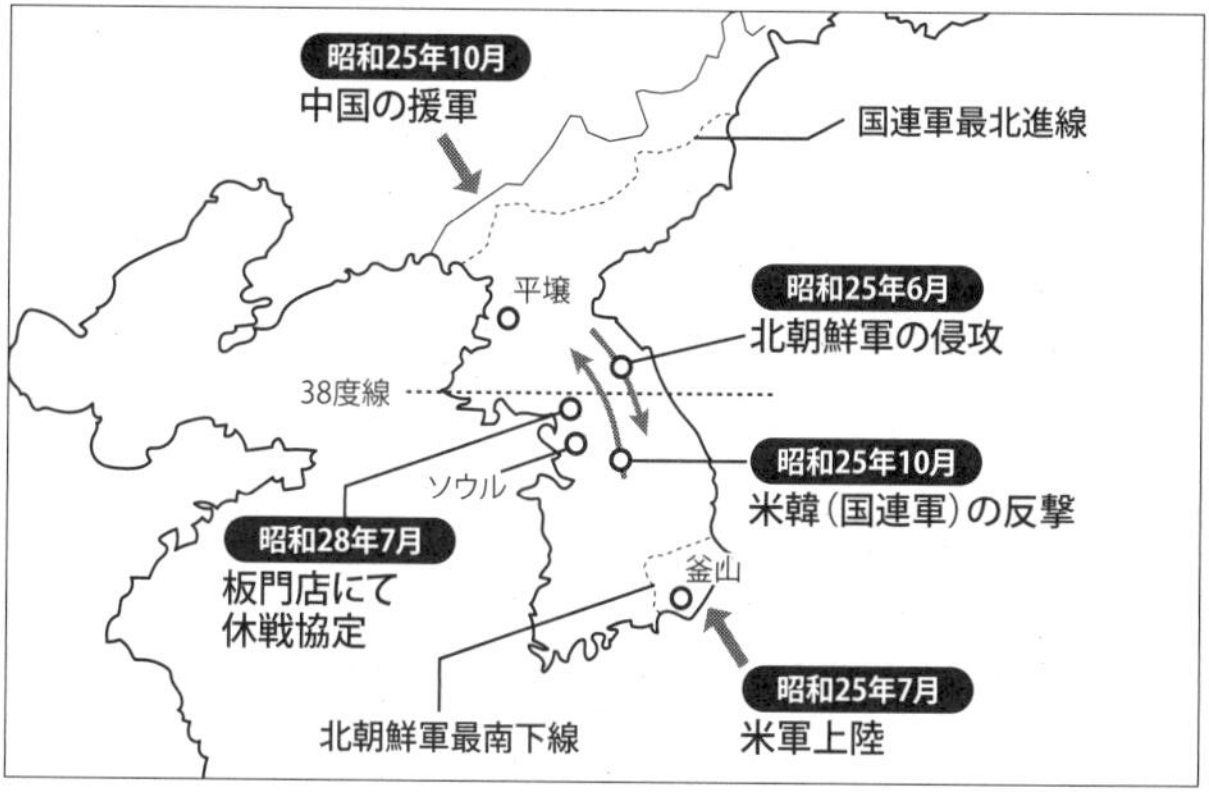

朝鮮戦争の推移

けて、各種の経済指標は次々と戦前の最盛期（昭和12年ごろ）の数値を超えた。

しかし、良いことばかりではなかった。戦争初期には北九州に空襲の警戒警報が出たこともあったし、米軍の要請で海上保安庁の掃海艇（機雷を取り除く作業船）が秘密裏に朝鮮海域に出動、昭和25年10月にはそのうちの一隻が機雷に触れて沈没、１人が死亡するという犠牲も出した。占領下とはいえ、平和憲法に反する行動を日本は強いられたのである。

覚書　アメリカは朝鮮戦争下の日本の治安維持のため日本に警察予備隊を作らせた。これがのちに発展して昭和29年の自衛隊創設となる（１９１頁参照）。

講和条約の締結

昭和26年（1951年）～昭和27年（1952年）

サンフランシスコ講和会議までの道のり

日本占領の費用のほとんどを負担していたアメリカにしてみれば、いつまでも占領を続けるわけにはいかない。それに朝鮮戦争の勃発は、アジアで数少ない西側陣営の有力国としての日本の重要性を浮かび上がらせた。こうして昭和25年の秋から、日本の独立回復のための講和問題が日米両政府の間で真剣に検討されはじめた。

昭和26年に入り、アメリカ大統領特使のダレスが来日、吉田茂首相や外交関係者と会談を重ねた。ダレスは講和の条件として日本に再軍備を求めた。共産圏からの攻撃に備えて日本側にも軍事力の分担を求めたのである。しかし、再軍備は日本の世論に受け入れられないとみた吉田は反対した。結局、吉田は警察予備隊を保安隊に強化することを密約し、講和条約とは別に、安全保障について日米間で条約を結ぶことで合意ができた。これが次の項でとりあげる日米安全保障条約と日米行政協定である。

条約草案は戦争状態が終結して日本が独立を回復するかわりに、すべての植民地を放棄すること、締結国は日本への賠償請求権を放棄すること、日本は安全保障のため個別の条約を結ぶことができることなどを定めていた。こうして昭和26年7月、アメリカはサンフランシスコ講和会議を招集した。

全面講和か多数講和か

サンフランシスコのオペラハウスを改造した会議場には共産圏諸国を含め52か国の代表が集まったが、中華人民共和国やインドネシアは招かれず、東南アジア諸国は賠償放棄に不満で参加を拒否した。日本からは、吉田首相を全権代表とする超党派の全権団が派遣された。

会議は9月4日から始まり、8日に講和条約の調印が行なわれた。共産圏諸国はアメリカ主導の講和に反発して調印しなかった。当時の日本では「全面講和」ではなく「単独講和」となったといわれたが、実際には多数講和というべきであった。講和条約は昭和27年4月28日に発効し、日本は独立を回復して国際社会に復帰した。

当時左翼的な傾向が強かった日本の言論界では、早くから全面講和論が主流だった。全面講和をきっかけに中立国となることで、将来にわたって戦争に関わることも、軍備を持つこともなくなるという考え方である。東大総長の南原繁《なんばらしげる》もその一人で、吉田首相から「曲学阿世《きょくがくあせい》の徒」と非難されたほどである。

政界でも、社会党は、全面講和論を主張する左派と多数講和でもよいから早期講和を求める右派が対立し、昭和26年10月には同党は左派社会党と右派社会党とに分裂してしまう。

しかし、当時の情勢で日本ができるだけ早く国際社会に復帰するには、吉田茂がとった多数講和と日米同盟、目立たない形での再軍備が最善の選択だったことは間違いない。

覚書　当時の知識人で多数講和に賛成の論を張ったのは、元慶應義塾塾長の小泉信三《こいずみしんぞう》、論壇の最長老の一人である長谷川如是閑《はせがわによぜかん》など、ごくわずかにすぎなかった。

日米安全保障条約の締結

昭和26年（1951年）

一人で署名に臨んだ吉田茂の真意

昭和26年9月8日、サンフランシスコのオペラハウスで講和条約の締結が終わった吉田茂首相は、市内の米軍施設に移動し、日米安全保障条約の調印式に臨んだ。講和条約と異なり、日本側で署名したのは吉田だけだった。この条約が重大な問題を抱えていることに気づいていた吉田が、責任を一人で負う決心をしたためといわれている。

条約では、防衛力を持たない日本がアメリカ軍の駐留を求め、アメリカは日本の防衛力が次第に増強されることを期待するとされ、日本がアメリカ軍以外の外国軍隊の駐留を認めないこと、細かいことは別に行政協定で決めることが定められ、付属文書で米軍の駐留費用は日本が負担すると定めていた。

通常、この種の条約では締結国が対等の義務を負う。つまり、日本が安全保障のためにアメリカ軍の駐留を求めるなら、アメリカも必要に応じ、日本軍が米軍の作戦行動に協力することを求めるのが普通である。こうなれば軍事同盟ということになる。

ところが、日本は憲法で原則として戦力の保持が禁じられており、防衛力の範囲ならば許される可能性はあったが、まだ実態として防衛力に相当するほどの実力部隊を持っていなかった。しかし、東西冷戦下において日本が西側陣営に安心してとどまるためにはアメリカ軍の駐留は日本側にとって必要だった。そこで、日本はアメリカ軍の駐留費用を出すことで軍事力に代えるという苦肉の策で、アメリカとの安保条約締結という選択をしたのである。

日本の弱みにつけこんだアメリカ

アメリカ軍の日本駐留は、西側陣営を維持したいアメリカにとっても必要なことだった。しかしアメリカは、対等な軍事同盟を結べない日本の弱みにつけこむ形でアメリカ軍駐留についての細目を決めた。これが昭和27年2月28日に結ばれた日米行政協定である。

この協定は、講和発効時の米軍駐留施設はそのまま米軍が使うこと、さらに施設を増やすことも可能なこと、米軍の軍人やその家族の裁判権はアメリカが持つことなど、日本側から見て不平等な内容が定められていた。国会での審議が必要な条約ではなく、政府同士の協定となったのは、こうした内容が日本国民から強い反発を受け、国会での審議が混乱するのを恐れたためだった。

それでも協定の内容は公表されたので、国民の不満はやはり大きなものとなった。昭和27年4月28日、待ちに待ったはずの講和条約発効の日、国内は意外と静かだった。安保条約と行政協定が発効する日でもあったからである。日本側は条約の趣旨に従い、アメリカの援助で自衛力を整備していった。27年10月に警察予備隊を保安隊とし、29年にはこれを自衛隊に拡充したのである。日本側はこうして安保条約改正の機をうかがうことになる。

覚書　自衛隊の創設には、米軍に加え、日本の旧軍関係者も関与していた。しかし旧軍の横暴さを嫌った吉田は、旧軍関係者の自衛隊参加を極力防いだといわれる。

戦後の航空事情

昭和27年（1952年）〜

当時の航空事情を示す「もく星号」墜落事故

戦前、日本の民間航空は、国内だけでなく、台湾、朝鮮、満州国など外地にも及び、戦争中は中国や東南アジアまで展開した。

敗戦後、占領軍によって日本の航空事業は禁止されたが、講和条約締結が近づいた昭和26年2月に再開が認められた。そこで8月に戦後初の航空会社として日本航空（日航）が設立され、講和条約が締結された直後の10月25日から日航は運航を開始した。

しかし、昭和27年4月の講和発効までは航空機の製造や所有はもとより、日本人による操縦も認められず、機材や操縦士はアメリカの航空会社から借りていた。航空管制もアメリカ軍が行なっていた。ただし客室乗務員は日本人で、つい最近まではスチュワーデスと呼ばれていた女性客室乗務員は、再び女性の花形職業に返り咲いた。

講和発効を目前に控えた昭和27年4月9日朝、大阪に向けて羽田飛行場を飛び立った「もく星号」が離陸20分後に消息を絶った。捜索の結果、翌日の朝になって、伊豆《いず》大島《おおしま》の三原山《みはらやま》の山腹に激突しているのが発見された。民間航空再開後わずか半年で乗員乗客37人全員死亡という大事故が起きてしまった。まだ飛行機は高嶺の花の時代であり、乗客は企業の重役や著名人ばかりで、漫談家の大辻司郎《おおつじしろう》、八幡製鉄社長・三鬼隆《みきたかし》などが含まれていた。

日米合同で事故原因の調査が行なわれ、米軍管制官の指示の誤りが原因であると推測された。しかし、調査はアメリカ側主導で行なわれたため、結局、原因不明として打ち切られた。航空事業について日本にまだ自主性がなかったことがよくわかる。

今なお残るアメリカ軍の管制空域

その後、同年7月に羽田飛行場が米軍から返還され、10月から日航は機材を購入して自主運行に入った。昭和28年に入ると日本ヘリコプター輸送（のちの全日空）など数社が定期便の運航を始め、日航も29年2月に国際線の運航（サンフランシスコと那覇）を開始した。

ただし操縦士の養成は間に合わなかった。計器飛行や航空管制など、敗戦以前の日本にはなかった航法が導入されていたためである。日本人の操縦経験者が客室乗務員として乗り組み、アメリカ人操縦士たちの作業ぶりを必死に学んだという。日本人が副操縦士として乗り組むのは昭和28年8月から、機長として乗り組むのは29年11月以降のことになる。

さらに航空管制業務の返還が始まるのは31年以降で、35年に安保条約が改定されて返還は進んだが、米軍基地の多い沖縄や関東の一部では、今もなお米軍の管制空域が残っている。

覚書 昭和27年7月、イギリスで開発されたばかりの世界初のジェット旅客機「コメット」が羽田に飛来した。日航はさっそく購入を決めたが、先に海外で就航していた機体が設計ミスによる連続墜落事故を起こしたため、購入を取りやめた。

ワンマン宰相　吉田茂
昭和21年（1946年）～昭和29年（1954年）

前歴は親英米派の外交官

吉田茂は敗戦直後から占領終結直後までに5回も内閣を組織し、合計7年2か月、第二次内閣から第五次内閣まで6年2か月連続で首相を務めた。その間、新憲法の制定や戦後復興を進めたり講和条約や日米安保条約の締結によって、経済大国という戦後日本の基本路線を決めるという大きな業績をあげた。

吉田は明治11年、東京で高知県出身の政治家・竹内綱《たけのうちつな》の家に生まれ、まもなく実業家・吉田健三の養子となった。東京帝国大学卒業後、明治39年外交官となり、明治の元勲大久保利通《としみち》の孫娘と結婚した。

主に中国各地に駐在した後、昭和3年に外務次官となる。そのころから英米との協調を重視するようになり、昭和11年から14年までは駐英大使として英米の意向を無視した日本の中国侵略に警鐘を鳴らし続けた。太平洋戦争末期には東条内閣倒閣運動に関わり、憲兵隊に逮捕されたこともある。

吉田茂

戦後まもなく幣原《しではら》内閣の外相に就任、ついで昭和21年5月、公職追放された鳩山一郎にかわって第一次内閣を組織した。吉田は占領軍の民主化推進派からは保守的だとして嫌われていたが、戦中の逮捕歴のおかげで占領軍に弾圧される恐れはなく、しかも率直なものいいがマッカーサーに気に入られたため、首相の座につくことができたのである。

大衆にこびず、ものおじしない性格で業績をあげた

新憲法施行に伴い昭和22年4月に行なわれた総選挙で敗北し、いったんは政権の座から離れたものの、中道政権の失敗により、23年10月に再び首相に就任した。与党民主自由党（のちの自由党）は、中道政権に失望した有権者の支持を得て24年1月の総選挙で大勝した。

	在任期間	主な政治トピック
第1次	昭和21年5月〜22年5月	日本国憲法配布 第2次農地改革
第2次	昭和23年10月〜24年2月	東京裁判
第3次	昭和24年2月〜27年10月	サンフランシスコ講和条約 日米安全保障条約
第4次	昭和27年10月〜28年5月	バカヤロー解散（※）
第5次	昭和28年5月〜29年12月	自治体の発足 保守合同へ

※吉田首相が衆院予算委で右派社会党の西村栄一の質問のあとに「バカヤロー」と呟いたのを聞きとがめられ、吉田内閣不信任案可決、衆院解散へつながった。

吉田政権と主な政治トピック

その際、佐藤栄作、池田勇人《はやと》ら、かねて目をかけていた高級官僚出身者たちを大量に当選、入閣させ、「吉田学校」などと呼ばれた。こうして政権基盤を固めた吉田は、占領軍からも絶大な支持を得るようになり、講和実現に日本を導いていった。

吉田は講和条約調印のころまでは高い支持率を得ていたが、講和発効後は、相次ぐ失言や与党の汚職疑惑（造船疑獄）もあって「ワンマン」などと批判されて人気は急落、政権交代の声が高まった。昭和29年12月、吉田は政権維持のため閣議で解散総選挙を主張したが他の閣僚はこれを拒否。吉田は一人憤然と席をけり、吉田時代は終わりを告げた。

吉田はものおじしない性格が特徴だった一方、親しい人は愛想よくウイットにとんだ会話でもてなすが、新聞記者や街頭演説は大嫌いという貴族的な側面もあった。そのため、お世辞にも大衆的な政治家とはいえなかった。世間の評判を気にしないからこそ多くの業績をあげることができた半面、占領が終わって民主政治が本格的に始まると、時代遅れの存在となった。占領下だったからこそ指導者となりえた人物だった。昭和42年死去。

覚書 造船疑獄は造船業界への政府融資をめぐる汚職事件。佐藤栄作自由党幹事長が逮捕されそうになったが、法務大臣が指揮権を発動してとりやめとなった。証拠不十分のためといわれている。

血のメーデー事件
昭和27年（1952年）

戦後初の大騒乱事件

労働者の祝日であるメーデー（5月1日）は、戦時中には祝うことを禁止されていたが、戦後復活し、皇居前広場が会場として使われていた。しかし昭和26年4月、占領軍は前年5月末に集会中の日本人と米軍兵のトラブルがあったことを理由に、皇居前広場でのメーデー開催を禁止した。

そうした事情があったため、独立回復後最初のメーデーとなった昭和27年の5月1日も皇居前広場の使用は政府によって認められなかった。そのため参加者の間に不満が高まった。昼すぎに明治神宮外苑《がいえん》での大会が終わってデモ行進に移る際、デモ隊の一部が無届けで皇居前広場に向かいはじめた。こうして戦後初の大規模な騒乱事件（メーデー事件）は起きた。

午後2時すぎ、約3000人のデモ隊が皇居前広場に到着、警官隊は路上での混乱を恐れてデモ隊を広場に入れたうえで取締りを始めた。デモ隊はプラカードや竹ざお、投石などで反撃、最初の衝突が起きた。

デモ隊はいったんはひるんだが、さらに数千人のデモ隊が合流、3時ごろから二度目の衝突が始まった。警官隊は催涙ガス弾やピストルを合計70発発射して応戦した。デモ隊は周囲の道路に逃げ出し、路上の車を炎上させたり、見物していた米兵を濠《ほり》に投げ込むなど付近一帯は騒乱状態となった。

事件の影響で破防法が成立

この衝突で、デモ隊に死者2人、負傷者1500人あまり、警官隊にも負傷者800人あまりが出た。デモ隊の逮捕者も1200人あまりにのぼった。事件は共産党による陰謀とみなされて261人が騒乱罪や公務執行妨害で起訴された。ちょうどこのころ共産党は武力闘争による革命実現の方針をとり、火炎ビンも使われるようになった。

事件当時、国会では共産党の活動を防ぐことを目的とした破壊活動防止法案が審議中だった。左翼的な傾向が強かった当時の言論界では反対論が強かったが、メーデー事件が追い風となってまもなく成立した。しかも昭和27年10月の総選挙で共産党はすべての議席を失った。世論の支持を得られないことに衝撃を受けた共産党は、まもなく合法路線に戻ることになる。

血のメーデー事件（皇居前広場での衝突） 昭和27（1952）年5月1日

メーデー事件の裁判は長期化し、昭和47年にようやく決着した。公務執行妨害については有罪となったが、騒乱罪については警官の対応がいきすぎていたとして無罪になった。

メーデー参加者の不満には一理あるが、世の中が落ち着きつつあった当時にあっては、もはやいかなる理由があろうとも、暴力に訴えることは世間が許さない方向に向かっていたことが示された事件だった。

覚書 当時の共産党の活動の一つとして山村工作隊があった。大学生の集団を山村に送り込んで住民を革命に動員しようとしたのだが、幼稚すぎてまともには相手にされず、失敗した。

『君の名は』の大ヒット
昭和27年（1952年）〜昭和29年（1954年）

女湯を空にした⁉　伝説のラジオドラマ

昭和20年代後半の芸能史のトップ項目は、なんといってもメロドラマ『君の名は』の大ヒットであろう。

戦争末期、空襲下の東京銀座の数寄屋橋《すきやばし》で、春樹と真知子《まちこ》という若い男女が知り合うが、緊迫した状況下ゆえ、お互いの名前は半年後に明かすことにしてあわただしく別れる。

紆余曲折を経て1年半後再会して名乗りあったとき、真知子はマザコンのエリート官僚と意に沿わぬ結婚を翌日に控えていた。真知子は夫や姑との不仲に苦しみ、春樹に助けを求めるが、真知子の夫は頑として離婚を許さなかった。

しかし春樹と真知子の2人は日本の復興が進むなかで友人や知人の助けをうけながら、真知子の故郷に設定された佐渡《さど》、そして伊勢《いせ》、北海道や九州、果てはヨーロッパまでを舞台とするさまざまな試練を乗り越え、最後には愛を成就するという物語である。

最初は菊田《きくた》一夫《かずお》作のNHKのラジオドラマとして昭和27年4月から2年間放送された。ハラハラドキドキのすれ違い恋愛ドラマはあっという間に女性たちの心をつかみ、夕方の放送時間帯には銭湯の女湯は空になったという伝説が生まれたほどである。

“真知子巻き”を流行させた映画版

こうしたブームに目をつけたのが松竹映画である。松竹は伝統的に女性向けのメロドラマ映画を得意としており、戦争中には似たような設定の『愛染《あいぜん》かつら』の大ヒットという実績もあった。

春樹には戦前から二枚目スターとして売り出していた佐田《さだ》啓二《けいじ》を、真知子には新人女優の岸惠子《きしけいこ》をあて、昭和28年9月に映画『君の名は』第一部が封切られた。まだラジオドラマは放送中であり、当然、映画も真知子が夫の子を身ごもってしまったことで春樹が失意に沈んで佐渡を去るところで終わる。

松竹のもくろみどおり、この映画も大ヒットし、この年の日本映画の興行収入第2位となった。岸惠子は一躍大スターとなり、真知子のショールの巻き方は「真知子巻き」として女性たちの間で大流行した。

当然、続編も作られ、12月には北海道を主な舞台とした第二部が、昭和29年4月には九州の雲仙《うんぜん》温泉を主な舞台とした完結編の第三部が封切られ、いずれも第一部と同じく大ヒットした。そのおかげで映画観覧者数も29年には8億人を超えることになった。

現在でも三部作のビデオやＤＶＤが売られていることからも、この作品の人気ぶりがわかる。

戦後の荒廃から社会を再建していくために女性もよく働いた。北海道や九州の美しい観光地や憧れの大都会東京を舞台に、美男美女のカップルが苦しみを乗り越えて愛を深めていく姿は、まさにこうした女性たちの恰好の癒しとなったのである。

覚書 この映画は同時代を舞台としているだけに、当時の世相や風俗、景観がたっぷり出てくるので、戦後復興期の様子を知る、あるいは思い出す手がかりとしても面白い。

テレビ放送の開始

昭和28年（1953年）

戦前からテレビドラマが放送されていた

昭和28年2月1日、世界で6番目となる日本でのテレビの本放送が始まった。

テレビの歴史は20世紀初めにさかのぼる。主要各国で開発が始まり、昭和10年代には独、仏、英、ソ、米で本放送が開始された。日本でも昭和元年に高柳《たかやなぎ》健次郎がブラウン管方式のテレビを開発している。

その後、日本放送協会（NHK）によって、昭和15年開催予定の東京オリンピック（283頁参照）までに本放送を始めることを目標に実用化が進められ、昭和14年には東京で試験放送がスタートした。一般の人々もデパートなどで見ることができ、『夕餉前《ゆうげまえ》』というテレビドラマまで制作、放送された。

当時人気の喜劇俳優エノケン（53頁参照）主演で昭和15年11月に封切られ、大ヒットした東宝映画『孫悟空』にはテレビが何度も登場する。テレビが最先端のメディアとして人々に広く知られていたことがわかる。

テレビ放送免許取得第1号は日本テレビ

テレビの研究は戦争のため中断されていたが、日本放送協会が昭和21年から再開、25年2月から試験放送も行なわれるようになった。一方、読売新聞社元社長・正力《しょうりき》松太郎はアメリカの技術によるテレビ放送の実現をめざすことを26年8月に発表した。戦後、占領軍の方針で民間放送が許可され、すでにラジオでは26年9月の中部日本放送が一番乗りを果たしていた。正力はテレビ放送の将来性を見越して動き始めたのである。

その結果、テレビ放送の免許取得第1号は正力が設立した日本テレビとなった（昭和27年7月）。NHKの免許取得は12月だったが、長年準備していた強みで、本放送開始はNHKのほうが早く、28年2月1日に始まった。

まだ東京地区だけの放送で、テレビ受信契約はわずか866件。大卒初任給8000円の時代にテレビ受像機は1台19万円もしたのだから無理もない。もちろん白黒放送で、映画用フィルムに撮影したものを放送する場合以外はすべて生放送だった。

日本テレビの放送開始は機材の関係で遅れ、8月28日となった。NHKが教養番組や報道番組が多かったのに比べ、スポーツ中継や音楽番組が多いのはいかにも民放らしい。もちろんコマーシャルもあったが、最初はスポンサー探しに苦労した。

街頭テレビ　昭和28（1953）年、新橋駅前

当初はこぢんまりと始まったテレビ放送だったが、茶の間でも楽しめることやテレビ受像機の低価格化が進んだことで人気は急上昇し、テレビの年間生産台数はすぐに1万台を超えた。客を取られることを恐れた映画界はテレビへの協力を拒否した。映画はなお、娯楽の王者として全盛期を迎えていたため強気の態度に出たのである。しかし、昭和30年代中ごろから、ついに流れはテレビに傾いていくことになる。

覚書　テレビ番組の低俗化は、テレビ放送開始からわずか数年で言論界で批判の的となり、昭和31年には評論家・大宅《おおや》壮《そう》一《いち》が有名な「一億総白痴化」を唱えている。

力道山の活躍

昭和29年（1954年）〜昭和38年（1963年）

日本で最初のテレビヒーロー

昭和29年2月19日、この日は力道山《りきどうざん》と木村政彦対カナダのシャープ兄弟のプロレスリング試合がテレビ中継され、人々を熱狂させたことで歴史に残る日となった。

場所は相撲の殿堂である東京の蔵前国技館《くらまえこくぎかん》。世界チャンピオンのシャープ兄弟が、力道山の空手チョップに打ちのめされるまでの映像がNHKテレビと日本テレビで中継された。

テレビはまだ登場まもない時代で、日本テレビは繁華街などの街頭にテレビを設置して宣伝に努めていた。いわゆる街頭テレビである。テレビ局はテレビの人気を高める恰好の題材としてプロレスに飛びつき、初中継となった。

このテレビ中継によってプロレスはプロスポーツとして広く社会に知れ渡った。そして、黒タイツで下半身を包み、自分より大柄な外国人レスラーたちに対し、精悍《せいかん》な表情で空手チョップを繰り出して倒した力道山は、一夜にして誰知らぬ人のない英雄となった。

この日の力道山の活躍は、日本人のアメリカに対する劣等感を一気に吹き飛ばした快挙といわれる。すでに占領が終わって2年も経っていたとして、この説を誤りとする向きもある。しかし、日米安保条約はアメリカ優位の不平等な内容であったし、力道山戦テレビ中継の約半月後の3月8日にはアメリカから防衛力に関する援助をしてもらうという協定（MSA協定）が結ばれている。まだまだアメリカには頭が上がらない時代だった。だから、大筋で通説は正しいといえる。

タイトルを初防衛する力道山
昭和37（1962）年4月3日、東京体育館

北朝鮮の出身だった力道山

このとき力道山は、大正13年長崎県生まれで、貧しい家庭で

育ったが、苦労して名声を得たことになっていた。まさに日本の庶民の英雄である。ところが実は力道山は、当時は日本の植民地支配下にあった朝鮮半島北部（現在の北朝鮮）の出身だった。プロレスラーになる前は朝鮮半島出身であることは公表されていたが、プロレスラーになってからは亡くなるまでそのことは隠されていた。

力道山ははじめ力士を目指し、昭和14年に大相撲二所《にしょ》ノ関《せき》部屋に入門、21年に初入幕し、関脇まで昇進したが、25年に廃業、プロレスラーへの転向を決意した。後援者である日本人の養子となって日本国籍を取得、ハワイに渡って修業を積んだ。そして26年にデビュー、27年以降は日本人プロレスラーの代表格として次々と戦績をあげ、プロレスファンを増やしていった。その一方、実業家としても活躍し始めた。

しかし、昭和38年12月8日、東京赤坂《あかさか》のナイトクラブで暴力団員と口論となって腹部を刺され、その傷が悪化して15日にあっけなく生涯を閉じた。

覚書　力道山は朝鮮半島出身の経歴を買われて政界密使として韓国に渡ったことがある。さらに、死後北朝鮮では英雄として賞賛されている。

自衛隊の誕生
昭和29年（1954年）

警察予備隊から自衛隊へ

昭和20年の敗戦の後、占領軍は日本の暴走の元凶として軍隊を徹底的に解体した。それは戦争に疲れた日本の国民にとっても歓迎すべきことであった。

しかし、昭和25年6月、朝鮮半島全体を共産主義化しようとする北朝鮮によって朝鮮戦争が始められると、占領軍は、米軍が日本の治安維持にまで手が回らないことを理由に日本政府に警察予備隊を作らせた。当初7万5000人の隊員は米軍から貸与された武器を持ち、幹部の一部には旧軍関係者が採用された。事実上の再軍備の始まりであったが、当時の吉田茂首相は軍隊の保持は憲法第9条違反であり、これはあくまで軍隊ではないとした。

昭和26年、講和条約とともに日米安保条約が結ばれると、アメリカは、安保条約は相互に防衛するということが趣旨だという理由で日本に再軍備の促進を強く求めた。日本はアメリカの指導や援助を受けて昭和27年10月に警察予備隊を保安隊に改組し、昭和29年6月には陸、海、空の三部門からなる自衛隊を発足させ、自衛隊を統括する役所として防衛庁が設置された。

拡大する自衛隊とその矛盾

発足時の陸上自衛隊の隊員数は13万人、航空自衛隊の保有機数は150機。自衛隊は事実上、戦車、戦闘機、軍艦などの兵器を保有していた。しかし、国民の軍隊への拒否反応が依然強かったことも手伝って、発足当時の吉田茂首相は軍隊の保持は憲法違反であるから自衛隊は戦力ではなく自衛力であるとし、戦車を特車、軍艦を護衛艦と呼ばせたりした。

主な任務はソ連などの脅威に対しての自衛で、特に日本海側ではソ連軍機の領空侵犯を警戒するための自衛隊機の発進が多かった。その他災害救助にも出動している。

その後、アメリカ側の要望もあり、自衛隊は数次の防衛力整備計画によって規模を拡大していった。その結果、昭和が終わった直後の平成2年段階で、陸上自衛隊の隊員数は18万人、海上自衛隊の艦艇数は75、航空自衛隊の保有機数は870機となった。

戦前の反省から文民統制の原則が貫かれ、自衛隊の最高司令官は首相、責任者の防衛庁長官も文官とされ、防衛庁も事務官僚が中心となった。しかし、そのため制服組(自衛官)の意見が採用されにくく、制服組の不満は強かった。

昭和38年には部内で有事法制の研究をしていたことが国会で問題視され（三矢《みつや》研究）、昭和53年7月には栗栖《くりす》弘臣《ひろおみ》統合幕僚会議議長が、有事法制が整備されていない現状では有事の際に自衛隊は法律違反をしないと行動できないと発言（「超法規」発言）、問題化して栗栖が辞職する騒ぎもあった。

平成3年の湾岸戦争勃発を契機に、自衛隊の役割は国際協力の面にも拡大した。平成13年のアメリカ同時多発テロ事件以後、日米防衛協力は中東などへも拡大、平成19年には防衛庁が防衛省に昇格するなど、存在感が増す一方で、自衛隊の在り方が改めて問われてきている。

覚書　自衛隊の起こした大事故として、昭和46年の自衛隊機と全日空機との衝突事故（全日空機乗員乗客162人全員死亡）、昭和63年の潜水艦なだしおと釣り船の衝突事故（30人死亡）などがある。

洞爺丸沈没

昭和29年（1954年）

タイタニックに次ぐ、日本最大の海難事故

昭和29年9月下旬、台風15号が日本を襲った。この台風が洞爺丸《とうやまる》台風として歴史に名を残したのは、国鉄の青函《せいかん》連絡船洞爺丸の沈没事故のためである。この事故は日本の海難事故史上最大、世界でも1912年のタイタニック号沈没事故（1513人死亡）に次ぐ（いずれも戦時を除く）、乗員・乗客1155人死亡という大事故となってしまった。

9月26日午後2時40分、洞爺丸の近藤平市船長はまだ台風は来ないと判断し、予定通り青森に向け函館《はこだて》を出航しようとした。しかし、引き返してきた小型の僚船の乗客や鉄道車両を引き受けるため30分遅れ、再び出航しようとしたところ鉄道車両を船に載せるための可動橋の故障でさらに出発が遅れた。近藤船長はこれ以上遅れると津軽《つがる》海峡で台風にぶつかることになり危険と判断して待機に入った。

午後5時半すぎ、函館では気圧はなお下がり続けていたものの、いったん風雨がや

青函連絡船「洞爺丸」 1954年

み、青空も見えた。台風の中心が通過したように見えたのである。フジオの予報でもこのころ台風の中心が函館付近を通るはずであった。近藤は台風の中心が通過したと判断、追い風になるから安全と考え、6時39分、洞爺丸を出航させた。しかし、青空が見えたのは、実は閉塞前線といわれる気象現象によるものだった。当時気象予報の精度はまだまだ低かった。待機中に乗り込んだ人を加え、乗員を含めて定員をやや上回る１３１４人が乗り込んでいた。

出航後まもなく風波が再び強まり、洞爺丸は港内で碇《いかり》を下ろして様子をうかがった。しかし風波はさらに強まり、瞬間風速は50メートルを超えた。港内の船舶のほとんどが流されはじめ、漂流する船を助けることは誰にもできなくなった。これで洞爺丸も激しい揺れとともに流され、午後10時26分、海底の砂に乗り上げた。これで安定するかと思いきや、風波のため車両搬入口からの浸水が激しく、10時40分、SOS発信。その直後、明かりの消えた船内は大混乱となり、ついに船は転覆した。近藤船長は船と運命を共にした。翌日、近くの七重浜《ななえはま》には多くの死体が打ち上げられた。1か月半ほど前に北海道行幸に向かう昭和天皇を乗せたばかりの新鋭船でさえ、自然の猛威にはひとたまりもなかったのである。

青函トンネルの建設へ

近藤船長は定年間近のベテランであったが、同じ気象状況でも気圧降下を気にして出航を見合わせた船長がいたことからわかるように、自信と経験がかえってミスを引き起こす原因となったのである。

国鉄は以後、悪天候時の出航判断を船長だけに任せないことにし、浸水しないよう船を改良するとともに青函トンネルの建設を進めることになる。難工事のすえ、世界最長の海底トンネルとして青函トンネル（全長53・9キロ）が完成し、青函連絡船が姿を消すのは昭和63年3月のことである。

覚書　昭和30年5月、四国の高松と岡山の宇野《うの》を結ぶ国鉄宇高《うこう》航路でも操舵ミスのため連絡船同士が衝突、168人死亡の惨事となった（紫雲丸事故）。本州四国連絡橋もこれを契機に実現に向かった。

日本映画の全盛時代

昭和29年（1954年）～昭和30年代（1955年～1964年）

年間入場者数が10億人を突破

敗戦後、娯楽に飢えた人々は映画館に殺到した。戦争末期には衰退していた映画界も、労働運動の高まりや、軍国主義を連想させるとしてチャンバラ時代劇が作れないなど占領軍による制約を受けながらも次第に復興した。

主な映画会社としては、戦前からの松竹、東宝、戦中にできた大映のほか、戦中は政府によって製作から撤退させられていた日活に加え、新たに新東宝、東映ができた。新東宝は昭和21年の東宝争議の際、争議の激化をきらった人々が作った会社であり、東映は旧満州から引き揚げてきた映画人が中心となった会社である。

占領期、年間入場者数は7億人台を続けていたが、占領が終わってチャンバラものが復活し、カラー作品が増えた昭和29年ごろから急増し、昭和32年には10億人の大台に乗った。

映画館数も敗戦時には1000館を割っていたが昭和26年ごろから急増し、33年には７０００館を超えた。邦画（劇映画）の年間製作本数も31年には５００本台と戦前の水準に達し、各社は毎週新作を封切った。これまでは大都市部にしかなかった映画館が日本の津々浦々までいきわたり、すべての地域の人々が日常の娯楽として映画を楽しむようになったのである。この昭和30年前後が日本映画の全盛時代といえる。

当時のスターと名作たち

映画スターとしては、時代劇の長谷川一夫《かずお》、嵐寛寿郎《あらしかんじゅうろう》、大河内伝次郎《おおこうちでんじろう》、阪東妻三郎《ばんどうつまさぶろう》、片岡千恵蔵《ちえぞう》、市川右太衛門《うたえもん》、現代劇の上原謙《うえはらけん》、田中絹代《きぬよ》、高峰秀子《たかみねひでこ》、喜劇の榎本《えのもと》健一（エノケン）など、戦前からの大スターに加え、戦後デビューした新人として、岸恵子《きしけいこ》、吉永小百合《よしながさゆり》、石原裕次郎《ゆうじろう》、時代劇の市川雷蔵《らいぞう》、ミス日本から映画界入りした山本富士子《ふじこ》、歌手の美空《みそら》ひばりなども人気を博した。

戦後人気があった映画としては、東映が作っていた、清水次郎長《しみずのじろちょう》や森の石松を主人公とした股旅もの、忠臣蔵、銭形平次《ぜにがたへいじ》や旗本退屈男《はたもとたいくつおとこ》のような定番ものの時代劇が主なところだった。若い人々には新東宝の美空ひばり主演シリーズや、昭和29年の『ゴジラ』にはじまる東宝の特撮もの、昭和31年の『太陽の季節』以後日活のドル箱となった石原裕次郎主演のタフガイものなどが人気があった。単発の大ヒットとしては、１８２頁で紹介した松竹の『君の名は』三部作、昭和32年の新東宝『明治天皇と日露大戦争』などがある。また昭和29年の『七人の侍』（東宝）など、黒澤明《くろさわあきら》監督の作品は海外でも高い評価を得た。

ところが、昭和33〜34年ごろを境に入場者数も映画館数も激減し、新東宝は36年に事実上解散してしまう。

映画の人気急落の最大の原因はテレビの普及である。皇太子成婚を機に昭和34年にはテレビの普及が進み（244頁参照）、たとえ白黒でも家で気軽に見ることができるテレビの利点が人々に受け入れられたのである。昭和40年代後半になると、年間入場者数は2億人を割り、映画といえばハリウッド大作かポルノ映画かということになってしまう。

日本映画の復調は、昭和50年代の宮﨑アニメ（453頁参照）の登場をまたなければならない。

覚書　戦後の日本映画の名作としては、黒澤明や小津《お づ》安二郎《やすじろう》の監督作品、高峰秀子主演『二十四の瞳《にじゅうし》』（松竹、昭和29年）、吉永小百合主演『キューポラのある街』（日活、昭和37年）などがある。

ミシンの普及
昭和30年代（1955年〜1964年）〜

洋装化とともに普及したミシン

　ミシンといっても今の若い人には見たことがない人もいるかもしれない。昭和30年代から40年代にかけて、たいていの家庭にはミシンがあったのだが。

　ミシンはソーイングマシンのなまった形の言葉で、ようするに、縫い物をするための機械のことである。針に糸を通し、布を台の上において、足踏み動力かモーターの力で縫っていく。

　ミシンは明治時代から日本に輸入されていたが、家庭に普及するのは昭和30年代になってからのことだった。洋装が普及するのが戦後になってからだったためである。太平洋戦争が始まるころまでは、男女とも和装が一般的で、洋服は背広や軍服などの仕事着や、学校の制服が中心であった。しかも既製服はまだなく、ふだん着は布地を買ってきて自分で縫うか、近所の仕立て屋で作ってもらうのが普通だった。

　ところが戦時中に、動きやすく布地も節約できるとして、女性に「もんぺ」（女性用のズボン）が奨励されたのが契機となり、戦後、ふだん着の洋装化が始まった。しかし、既製服というものがないうえに、和裁と洋裁ではやり方が大きく異なり、まだ戦争直後の段階では洋裁の技術をもつ人は少なかった。そこで、ミシンは、最初は戦争で夫を失って女手一つで子供たちを養わなければならないような女性たちの生計の手段として注目された。

戦後初期のミシンは大変高価なもので、女性たちは遺族年金などで学校に通うなどして洋裁の技術を身につけると、ローン（当時は月賦といった）でミシンを購入し、近所の人々の洋服の仕立てや修繕を引き受けて生計を立てたのである。

なお、女性用の洋服のふだん着でもっとも普及したのは、アッパッパと呼ばれる筒型のワンピースである。和服のように簡単な裁断と縫製で作れたことが普及の原因だった。

既製服の普及で消えるミシン

やがて工業技術の進歩によりミシンは安価になり、戦後の学校教育で初歩の洋裁が教えられるようになったこともあって多くの家庭に普及した。

昭和30年代後半から40年代前半にかけて、日本のミシン生産は年間５００万台前後と世界の生産量の半分を占めるほどになった。

しかし、高度経済成長の過程で安価な既製服が普及しだした。大量生産大量消費の時代となり、安定した品質の既製服が安価に出回りはじめると、人々は手間と時間を節約するために既製服を買うようになり、今日では既製服が当たり前になった。家庭用ミシンの需要は下り坂となり、ミシンは工業用が中心となった。

ミシンは高度経済成長の進展とともに家庭から消えていったが、新型コロナウイルス禍による手作り需要の増加で復活のきざしもある。

覚書 戦前の松竹映画のなかの若い女性の登場人物の服装をみると、洋服を着ているのは都市部の未婚者だけで、それ以外は和服と決まっている。洋服はまだ普及していなかったことがよくわかる。

大量生産され輸出を前に並べられたミシン

55年体制の成立

昭和30年（1955年）

公職追放の解除で反吉田派が形成された

昭和26年夏以降、公職追放が解除されはじめると、鳩山《はとやま》一郎ら戦前派の政治家が政界に復帰し、佐藤栄作や池田勇人《はやと》など、吉田茂首相に引き立てられて戦後に政界入りしたエリート官僚出身者を中心とする自由党の吉田派と、戦前派を中心とする反吉田グループがにらみ合うことになった。反吉田グループは、大麻唯男《おおあさただお》、三木武夫《たけお》らが作った改進党（総裁・重光葵《しげみつまもる》）と、鳩山一郎を中心とする自由党内の鳩山派があった。一方、社会党は講和問題をめぐる内紛で左派と右派に分裂していた。

吉田首相は講和条約調印を境に、質問中の野党議員に「バカヤロー」とつぶやくなど、ひんしゅくを買う行動が増えた（177頁参照）。さらに昭和29年4月、可愛がっていた佐藤栄作自由党幹事長が造船への融資をめぐる汚職（造船疑獄）で検察に逮捕されそうになると、犬養健《いぬかいたける》法相に指揮権を発動させて逮捕させなかった。吉田内閣の支持率はがた落ちとなった。

鳩山派は自由党を吉田から奪い返そうとしたが人数的に劣勢だったため、昭和29年11月、自由党を出て改進党と合体、日本民主党を作った。これで野党が衆議院の議席の過半数を握り、吉田の不評に乗じて吉田内閣打倒で結束した。そのため吉田内閣は退陣、選挙管理内閣として日本民主党の第一次鳩山内閣ができた。

自民党を生んだ三木武吉

昭和30年2月の総選挙では鳩山が再軍備や憲法改正を主張したため左右社会党が躍進し、民主党も躍進したが衆議院の議席の過半数は取れなかった。自由党と民主党は、財界の要望もあり、東西対立のなかで自由主義陣営の一員として日本が安定するためには保守安定政権が必要だとして保守合同に向けて協議を始めた。しかし、党首人事で行き詰まった。

一方、左右社会党は、再統一すれば、再軍備や改憲に批判的な世論の支持をさらに得られると判断して昭和30年10月、再統一した。これに対抗するため、党首問題は先送りする形で11月に保守合同が実現し、自由民主党が結成された。自民党が政権をとり、社会党が最大野党という政治体制が、この年（西暦で1955年）にできたことから、この体制は55年体制と呼ばれる。自民党初代総裁には鳩山首相が選ばれた。

保守合同の立役者は、鳩山の軍師役だった三木武吉《ぶきち》だった。老練な政治家としてあらゆる手段を尽くして対立を収拾し、鳩山政権の誕生と保守合同を成し遂げた三木は、31年7月、力尽きて71歳でこの世を旅立った。55年体制は、高度経済成長を経て平成5年までの38年にもわたって日本の繁栄を支えてゆくことになる。

覚書 鳩山家は一郎のほか、父である和夫、息子の威《い》一郎《いちろう》、孫の邦夫・由紀夫と四代連続で代議士になった。四代連続は今のところ他に例がない。

■COLUMN■　昭和のくらし博物館

東京都大田区の住宅街の一角にひっそり立つ昔風の小さな木造住宅、それが「昭和のくらし博物館」である。この家で育った生活史研究家・小泉和子が、自宅を家具や家財もそのままに公開している民営の博物館である（入館料：大人500円、小学生～高校生300円）。

この住宅は昭和26年、始まったばかりの住宅金融公庫の融資制度を利用して建てられた。ただし、設計は設計技師だった小泉の父が行なった。2階建てで、4畳半の和室が3部屋に6畳の和室と4畳半の洋室からなる、あわせて18坪という こぢんまりした家である。しかもこの小さな家に4人姉妹と両親の6人家族に加え、はじめは下宿人までいたという。だが、当時の、少なくとも東京の住宅事情はそのようなものだったのである。この住宅のような外観の木造住宅は、昭和初期から高度経済成長直前まで都市部の住宅地で盛んに建てられた。だから都内でも十数年前までは決して珍しくなかった。しかし、気がつくとほとんど見かけることができない状態になっている。展示品は残されていた家財と小泉の収集品で、学問的な考証にもとづき、主に昭和20年代後半の時期の東京郊外のサラリーマン家庭が再現されている。食事や生活様式に関する展示もあり、今と比べればはるかに質素で物をムダにしない生活が営まれていたことや、高度経済成長がいかに日本の人々の生活を大きく変えたかがよくわかる。企画展示など、さまざまな催し物も行なわれており、最近の昭和回顧ブームの便乗企画とは、一味違った、小さいながらも内容の濃い博物館である。ぜひ一見をおすすめしたい。

第三章

高度成長のはじまり

昭和30年頃〜昭和40年頃

高度経済成長のからくり

昭和30年（1955年）～昭和45年（1970年）

日本を一変させた高度経済成長

昭和30年ごろから45年ごろまでは高度経済成長の時代である。神武《じんむ》景気（29年末～32年前半）、岩戸《いわと》景気（33年～36年末）、オリンピック景気（37年末～39年末）、いざなぎ景気（40年末～45年中ごろ）と好景気が立て続けにやってきた。

そのすさまじさを数字で見ると、この時期の年平均の名目成長率は15・4パーセント（実質10・4パーセント）。第2位の西ドイツの10・3パーセント（名目）をはるかに超えて世界第1位。昭和30年には8兆4000億円だったGNP（国民総生産）は45年の73兆円と8・5倍以上に増え、アメリカ（351兆円）に次いで世界第2位となった。

この15年間で日本は一変した。都市部にはビルが立ち並び、鉄筋コンクリートのアパートや郊外のこぎれいな建売住宅に住む人が珍しくなくなった。

日本中から蒸気機関車が消えて、きれいで速い電車やディーゼルカーが走り回るようになり、主な道路はアスファルトで舗装された。東海道筋には新幹線と高速道路ができた。

ほぼすべての家庭にテレビ、電気洗濯機、電気冷蔵庫、電話が普及し、自家用車も珍しくなくなった。デパートやホテルに行ったり特急列車に乗ったりすればエアコンの恩恵を受けることもできるようになった。パンや肉、ケーキといった洋食・洋菓子を普段も食べるようになった。平均寿命は世界有数となり、大学進学率も急上昇した。

そのかわり大都市部では人口過密、農村部では過疎という現象が生じ、公害や交通戦争が人々を悩ませた。

庶民の懸命な労働と貯蓄が高度経済成長をもたらした

驚異的な成長はなぜ実現したのだろうか。まず、敗戦後、将来の復興と発展を見越して最新技術の導入や積極的な設備投資を怠らなかった有力企業の先見性、次に昭和35年安保改定後の池田首相以後、こうした企業努力を積極的に支援した自民党政権の判断があげられる。しかし、最大の要因は平和で豊かな生活を求める庶民の活力である。

庶民はまずは低賃金でも懸命に働き、住宅や家電製品（三種の神器《じんぎ》、213頁参照）の購入を夢見て貯蓄に励んだ。銀行への預金は企業のさらなる設備投資の資金となり、雇用の機会を増やし、商品の価格を下げる。その結果、豊かな消費社会が花開いたというわけである。

この好循環は基本的な消費財がひと通り普及したことで終わりを告げる。しかし、効率優先というこの時代の基本的な風潮や、この時代に築き上げられた社会資本（都市基盤、交通、通信網など）は、昭和45年以後の世界的な低成長、安定成長時代における日本の繁栄を支える要因となる。高度経済成長期は現代日本の基盤が作られた時代であった。

覚書　金融引き締め論者だった日銀総裁・一万田《いちまだ》尚登《ひさと》は、昭和25年に川崎製鉄が最新鋭の巨大製鉄所建設を発表すると「ぺんぺん草が生えてもわしゃ知らん」と言ったという。

三種の神器と電話の普及

昭和24年（1949年）〜

主婦を助ける電気洗濯機から普及した

三種の神器《じんぎ》とは、もともとは天皇が代々引き継がなければならない宝物（鏡、剣、玉）のことだが、高度経済成長初期には、どの家庭でも買うことを目標にしていた三つの家電製品のことをさす言葉ともなった。三つの家電製品とは、白黒テレビ、電気冷蔵庫、電気洗濯機である。

最初に普及したのは電気洗濯機だった。といっても当初のものは、洗濯物を2本のローラーに挟みハンドルを手で回して衣類をしぼり脱水する方式である。昭和24年に日本で発売が始まったときには、都市部勤労者の平均月収の3倍以上にあたる5万4000円もしたが、昭和30年になると所得の上昇と大量生産による価格の低下で都市部勤労者平均月収3万7000円に対し2万円とかなり買いやすくなり、この時点で都市部の家庭への普及率は3分の1に達したという。家事のなかでもっとも重労働だった洗濯から解放された主婦たちの喜びようはすさまじいものだった。

もっとも急速に普及したのがテレビだった。昭和28年のテレビ本放送開始のころは1台19万円もしたが、やはり大量生産により価格が下がり、昭和30年代中ごろには1万円台のものも現われた。電気洗濯機は農村部では嫁を甘やかすとして普及率が低く、電気冷蔵庫も低所得の家庭では普及率が低かったが、テレビは多様な番組が放送され、家族みんなで楽しめるためか、あらゆる家庭に爆発的に普及した。

もちろん、家電製品はこれらだけではなかった。従来どの家庭にもあったラジオ、照明に加え、レコードプレイヤー、電気炊飯器、トースター、電気コタツなどが都市部の大卒勤労者の家庭を中心に普及していった。家電業界は将来性のある産業であった。各社は地域の小売店を系列化し、新製品を売り込んだ。

電話の普及は昭和30年代から

現在どの家庭にもある製品としては電話もある。日本における電話の普及は大変遅れていた。明治以来、政府が電信電話より鉄道の普及を優先したことや戦争の影響で、戦後しばらくの間はほとんどの一般家庭には電話がなく、公衆電話も少なかった。電話の回線数が少ないため、長距離通話は電話局に申し込んでからつながるまで数時間、混雑時には十数時間かかっていた。人々は手紙や電報、直接訪問することで連絡を取ることが多く、遠くに電話する必要があるときは電話局に行くか、近所に電話のある裕福な家があればそこに電話を使わせてもらいに行った。今では信じられないことである。

しかし、政府は経済成長促進策の一つとして昭和28年から電話網や回線の拡大、自動交換機の普及に乗り出した。こうした対策が成果をあげ、家庭に電話があるのが当たり前になるのは昭和30年代末以降のことになる。

覚書　かつてインスタント食品の宣伝によくあった「不時の来客」とは、電話が普及していなかったからありえたことで、携帯電話が普及した今ではほとんど死語になってしまった。

集団就職の時代

昭和30年（1955年）〜昭和40年代（1965年〜1974年）

〝金の卵〟と呼ばれた中卒者たち

高度経済成長期を象徴する就職形態といえば集団就職だろう。集団就職とは、中学卒業者が学校ごとか地域ごとに一括して就業地に移動して就職することである。東京でいえば、毎年3月末になると、東北地方などからの集団就職者を乗せた列車が上野駅に着き、メディアが集団就職者の状況として報じていたものだった。

集団就職が始まったのは昭和30年ごろで、最盛期は昭和30年代後半から40年代前半までであった。そもそも高度経済成長期以前でも、中卒者の半分以上は進学せずに働きに出ていた。この集団就職の特徴は、集団で大都市に出ていくということである。

この時代は工場生産システムが大量生産の時代に入り、製造業界では大量の単純労働力を必要とした。また、従来は家族で営む商店形態が多かった小売業や飲食業でも、都市部では高度成長の余波を受け家族だけでは仕事をこなしきれなくなり、補助的な労働力を求めていた。こうして大都市や工業地帯では大量の単純労働力が必要となり、当然、賃金も農村部よりは高かったから、大量の中卒者が毎年大都市部に移動していくことになったのである。ちょうど集団就職の時代は、三大都市圏の年ごとの転入超過人口の合計が40万人から多いときは60万人に達していた。

とにかく、昭和30年代後半から40年代前半の中卒者の求人倍率は3・3前後、つまり企業が10人募集しても3人しか応募がないので、中卒者はまさに金の卵。企業側から出向いて勧誘を行ない、賃金や厚生施設を充実させる企業もあった。

しかし、仕事はあくまで単純労働。工場では単調な作業の繰り返し、商店では下積み作業ばかりなので飽きてくるのは当然だった。集団就職全盛期の中卒就職者の離職率は、大企業でこそ1割以下だが、中小企業や個人商店などでは1割5分から2割弱と、当時としてはかなり高かった。

夢破れて帰郷する人や、独学や学校に通うなどして資格や技能を身につけ、よりやりがいがあり収入も増える仕事を求める人が少なくなかったのである。

やがて時代は高卒者優遇に

やがて高度経済成長期から安定成長期となり、合理化のため工場のオートメーション化が進むと、もはや大量の単純労働力は不要となった。しかも、オートメーション化のための機器は中卒者では手にあまるものだった。こうして製造業界は高卒者優遇の時代に入っていくのである。

しかし、いずれにしろ集団就職をした人々は、ビルや高速道路などの建設に従事した出稼ぎの人々とともに、高度経済成長を下から支えたという意味で忘れてはならない人々である。都会暮らしはそれなりに楽しい面もあるとはいえ、早くに親元を離れ、都会人があまりやりたがらない厳しい下積み的労働に従事したのであるから。

覚書　いうまでもなく集団就職者は原則として常勤であった。かなり高度な資格や技能が必要な仕事でさえ有期雇用が珍しくなくなった現代から見ればうらやましいともいえる。

石原裕次郎の衝撃

昭和31年（1956年）

兄・慎太郎原作の『太陽の季節』でデビュー

昭和31年、高度経済成長期を体現する男性俳優が銀幕にデビューした。石原裕次郎である。

兄の石原慎太郎の芥川賞受賞作『太陽の季節』を日活が映画化した際、当時まだ慶應大学の学生だった裕次郎は兄とともに映画に脇役で出演した。この映画は湘南《しょうなん》を舞台に当時の最先端の若者風俗を扱っていた。

のちの裕次郎の主演作に比べればこの作品の表現はおとなしかったが、それでも、当時の感覚でいえば「不良」にあたるこうした風俗は、大人たちからひんしゅくを買った。しかし若者には大ウケで、作品中に出てくるような服装や行動をする若者たちをさす「太陽族」という言葉も生まれた。

当時最盛期にあった（年間のべ入場者数が10億人前後）日本映画界にあって、同年の邦画封切配給収入第7位という大ヒットとなり、裕次郎は日活専属として俳優の道を歩むことになった。

さっそく裕次郎の主演作が作られはじめた。主演第一作の『狂った果実』(昭和31年封切り)は、「太陽族」の風俗を前面に押し出した作品でやはり大ヒット。そして裕次郎の魅力が全面的に開花したのは主演第二作の『嵐を呼ぶ男』である。

貧しい家に生まれながらジャズドラマーの才能に恵まれ、人気を得たが、一本気な性格ゆえに芸能界の裏面に埋もれていく、かっこいいが不器用な男を演じ、主題歌を歌って歌の才能も示した。この作品も大ヒットし、裕次郎のスターとしての名声が確立した。

昭和37年まで50本以上の日活映画に主演し、その多くが大ヒットかヒットし、次第にテレビに押されていく日本映画界にあって、日活の経営をほとんど一人で支えていった。スポーツカーやモーターボートや楽器を操り、ひたすら前向きに生きようとする姿は高度成長の一面を示していたといってよい。

青春スターとしては稀な「不良」という個性

同じ日活の専属で、昭和37年に『キューポラのある街』の主演で一躍スターとなった吉永小百合とくらべると、石原裕次郎は同じ青春スターといってもかなり違う。

従来、青春スターといえば品行方正、清純といったイメージが強く、吉永はまさにその典型だったが、裕次郎はバイタリティー溢れる純な不良という、青春スターとしては異例の個性を確立した。スポーツマンであり、スマートな面もやんちゃな面もあるという裕次郎ならではの個性であり、日活は裕次郎の人気にあやかって「タフガイ」路線を拡大しようとしたが、唯一引き継げそうだった赤木圭一郎はデビューしてわずか3年後の昭和36年に事故死してしまった。

日活で酷使されて嫌気がさした裕次郎は昭和38年に独立する。すでにテレビ時代になっており、テレビドラマ『太陽にほえろ!』など刑事物で人気を得た。

しかし、昭和50年代からがんなどで体調を崩し始め、昭和62年に52歳の若さで惜しまれつつ世を去った。

石原裕次郎　昭和34（1959）年5月

覚書　裕次郎の俳優デビューの事情は、『太陽の季節』の撮影時の飛び入りという説もあるが、実際は兄の石原慎太郎の推薦によるようだ。

団地族の誕生

昭和31年（1956年）〜

団地は庶民の憧れの的だった

敗戦後、空襲で焼け野原となった都市部の住宅地の復興が課題となり、政府は昭和25年に住宅建設を促進するため資金を安く融資する住宅金融公庫を設けた。ついで政府は昭和30年に、経済発展に伴い大都市部の勤労者が増加していくなかで家族向けの住宅の質を向上させるため、日本住宅公団を設立して、大都市近郊に鉄筋コンクリートのアパート群からなるニュータウン建設に乗り出した。いわゆる公団住宅の誕生である。

入居第1号は昭和31年4月の大阪府堺《さかい》市の金岡《かなおか》団地、ついで5月の千葉県稲毛《いなげ》市の団地だった。32年には公団によるニュータウンの代表例である千葉県柏《かしわ》市の光ケ丘《ひかりがおか》団地の入居が始まる。

当初の基本の間取りは2DK（約40平方メートル）、つまりダイニングキッチンと和室が二つというものだった。現在の感覚では家族向けにしては狭すぎるような気がす

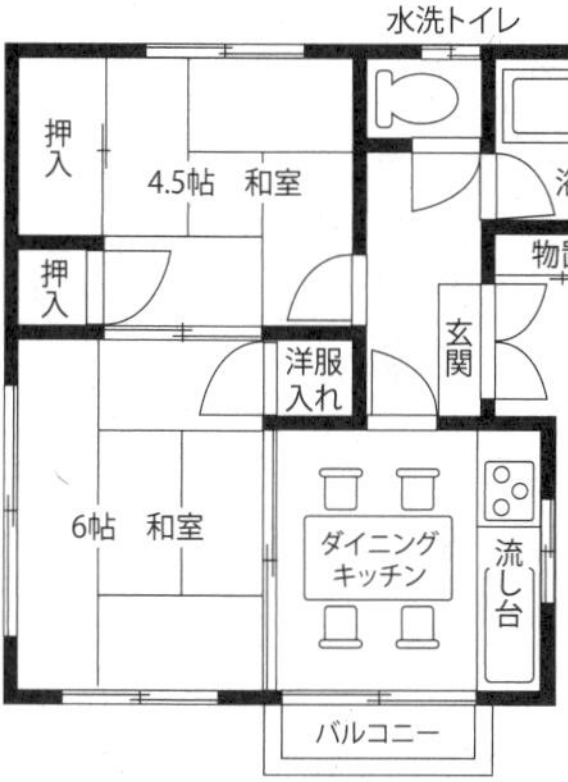

公団住宅の標準間取り図（2DK）

るが、当時としては庶民の憧れの的だった。

まず、台所。従来の住宅の台所は北向きの陰気な場所で汚れやすかった。しかし、公団住宅では食卓と一体となった明るく、清潔で機能的なダイニングキッチンが誕生した。そして水洗トイレの採用。当時はまだ下水道の普及率は低く、多くの住宅のトイレは汲み取り式で悪臭に悩まされていたのである。さらに建物は頑丈な鉄筋コンクリート製だから、まわりの家の中の会話が聞こえることもなく、文字通り家族水入らずの生活を楽しむことができた。

家の中には三種の神器たるテレビと電気冷蔵庫、ベランダに電気洗濯機が置かれた。居間には洋風の応接セットが置かれていることも珍しくなかった。

核家族化を押し進めた団地族

昭和32年には団地の住人を憧れの生活を実現した人々とみる「団地族」という言葉が生まれていた。ただし月ぎめ家賃の5000円は、当時の大卒初任給の平均が1万円であることを考えるとかなりの高額で、一流企業のサラリーマンでもなければ住むのはむずかしかった。それでも入居希望者数は建設戸数を上回っていた。

昭和35年には公団住宅や同じ仕様の公営住宅や社宅を合わせて100万人がこうした団地に住むようになっていたが、こうしたニュータウンの究極的な形が、昭和46年3月に入居が始まった多摩ニュータウンである。東京西部の丘陵地を切り開いて居住人口約30万人、従業人口約5万人の新しい街を作るという壮大な計画で、昭和43年ごろから造成が始まっていた。当初は交通が不便で前途が不安視されたが、鉄道が乗り入れて不安は解消、東京近郊有数の一大ベッドタウンになった。

こうして、団地は日本社会に、一緒に住むが近所づきあいはほどほどにする団地生活という新しい生活様式を持ち込み、核家族化を進めるうえで大きな役割を果たしたのである。

覚書　ダイニングキッチンは、軍需工場の工員住宅を最小限の資材で効率よく造るために戦時中に考え出されたといわれる。

拙速だった日本の原子力開発

昭和29年（1954年）〜

政府により強引に進められた原子力発電

原子力の平和利用の動きが世界的に始まるのは、昭和20年代後半である。特に火力発電のように公害を出さず、水力発電のように天候に左右されない、クリーンでコスト的にも安上がりな発電手段として将来を大きく期待されていた。

日本でも昭和29年には早くも国が原子力開発に乗り出し、30年には原子力基本法が制定され、31年に茨城県東海村《とうかい》に日本原子力研究所が作られた。そして32年8月、アメリカから輸入して同所にすえつけられた原子炉が臨界に達し、「日本初の原子炉に灯がともる」といわれた。そして11月には政府と主要電力会社によって日本原子力発電株式会社が設立された。しかし、その後の歩みは遅々として進まなかった。

その最大の原因は放射能汚染の問題である。日本人にとっては広島・長崎の原爆、第五福竜丸《ふくりゅうまる》の被曝事件（本項の覚書を参照）は記憶に新しく、事故による放射能汚染の恐れから事業者側も原子力発電所建設候補地の住民も建設には消極的だったのである。

それでも政府の意向で、昭和41年に日本原子力発電株式会社が東海村で原子力による発電の営業運転を開始した。そして、住民の反対を受けながらも40年代後半から原子力発電所が次第に各地に建設され始めた。

しかし、心配された原発の事故は小規模なものが実際に起きたし、海外では昭和54年のアメリカのスリーマイル島原発事故、61年のソ連のチェルノブイリ原発事故など大きな事故が起きた。特にチェルノブイリ事故ではソ連の対応が遅かったこともあり、大量の放射性降下物がヨーロッパに降り注ぎ、事故が起きた地域を中心に死者を含む深刻な被害が出た。

原子力開発のむずかしさを示した「むつ」

一方、船の世界でも、ディーゼルエンジンよりクリーンで安上がりな動力として原子力が注目され、昭和44年に日本初の原子力船として「むつ」が進水した。「むつ」は青森県大湊《おおみなと》港を母港とした（船名は大湊港があるむつ湾からとられた）が、湾を放射線で汚染されることを恐れる現地の漁民から激しい反対運動が起きた。

「むつ」は、現地漁民の激しい反対を押し切って昭和49年8月実験航海に出たものの、設計ミスにより9月に放射線漏れ事故を起こしてしまう。「むつ」は原子炉を遮蔽し、

地元漁船に取り囲まれる原子力船「むつ」 昭和49(1974)年、大湊港

以後16年もの間、ほぼ母港に繋留状態となった。

地元の強い反対もあり、自民党は昭和59年にいったん廃船を決めたが、修理、改修の結果、平成2年にようやく原子力による航行に成功した。しかし、もはや原子力船の時代はすぎており、平成4年に廃船となった。

また、平成11年には東海村で核燃料の加工中に核反応が始まる事故が起き、大量の放射線が発生して2人が死亡、住民多数が一時避難する事態に発展した。

結局、日本の原子力開発は性急に進められすぎたため、取り組みが安易になってしまい、期待されたほどの成果をあげられない結果となっている。

覚書 昭和29年3月、太平洋上のビキニ環礁でアメリカ軍が水爆実験を行ない、付近で操業中の静岡のマグロ漁船第五福竜丸が被曝、船員1人が死亡して大問題になった。

ロカビリーブーム
昭和30年（1955年）〜

「ロック」のはしりだった「ロカビリー」

ロカビリーとは、本来はロックと田舎の音楽を意味するヒルビリーの合成語とされるが、日本ではロックが入り始めたころ、ロックの意味で使われた。

ロック音楽は第二次世界大戦後にアメリカで生まれた。ギター主体のバンドで演奏する若者向けの軽音楽で、最初のスターはアメリカ南部出身のエルビス・プレスリーである。プレスリーの音楽は激しいリズムに乗った歌と振りが特徴で、青少年の非行を描いた映画の主題歌にロックが使われたこともあって、アメリカでも長い間ロックは不良の音楽とみられていた。

日本では、占領軍のラジオ放送などの影響でジャズやカントリー（アメリカ南部風の軽音楽）を演奏していた人々が、昭和30年ごろからアメリカでのプレスリー人気の影響を受けてロカビリー音楽の演奏を始めた。

ロカビリーブームが本格化するのは、昭和33年の第1回日劇ウエスタンカーニバルからである。ウエスタンカーニバルは本来、昭和29年に始まったカントリー音楽の音楽祭であった。しかし、東京都心有数の大劇場である日本劇場に進出し、ロカビリーバンドが多数出演して観客の若者たちを熱狂させ、ロカビリーの流行に火がついたのである。

出演者のうち、平尾昌晃《まさあき》、ミッキー・カーチス、山下敬二郎は〝ロカビリー三人男〟と呼ばれた。平尾は歌謡曲の世界にも進出して「星は何でも知っている」などのヒット曲を生んだ。同年の第2回日劇ウエスタンカーニバルも熱狂的な雰囲気に包まれ、そのニュース映像を見た大人たちは顔をしかめた。

映画のなかのロカビリー

昭和32年に封切られた石原裕次郎主演の日活映画『嵐を呼ぶ男』は、こうした時代の芸能界を舞台にした作品で、石原や平尾が扮するミュージシャンたちはジャズ喫茶と呼ばれる店でロカビリーを演奏し、観客の若い女性たちが熱狂するさまが描かれている。

この映画でもロカビリーのミュージシャンたちは不良の雰囲気が濃厚で、暴力団とのつながりも描かれている。当時の日本においてもロックは不良の音楽という認識があったことがうかがわれる。事実、このころのロカビリーのレコードのなかには公序良俗に反するとして発売中止となる例もあった。

しかし、ロカビリーブームの結果、歌謡曲でもロカビリー歌手を起用したり、ロカビリーの雰囲気を取り入れた曲が作られたりした。

日本でエレキギターを使ったロック音楽が若者に定着しはじめるのは昭和41年にビートルズが来日公演を行なうころからのようだが（314頁参照）、ロカビリーブームはその地ならしという意味合いがあったといえる。

覚書　ロカビリーブームの背景として、日本でも昭和初期から昭和10年代中ごろまでジャズやハワイアン音楽が高学歴の若者を中心に楽しまれていたことも見逃せない。

赤線の廃止
昭和33年（1958年）

「赤線」の由来
赤線とは、もともとは警察用語で、警察に許可を得た風俗営業地域のことである。一般には遊郭など、合法的な売春営業地域をさすが、売春を主な目的とする遊郭のほか、芸妓《げいぎ》などが置かれ、遊興を主な目的とする花街を含む。
昭和33年4月1日、売春防止法が全面施行された。これによって売春は全面的に非合法化され、赤線という制度が事実上廃止された。
売春は女性の尊厳を汚す忌むべき行為であるが、残念ながら古来行なわれてきており、非合法なものの他に、日本においても江戸の吉原《よしわら》のように、行政側が認めた合法的な売春が続いてきた。明治になってからも主要都市の一部に許可地域が設定され、地図に赤線を引いて表示したことから「赤線」と呼ばれるようになったのである。売春防止法施行直前でも、合法的売春街としての赤線は東京都内だけで、新吉原、玉《たま》ノ井《い》をはじめ13か所に及んだという。その他非合法な売春街もあとを絶たず、戦後これらは赤線との対比で「青線」と呼ばれるようになった。

主な経営方式は、店主が借金に苦しむ家庭などから借金を肩代わりして若い娘を引き取り、少なくとも借金を返済するまで働かせるというもので、戦前でも女性には廃業の自由が一応認められていたが、実際にはこうした事情から廃業したくてもできない場合が大半であった。敗戦後は占領軍が強制的に廃業の自由を徹底させた。

売春の非合法化の歩み

売春の非合法化は参政権の獲得とともに明治以後の日本の女性運動の主な目標の一つであったが、男性側の偏見からなかなか実現しなかった。しかし戦後、女性参政権の実現など女性の社会的地位の向上が進展したことから急速に実現に向かい、昭和31年5月、国会で売春防止法が成立、昭和32年4月から一部が施行され、33年4月に全面施行にこぎつけたのである。

ただし、この法律は主に売春宿の店主を対象にしており、刑罰も重いとはいえなかった。そこで女性議員を中心に買春者など取り締まり対象の拡大を求める動きもあったが実らず、非合法売春はあとを絶たなかった。こうした点は各自治体の青少年条例などで次第に改善されていくが、残念なことに現在でもいたちごっこが続いていることはよく知られている。

しかも、昭和32年10月には売春防止法の成立にからんだ売春汚職が発覚した。風俗業界の業界団体が関係法案の国会への提出の阻止、ついで内容の骨抜きをねらって自民党代議士に賄賂を贈っていたという疑惑である。代議士3人と業界団体関係者など合計13人が逮捕されたが、証拠隠滅が進んでおり、結局不起訴に終わってしまった。

それでも売春の全面非合法化の実現が画期的であったことは間違いない。

覚書　敗戦直後には日本政府が占領軍将兵による性犯罪防止のため、占領軍向けに合法的な売春施設を作ったこともあった。

特急「こだま」とブルートレイン

昭和33年（1958年）

快適な新型電車の代表格「こだま」

高度経済成長初期の昭和20年代末から30年代前半は、全体として明るい前向きの時代であった。その象徴の一つが鉄道の近代化である。

経済成長による大都市の通勤電車や主要幹線の乗客急増に対応するため、国鉄も私鉄も欧米の最新技術を導入した高性能電車を盛んに新造した。それらは従来のくすんだ色で騒音も大きく乗り心地の悪い旧式電車とは異なり、斬新でカラフルな車体、明るい車内と快適な乗り心地で人々に新しさをアピールした。

そうした新型電車の代表格が国鉄の特急用電車「こだま」型（151系）である。

東海道線の輸送量増加に対応するため、従来の機関車牽引《けんいん》の客車特急にかわる列車として計画された。機関車の付けかえや車両の方向転換が不要となるうえ、東京―大阪間約550キロを従来の7時間半から7時間弱に短縮して走れるため、従来2日で一往復していた車両が1日で一往復できるから輸送力は倍になるという計算である。

特急「こだま」出発式　昭和33（1958）年11月1日

昭和32年に中央線に通勤用として投入された国鉄初の新性能電車１０１系や、小田急電鉄や近畿日本鉄道の特急用新性能電車の実績を背景に、電車としては前例のない長距離を、従来より25キロ速い最高速度１２０キロで快適に運行できる電車の開発に成功した。

「こだま」型の前頭部は運転台を上にあげ、ボンネットが突き出たスピード感溢れるスタイルで、車体はクリームに赤の鮮やかな塗装が施された。車内は防音仕様、新建材と蛍光灯で明るくまとめられ、家電メーカーの協力でクーラー、冷水器、軽食堂（ビュッフェ）の電気調理器やエアータオルなど、最新の電化製品がふんだんに取り入れられた。

この電車は昭和33年11月1日から「こだま」号として運行を開始、翌年には6時間半運転を始めた。大変な好評ぶりで、東海道線の昼間の特急全列車の「こだま」型への置きかえ、さらに増発も行なわれた。昭和34年7月の速度試験で時速163キロの記録を樹立したことも合わせ、「こだま」型は新幹線の実現に大きく寄与した。昭和30年代後半になると改良型の電車特急や気動車特急が全国を走るようになる。

「夜」をイメージした寝台特急ブルートレイン

一方、運行を開始した飛行機（172頁参照）に対抗するため昭和31年11月に登場した東京―博多間の寝台特急「あさかぜ」は大好評となったが、旧式客車の寄せ集めのため設備的に見劣りがした。そこで国鉄は、「あさかぜ」用に寝台特急用客車20系を開発。冷暖房完備、防音仕様で、未電化区間にも対応できるようにディーゼルエンジンを載せた電源車を連結し、編成全体を「夜」をイメージした青の塗装で統一した。その姿から「ブルートレイン」とも呼ばれた20系はやはり大好評で、その後長く全国で活躍することになる。

覚書　客車時代の東海道線の特急は、機関車の次は荷物車、最後尾は展望車と決まっていた。そのため、折り返しのためには貨物線などを使って一編成丸ごと方向転換をする必要があった。

水俣病の恐怖

昭和31年（1956年）〜

有機水銀が原因の代表的な公害病

水俣《みなまた》病とは、推定患者数が1万人を優に超えるという、日本の公害史上最大規模の被害を出したことで、戦後を代表する公害の一つとなった公害病である。

昭和31年5月1日、熊本県水俣市の新日本窒素肥料（のちチッソ、現JNC）水俣工場付属病院が、近隣の漁村に原因不明の中枢神経障害の患者が多数出ていると地元の保健所に届け出た。歩けなくなったり、言語や視覚、聴覚などに障害が出て正常な生活ができなくなる人が続出したのである。現在ではこの日が水俣病が初めて公式に確認された日とされている。

患者は急速に増え続け、死者も出はじめた。熊本大学医学部では、死亡した人の病理解剖や猫を使った実験の結果、水俣病の原因は魚介類を介した有機水銀中毒であることを突き止めた。有機水銀の排出元として、塩化ビニルを作る過程で水銀化合物を使っていたチッソ水俣工場が疑われた。海中に排出された工場廃液中の有機水銀が食物連鎖の過程で濃縮され、魚を常食としていた漁民たちが塗炭《とたん》の苦しみを味わうことになったのである。

実は、同工場付属病院でも、猫を使った実験の結果、水俣病の原因が工場廃液であることを確認していた。しかし会社側はこの事実を隠し、あくまでチッソは関係ないと主張した。その一方で廃液の排水路を変えたり浄化装置をつけたりしたが、肝心の有機水銀はなかなか取り除けず、かえって被害は拡大した。

さらに昭和40年6月には新潟県阿賀野《あがの》川流域でも同じ症状の公害病が発覚した。昭和電工鹿瀬《かのせ》工場の廃液が原因だった（新潟水俣病）。浄化装置の改良でチッソ水俣工場の有機水銀の排出が止まったのは41年のことだった。

50年後の今でも解決はしていない

昭和44年6月、水俣一帯の患者たちはついに国とチッソに対して損害賠償を求める訴えを起こし、48年3月に原告が全面勝訴した。

これをうけて国とチッソは補償や救済に乗り出し、認定患者は熊本・鹿児島両県合わせて2000人以上、新潟も合わせれば3000人近くにのぼった。このうち昭和59年までに確認されている死者は、熊本・鹿児島両県だけで600人近い。

しかし、補償額は被害に比べて少なすぎ、患者認定基準も厳格すぎたため、救済も補償も不十分なものにとどまった。こうした事態に対する批判は根強く、国は平成7年になって未認定患者約1万人にも見舞金を支払った。ところが、患者の認定基準は緩和しなかったため、認定を求める訴訟も起きており、発生の確認から50年以上たった今でもなお完全な解決をみたとはいえない。

公害病は明治24年に発覚した足尾《あしお》鉱毒事件をはじめ、戦前からあったが、富国強兵、戦後復興、高度経済成長といった風潮のなかで、なかなか顧みられることがなかった。水俣病は多くの犠牲者を出すことでこうした風潮を変えさせる重要な転機の一つとなったのである。

覚書　熊本の水俣病に加え、昭和42年に提訴した新潟水俣病と三重県の四日市《よっかいち》ぜんそく、43年に提訴した富山県のイタイイタイ病を含めて戦後の四大公害訴訟といわれる（320頁参照）。

伊勢湾台風の襲来

昭和34年（1959年）

観測史上3番目に強い台風が伊勢湾を襲った

昭和34年9月に日本を襲った台風15号は、中部地方から関東地方にかけて空前の被害をもたらし、主な被害地域の地名をとって伊勢湾《いせわん》台風と呼ばれるようになった。

この台風が9月26日の夕方に紀伊《きい》半島潮岬《しおのみさき》に上陸した際、暴風域の半径は350キロと超大型で、中心気圧は929・5ヘクトパスカル、名古屋市内における瞬間最大風速46メートルと、このときまでの日本の観測史上3番目に強い勢力を保っていた。

中部地方の伊勢湾周辺地域（三重県、愛知県）では夕方から風雨が強くなり、ビルの窓ガラスが割れるほどの強風が吹き荒れた。名古屋市では瞬間最大風速45・7メートルを記録、午後8時に市内全域が停電した。沿岸地域では夜9時以降、高さ3メートルを超える高潮に襲われた。暴風雨で交通も通信も寸断されたため避難も救助もままならず、大きな被害が出る一因となった。もちろん報道機関の取材も困難をきわめ、被害の実態が明らかになるまで1週間あまりもの時間がかかった。

伊勢湾沿岸地域は海抜が海面すれすれか海面以下というところが多かった。特に木《き》曽《そ》川と長良《ながら》川の河口付近は輪中《わじゅう》地域と呼ばれ、住宅の床を水面より高めに作るなど洪水対策に万全を期していたはずだった。しかし3メートルを超える高潮は想定外で、数十万軒もの家が流されるなどの浸水の被害にあい、多くの人が水に流されてしまったのである。その他、関東地方でも東京の下町を中心に浸水の被害が出た。

被害の大きさは災害対策基本法の制定につながった

結局、この台風の被害は、死者・行方不明者5098人、負傷者3万8921人、被害家屋83万棟以上と、戦後最悪の規模に達した。死者・行方不明者の9割が三重県と愛知県で、うち7割が高潮の被害者であった。当然のことながら伊勢湾沿岸地域の工場は大きな被害を受け、収穫寸前の米や果物などの農作物も全滅状態となった。当時の日本の大動脈だった国鉄東海道線も一日半にわたって不通となった。惨状が次第に明らかになるにつれ、被災地域には国内各地はもちろん、世界各国から救援物資が届けられ、政府も救済に乗り出した。

一方、前年にも狩野《かの》川台風により静岡県などで900人あまりの死者を出したこともあり、河川改修の遅れなど政府の対策の不備を指摘する声も多く、昭和36年の災害対策基本法の制定につながることになる。高度経済成長期にあたっていたこともあり、この法律によって防潮堤の建設や河川の改修をはじめ、災害対策は急速に進んだ。しかし、近年、気候温暖化の影響で台風や大雨の被害が再び拡大の傾向にある。

覚書　近畿日本鉄道（近鉄）は、伊勢湾台風で大きな被害を受けた名古屋線の復旧工事に合わせて予定より半年近く早く改軌（線路の幅の拡張）を実施、大阪難波《なんば》から直通電車が乗り入れるようになった。

皇太子ご成婚

昭和34年（1959年）

ご成婚までの道のり

昭和34年4月10日、皇太子明仁《あきひと》親王（現在の上皇）と正田《しょうだ》美智子さん（現在の上皇后）の「結婚の儀」が行なわれた。皇室史上初めての民間からの嫁入りということで、昭和33年11月27日の婚約発表以来の世間や報道の盛り上がりはこの日頂点に達した。

昭和8年12月23日に待望の第一皇子として日本中の祝福を受けて生まれた明仁皇太子は、戦後はアメリカ人の家庭教師がつくなど新しい風を受けて育てられた。お妃探しは昭和25年秋ごろから東宮参与の小泉信三《しんぞう》元慶應義塾塾長を中心に始められた。

最初は旧華族を対象に人選が進められたが、皇室に入ることのわずらわしさから候補となった女性たちは次々と辞退した。そこで小泉は門閥にとらわれないことにしたが、なかなか候補者が見つからず、皇太子は一生結婚できないのかと悩むこともあったという。そのなかで美智子さんの名が浮上してきたのである。

美智子さんは有力企業の社長の娘で昭和9年生まれ。聖心女子大学文学部外国語外

ご成婚パレード　昭和34（1959）年4月

国文学科を首席で卒業し、スポーツも得意という文武両道の人だった。

　小泉らは昭和32年8月に軽井沢のテニスコートで二人を対戦させた。事実上のお見合いである。皇太子は美智子さんを気に入り、「テニスコートの恋」が始まった。

　当初、美智子さんの両親は辞退するつもりだったが、ほかに候補者のいない宮内庁側も必死で、マスコミ各社に報道規制を要請、皇太子本人が美智子さんに説得の電話をかけるほどになり、昭和33年11月に入りついに美智子さんは皇室入りを決意した。正式発表前に外電と一部週刊誌が皇太子妃内定を報じたが、その他の報道機関は11月27日の正式決定まで報道規制を守った。

皇室の大衆化の象徴となった美智子妃

昭和33年11月27日には美智子さんの記者会見が開かれ、「とてもご誠実で、ご立派で、心からご信頼申し上げ、ご尊敬申し上げていかれる方だというところに魅力を感じました」という発言は有名になり、世論もこの婚約を大変好意的に迎えた。

以後、美智子さんはちょうど創刊されはじめた女性週刊誌を中心とするマスメディアでスター並みの報道をされていくことになる。

昭和34年4月10日の「結婚の儀」や馬車パレードはテレビ中継され、これを見ようとテレビの受信契約数はこの日までの1年余りで倍増し、200万件を超えた。儀式の後、皇居から東宮仮御所までの馬車パレードのテレビ中継を見た人は1500万人以上と推定されている。こうして、明治維新以来、少しずつ進んできた皇室の大衆化はその頂点に達した。美智子妃は皇室を代表するスターとなったが、その一方で、皇族や旧華族の嫉妬によるいじめにも悩まされることになる。

覚書 美智子妃は昭和35年2月に浩宮徳仁《ひろのみやなるひと》（現在の天皇）を出産、養育方法のメモが「ナルちゃん憲法」として有名になるなど、皇室に民間の風を吹きこむことで世間の共感を得続けていく。

60年安保闘争

昭和35年（1960年）

対等な日米関係を目指した安保改定

昭和32年2月、病気で引退した石橋湛山《たんざん》にかわって自民党政権の首相となった岸信《のぶ》介《すけ》が、最大の課題と位置づけたのは日米安保条約の改定だった。

安保条約は日本がアメリカに基地を提供することを定めているが、日本へのアメリカからの見返りは明記されず、付属協定でアメリカ軍の犯罪はアメリカが裁くことになっているという片務的で不平等なものだった。そのため、岸の首相就任直前にアメリカ軍兵士が日本人を射殺する事件（ジラード事件）が起きても犯人を罰することができず、国民の不満が高まりつつあった。

しかも岸は、もともと日米関係を対等にしたいと考えていたから、精力的にアメリカ政府との改定交渉に取り組んだ。その結果、昭和35年1月に新安保条約の調印にこぎつけた。日米の経済面での相互協力をうたい、日本が攻撃された場合にアメリカ軍が支援してくれること、在日米軍が極東の安全のために活動できることなどが定めら

昭和26年	9月	対日講和条約 日米安全保障条約	
昭和32年	1月 2月 8月	ジラード事件 岸信介、首相就任 安保委員会設置	
昭和33年	9月 10月～11月	日米間で安保改定交渉が本格化 警職法問題	
昭和34年	3月	社会党などが安保改定反対運動を始める	
昭和35年	1月	改定安保条約調印……米国の日本防衛義務の明記	
	5月～	衆院で安保条約強行採決 ➡ 安保反対運動激化	60年安保闘争
	6月15日	デモ隊が国会突入、樺美智子死亡	
	6月19日	安保条約自然成立	
	6月23日	岸首相退陣を表明	

改定安保成立までの道のり

れた。

社会党や学生には軍事同盟ととらえられた

しかし、社会党や、当時左翼が多かった学者や大学生たちは、この新安保条約を軍事同盟ととらえ、日本を戦争に巻き込むものとして反対運動を始めた。当面の目標は、条約を有効にするために必要な国会での批《ひ》准《じゅん》（条約を承認すること）を阻止し、岸内閣を退陣に追い込むことであった。

岸は首相就任2年目以降、警察の権限を強める警察官職務執行法改正案を国会に提出する（不成立）など強権的な姿勢で報道関係者や学者、学生から嫌われており、この問題は火に油を注ぐことになったのである。自民党の強行採決により衆議院で批准が承認された5月からは、社会党は審議拒否戦術をとり、学者、文化人、学生らの岸退陣を求める数万人規模のデモ隊が連日、国会周辺を埋め尽くした。

しかし、憲法の規定上、衆議院で可決されれば参議院での審議ができなくても1か月後には批准が成立する。その期限が迫った6月15日、国会に突入しようとするデモ隊と警官隊が激しく揉み合う国会正門前でデモ隊の一人、東大生の樺《かんば》美智子が死亡した。これを岸首相の強権的姿勢の犠牲とみたデモ隊の気勢は最高潮に達した。

6月19日に新安保条約は自然成立となり、岸も退陣を表明、7月19日に池田勇人《はやと》内閣が成立した。安保反対運動は潮が引くように収まり、かわって所得倍増、高度成長の時代がやってくる。

新安保条約は意外なところで庶民に恩恵をもたらした。日本空域の航空管制の大部分は日本側に返還され、民間航空の繁栄の条件が整ったのである。

覚書　批准成立前日、デモ隊の気勢の激しさに岸は自衛隊出動を考えたが、赤城《あかぎ》宗徳《むねのり》防衛庁長官が拒否して果たせなかった。

昭和の「妖怪」 岸信介

昭和35年(1960年)

才能に自信をもち、あえて弱小官庁に入省

60年安保で昭和史に名を残した岸信介《のぶすけ》は、文字通り目から鼻に抜けるエリートの典型という雰囲気の人物だった。明治29年山口県生まれ。弟は高度経済成長期に長く首相を務めることになる佐藤栄作であり(信介が岸家の養子となった)、二度にわたり合計9年近く首相を務め2022年に凶弾に倒れた安倍晋三《しんぞう》は孫である。岸は優秀な成績で大正9年に東京帝国大学法学部を卒業し、エリート官僚になるための文官高等試験にも優秀な成績で合格した。

当時帝大生に人気の官庁は内務省(地方行政全般や警察を担当)や大蔵省だったが、岸はあえて弱小官庁の農商務省(のちの商工省)に入った。これからは工業の時代だから、今のうちに入っておけば、すでにエリートが集まっている大蔵省や内務省より早く出世できるという読みからだった。頭がよいだけでなく、将来性にかける果敢さがなければできないことである。よほど自分の才能に自信があったのだろう。

「真の独立日本」を求めて活躍

昭和11年にはその優秀さを認められて陸軍の要請で満州国に出向して産業行政を推進し、東条英機《ひでき》らとともに「二キ三スケ」（36頁参照）の一人となった。昭和14年には帰国して42歳の若さで官界最高峰の次官（商工次官）にのぼりつめた。16年の東条内閣ではわずか44歳で商工大臣として初入閣、太平洋戦争開戦の詔書に他の閣僚とともにサインをし、戦争遂行のための軍需産業の運営に辣腕を振るう。17年には衆議院議員に初当選している。19年の東条内閣退陣後は陸軍との関係が悪くなり、郷里山口で敗戦を迎えた。

岸信介

敗戦後、戦犯容疑で逮捕、収監されるが、起訴を免れて昭和23年釈放。27年に公職追放も解除された岸は、「真の独立日本」を再現したいと考えて政界に復帰した。

昭和28年自由党に入って衆議院議員に当選、まずは安定した政権を作ろうと政界再編に邁進、昭和30年の自由民主党の結党（保守合同）でも三木武吉《ぶきち》とともに活躍した。

石橋湛山《たんざん》内閣の外相を経て昭和32年に首相に就任、3年半在任した。最大の業績は日米対等をめざした安保改定であるが、東南アジアとの関係改善も果たした。

ただし、警官の権限強化を掲げた警察官職務執行法改正案は、「デートもできない警職法」などと世論から激しい反対を受けて断念し、再軍備を含む憲法改正も主張したが果たせなかった。安保改定反対運動の際の世論からの嫌われようはすでに見たとおりである。

優れた頭脳と胆力で人を説得して目的を達成する岸の辣腕ぶりは卓越しており、昭和の「妖怪」ともいわれた。しかし、彼の考えを理解できない人に対して見下した態度をとるなど、なんとなく高姿勢な雰囲気が災いして、大衆的な人気を得ることはできなかった。

その後自民党の長老として重きをなし、昭和62年、90歳の長寿を全うして世を去った。

覚書　日本において兄弟で首相を務めたのは、今のところ岸信介と佐藤栄作の2人だけである。

時代の転換を示した三池炭鉱争議

昭和34年（1959年）～昭和35年（1960年）

時代の転換期を象徴する事件だった

高度経済成長の進展とともに燃料も石炭から石油への転換というエネルギー革命が始まり、これまでは有力産業の一つだった炭鉱業界も合理化を迫られていた。

こうした転換期特有の混乱を象徴するのが、昭和34年から35年にかけて起きた北九州の三井三池《みいけ》炭鉱の労働争議である。

昭和34年初頭、会社側は人員整理を主とする合理化案を労働組合側に提示。しかし労組側は全面拒否した。当時の三池炭鉱の労組は、マルクス経済学者で社会党左派の理論的指導者でもあった向坂逸郎《さきさかいつろう》九州大学教授の指導のもと鉄の団結を誇り、事実上職場を自主管理していた。向坂は、この組合の活動を社会主義革命のきっかけにしようともくろんでいたのである。

昭和34年12月、会社側はついに１２７８名の指名解雇を通告、労組がこれを拒否すると、翌年１月25日、会社側は炭鉱をロックアウトした。労組側が職場を占拠して生産活動を妨害しないよう、組合員の立入りを禁止したのである。労組側もこれに対抗して無期限ストライキに入り、三池炭鉱争議が本格的に始まった。

安保闘争と同じく反体制側の敗北に終わった

三池労組は総評（日本労働組合総評議会）からの支援を受けて長期戦の構えに入った。総評は、国家公務員、地方公務員の労働組合を中心とする当時最大の労働者の連合組織で、マルクス主義の影響を強く受けた戦闘的な方針で有名だった。

一方、会社側は会社の意向を受け入れる労働者を集めて別の労組を結成し、闘争の切り崩しと生産の再開をねらった。闘争側労組と会社側労組は激しく対立し、3月28日には両者の衝突で百数十人の重軽傷者が出る事態になり、翌日には暴力団員が闘争中の組合員一人を刺殺する事件も起きて、4600人あまりの警官が出動する騒ぎとなった。

向坂に指導された労組員たちは会社側に対し一切妥協せず、あくまで生産の自主管理権維持にこだわった。そのため炭鉱の内外で多くのけが人を出す衝突が繰り返された。しかし長引く争議に総評も困惑しはじめ、8月10日に政府の中央労働委員会（中労委）が出した第二次あっせん案をのむよう労組側に求めた。その結果、9月6日に労組側はあっせん案受け入れを決定した。

あっせん案は、指名解雇は会社案どおりとし、退職金の増額を認めただけだったから、事実上、労組の完全敗北だった。

11月1日に炭鉱は完全に平常の生産態勢に戻り、争議は完全解決した。

三池炭鉱争議は一時は並行して起きていた安保闘争とともに反体制運動の中心と考えられた。しかし、6月の安保闘争の敗北からまもなく、こちらも敗北に終わった。

（覚書）三池労組が死守しようとした炭鉱という職場は、昭和38年の三池三川《みかわ》坑のガス爆発事故（死者458人、277頁参照）、56年の北炭夕張《ほくたんゆうばり》炭鉱のガス突出事故（93人死亡）など、大事故の多い危険な職場でもあった。

寛容と忍耐の池田勇人

昭和35年（1960年）～昭和39年（1964年）

所得倍増を政策に掲げた

60年安保闘争で批判の的となり、改定安保条約成立を機会に退陣を表明した岸首相にかわり、自民党総裁公選で勝利を得て後任首相の座についたのは池田勇人《はやと》だった。

池田は明治32年生まれ。京都帝国大学を出て大蔵省（現財務省）に入る。エリート街道まっしぐらのはずが、病気休職などで出世が遅れた。敗戦後、吉田茂に認められて公職追放で人材難の政界に入り、昭和24年1月の総選挙で初当選、翌月の第三次吉田内閣で大蔵相として初入閣を果たし、昭和27年の第四次吉田内閣で通商産業大臣（現経済産業大臣）となった。

通産相のころの池田は荒っぽい性格で失言も多く、新聞記者らに失言事件をでっちあげられて通産相の椅子を棒に振った。しかし、その後は伊藤昌哉《まさや》という有能な側近を得て脇を固め、党や内閣の要職を歴任して地歩を固めていった。

昭和34年ごろには、下村治《しもむらおさむ》など一部の経済学者が唱えていた「所得倍増論」に将来性を感じて持論とした。これは、国内の経済活性化を放任すれば、10年後には国民の所得が倍になるほどの高成長が期待できるという画期的な経済理論である。しかし、国際収支の均衡や、過剰投資による不況を恐れる当時の経済常識からはかけ離れた説だった。

池田は、政治の時代の後は経済の時代であるという読みのもと、ポスト岸をねらって経済重視の政策を準備したのである。政権を得た池田は所得倍増を政策に掲げるとともに、政権運営の基本方針として「寛容と忍耐」を打ち出した。

野党や党内反主流派との対立ばかり繰り返していた岸政権の経験から、政権を安定させるために野党との対話を重視し、国会でも強行採決を控えた。党内でも反主流派の処遇に注意を払った。そのため政局は次第に安定していった。池田は「寛容と忍耐」を掲げることで自民党政権の長期化に大きく貢献したのである。

池田勇人

池田自身も側近の建策で報道陣には穏やかに対応するようになったため、評判もまずまずで、疑獄への関与が取りざたされても政権の命取りにはならなかった。

高度経済成長を象徴する政治家に

池田は政局の安定、そして世間の「もう政治闘争はこりごりだ」という気分を背景に持論の所得倍増政策に取り組んだ。政府の経済政策は、成長を促進するために必要最小限の公共投資が中心となった。さらにアメリカに加え、ヨーロッパにも外遊し、「トランジスタのセールスマン」などと陰口を叩かれながらも経済重視路線を貫くことで、岸時代にささやかれた軍国主義復活の声を覆し、内外に日本の穏健さを印象づけた。

池田は昭和39年までに東京オリンピックや東海道新幹線、高速道路などを実現し、戦後日本の高度経済成長を象徴する政治家となったが、喉頭がんに倒れ、39年11月に退陣、翌年8月死去した。

覚書　池田は病院から出向いた東京オリンピック開会式が最後の外出となり、病室のテレビで日本女子バレーチームの活躍を見たあと退陣を決意したという。

ラジオ中継された浅沼委員長刺殺事件

昭和35年（1960年）

17歳の少年の事件

池田勇人自民党政権が発足してまもない昭和35年10月12日の午後、東京の日比谷《ひびや》公会堂で、総選挙を控えて開かれた三党首（自民党・民社党・社会党）演説会で演説中の浅沼稲次郎《いねじろう》社会党委員長が右翼の少年、山口二矢《おとや》に刺殺されるという事件が起きた。ラジオで中継放送中の出来事だっただけに日本中に与えた衝撃は大きかった。

浅沼は明治31年生まれ。早稲田大学在学中から社会主義運動に参加し、東京市会議員を経て昭和11年の総選挙に社会大衆党から立候補して初当選、17年まで代議士を務めた。戦後は日本社会党の結成に参加。21年の総選挙から衆議院に連続当選し、党書記長を数度務めた。

元来は社会主義陣営のなかでも右派に属しており、安保条約をめぐって社会党が分裂した際も条約自体は認める右派に属していた。しかし昭和34年3月に訪中した際「アメリカは日中共同の敵」と発言して左派の支持も得るようになり、35年3月に党

演説中に刺される浅沼委員長　昭和35（1960）年10月12日

首（中央執行委員会委員長）に就任した。

一方、犯人の山口は当時17歳の少年。進学校に通っていたが、思想的に潔癖な性格で、60年安保闘争における社会党の態度に強い反感を持つようになり、右翼団体大日本愛国党に出入りするようになった。やがて社会党党首浅沼の殺害を思いつき、愛国党総裁・赤尾敏《びん》（94頁参照）の説得を振り切って刺殺を決行した。

浅沼は出血多量でほぼ即死、現場で取り押さえられた山口は1か月後に少年鑑別所内で自殺する。

浅沼は東京下町のアパート暮らしという生活ぶりや、太った体型に丸顔とロイドめがね、声はだみ声という持ち味が庶民性を感じさせ、世間的にはかなり人気があった。太って精力的なところから「人間機関車」とも呼ばれた。

アニメ映画に声優として出演したことがあったほどである。そのため葬儀には多数の一般市民も参列した。

テロの時代としての昭和30年代

この前後の時期には政治家や要人へのテロが多かった。安保闘争の時期には浅沼の前の社会党委員長・鈴木茂三郎《もさぶろう》や岸前首相も右翼のテロにあって負傷しているし、昭和36年2月には、前年12月号の『中央公論』掲載の深沢七郎《しちろう》「風流夢譚《ふうりゅうむたん》」が皇室を侮辱しているとして中央公論社社長宅を右翼の男が襲撃、家政婦が殺される事件が起きている（風流夢譚事件）。

また、政治的なテロではないが、昭和39年3月には駐日アメリカ大使ライシャワーが精神障害の少年に大使館内で刺されて重傷を負う事件も発生した。

浅沼刺殺事件は、60年安保闘争を中心に政治的対立の嵐が吹き荒れた余波であった。昭和35年前後はテロの時代という一面もあったのである。

覚書　浅沼社会党委員長刺殺事件のあと、池田勇人首相が国会で追悼演説を引き受けて満場の感動を誘ったことは、池田が野党から好感を得る要因の一つになった。

国民皆保険を実現

昭和36年（1961年）

戦力・労働力維持のためだった健康保険

昭和36年、国民皆《かい》保険が実現した。国民すべてが、国民健康保険（国保）か、官公庁や大企業が運営する被用者保険（健保）に加入したのである。国民皆保険はいまだに世界でも例をみない。

健康保険とは、所得が低い人でも十分な医療を受けられるように、みんなで少しずつお金を出し合い、医療費を補助するしくみである。国による健康保険制度は19世紀にプロイセン（ドイツ）の宰相ビスマルクが始めた。

日本では第一次世界大戦後の不況で社会状況が悪化した際に、対応策の一つとして政府や政界で検討が始まった。戦前の医療費は日常の生活費と比べて大変高く、庶民は病気になってもおいそれとは医者にかかれなかったためである。諸外国では健康保険に入っていない場合は今でも同じである。

こうして大正11年に政府管掌の健康保険制度がスタートした。しかし、当時対象とされたのは中小企業の労働者だけで、医師の側でも、診療報酬が低いことと、下層民の患者が増えることを嫌って保険医の引き受けに消極的だった。だからせっかく加入しても実際にはなかなか医者には行きづらかった。そのため加入者は百数十万人にとどまった。

ところが、昭和13年、日中戦争が行なわれているなかで、政府は厚生省を設置するとともに国民健康保険制度を作り、原則として全国民を加入させることにした。政府や軍部としては、病気の国民が増えてしまうと兵士も軍需工場の労働者も足りなくなり、戦争の遂行に差し支えるためである。具体的には、特に若年層に多い結核の撲滅が課題だった。

昭和17年から政府が加入促進を図ったため、昭和18年には加入率が7割に達した。皮肉にも戦争が医療や福祉の向上を促したのである。

国民皆保険が長寿大国を作った

戦後の復興が一段落し、高度経済成長が始まった昭和30年代中ごろになるとさらに普及が進み、ついに皆保険となった。戦争と高度経済成長が皆保険実現の要因だったわけだ。

国民皆保険のおかげで、すべての国民が病気になっても安い自己負担で気軽に医者にかかることができるようになった。昭和61年に平均寿命が男性で七五歳、女性で八〇歳を超えたのも、国民皆保険あってのことだった。

しかし、安い診療報酬に対する医者の不満は強く、昭和30年代から40年代にかけて日本医師会は政府に対して診療報酬値上げを求めて何度か保険医総辞退というストライキを起こした。

しかもその後、安易な病院通いや、医師の医療報酬稼ぎのための薬漬け医療が問題になったほか、バブルの崩壊や長引く不況による一部の健康保険組合の運営難（赤字の増大）が起こり、自己負担率の上昇が起きるなどの問題が生じている。

覚書　高度経済成長期に闘う日本医師会を演出したのは、長い間（昭和32年～昭和57年）会長として君臨した武見《たけみ》太《た》郎《ろう》だった。

戦後初の国産旅客機ＹＳ11

昭和37年（1962年）

旅客機を開発できなかった戦前の日本

戦前の日本では軍用機の開発が盛んに行なわれ、昭和12年には日本で開発された軍用試作機を転用した朝日新聞社機「神風」がアジアとヨーロッパの連絡飛行の新記録を樹立するなど、日本の航空機開発能力は世界的水準に達していた。海軍の零《れい》式艦上戦闘機、いわゆるゼロ戦はその代表例である（95頁参照）。

しかし、旅客機については三菱重工業のＭＣ20以外はたいした成果はなく、これも軍用機の開発成果の応用で、軍でさえアメリカ製のダグラスＤＣ３（ただし日本の飛行機製造会社が製造権を買って作ったもの）を使って輸送を行なっていた。アメリカで開発された飛行機を使ってアメリカと戦ったのだからなんとも皮肉な話である。日本ではまだジェット機は実用化されておらず、いずれもプロペラ機である。

戦後復興の象徴ともなったＹＳ11

敗戦後、占領軍により日本は航空機製造を禁止され、航空事業が再開されても機材はアメリカなどからの輸入に頼っていた。しかし昭和27年の講和発効後、日本でも優秀な旅客機を開発、製造して、国内はもちろん海外の航空会社にも買ってもらえれば貿易の振興にもなるということで、昭和32年から官民あげて国産旅客機の開発が始まった。

敗戦までの航空機開発は軍用が中心だったから、集められた技術者も戦前・戦中に軍用機開発に携わった人々ばかりだった。機体の耐久性についての設計力は十分だったが、客室の居住性を配慮することには慣れておらず、苦心したという。

その結果、60人乗りの中型プロペラ旅客機ＹＳ11が開発され、昭和37年8月、試験飛行に成功した。戦後初の国産旅客機の誕生であり、戦後の復興が進んだことの一つの象徴だった。本格就航直前の昭和39年9月には沖縄から鹿児島まで、東京オリンピックの聖火の輸送に使われて話題になったりもした。

量産のため昭和34年に半官半民の日本航空機製造株式会社が設立され、全部で１８2機が作られた。スマートさには欠けるが丈夫な飛行機で、日本国内はもちろん、海外でもローカル線用として幅広く活躍したが、製造コストがかかりすぎて生産が続かなかった。

テスト飛行するYS11　昭和37（1962）年8月30日、名古屋空港

その後ジェット化が進み、ＹＳ11は日本では平成18年に旅客輸送から完全に引退した。ＹＳ11は今のところ戦後唯一の国産旅客機であり、安定した性能で定評はあったが、アメリカのＤＣ３などは開発以来90年近く経っているのにまだ一部で使われている。

自動車や新幹線など乗り物の開発は得意なはずの日本の工学技術も、航空機開発に関しては世界に大きく水を開けられたままであるようだ。

覚書　日本での飛行機運輸は欧米とほぼ同じ大正末期から始まり、昭和初期には「満州国」にも路線が延びたが、太平洋横断はまだ無理だった。

吉展ちゃん誘拐事件

昭和38年（1963年）

異例の公開捜査が行なわれた吉展ちゃん誘拐事件

戦後の誘拐事件でもっとも人々の関心を集めたものの一つに、昭和38年3月に起きた吉展《よしのぶ》ちゃん誘拐事件がある。

昭和38年3月31日の夕方、東京都台東《たいとう》区に住む村越吉展ちゃん（4歳）が自宅近くの公園から行方不明となった。4月2日に村越さん宅に身代金50万円を新橋《しんばし》駅付近で渡すよう電話があり、警察は誘拐事件と判断して捜査に乗り出した。

しかし犯人は指定した場所には現われず、連日村越さん宅に電話をかけて受け渡し場所を指定するものの犯人はなかなか姿をみせなかった。4月7日、犯人は突然村越さん宅の近くを受け渡し場所に指定、母親が行ってみると吉展ちゃんの靴があったので金を置いて帰った。両親との連絡の不手際など非運が重なって一足遅れた捜査員が行ってみると、すでに金はなく、犯人を取り逃がしてしまった。警察は19日になってこの失態を公表した。

母親の悲痛な手記の発表や警察の必死の捜査にもかかわらず、以後犯人の足取りはつかめなくなった。4月25日には警察が犯人の電話の声の録音をテレビやラジオで公開して情報提供を呼びかけた。当時としては異例の措置である。事件に対する世間の関心は高く、2000件以上の情報が寄せられたが、有力な手がかりは得られないままに終わった。

ところが、昭和40年7月3日、犯人の男が逮捕された。男はかねて、声の様子から犯人との疑いをもたれていたが、巧みに追及をかわしてきていた。しかしついに自供したのである。男は、借金苦から犯行を計画、足手まといになるとして吉展ちゃんを誘拐直後に殺害して東京都荒川《あらかわ》区のある寺の墓地に埋めたと供述、5日に供述どおり遺体が発見された。犯人は死刑判決を受け、46年12月、刑を執行された。

続いて起きた狭山事件と警察の失態

吉展ちゃん誘拐事件発生からわずか1か月後の昭和38年5月1日、再び警察の失態が問題となる強盗殺人が起きた。狭山《さやま》事件である。

埼玉県狭山市で女子高校生が自転車で帰宅途中に行方不明になり、自宅玄関に身代金20万円の要求と受け渡し場所や日時を記したメモが置かれていた。さっそく警察は捜査に乗り出し、5月3日に今度は身代金受け渡し場所で犯人と捜査員たちが遭遇したが、再び取り逃がし、翌日、女子高校生は遺体で発見された。

23日、警察は容疑者を逮捕。昭和39年3月、浦和《うらわ》地裁は殺人などの罪で死刑判決を出した。しかし、被告人側は被差別部落出身者であることによる冤罪《えんざい》と主張し、49年10月に東京高裁は無期懲役とした。被告人は上告したが、52年8月に最高裁で棄却されて判決が確定した。被告人側は検察側の証拠には疑義があるとして以後も再審を求めている。

いずれの事件も警察の捜査の妥当性が問題となった事件となってしまった。

覚書　捜査員の車が犯人から丸見えになっている可能性があったため、受け渡し場所まで駆け足で行かざるを得なかったことが、吉展ちゃん事件で警察が犯人を取り逃がした一因だった。

国産テレビアニメ始まる

昭和38年（1963年）

日本初のテレビアニメは手塚治虫が作った

アニメーションといえばアメリカが先進国である。1920年代からディズニーの『ミッキーマウス』などが作られ、日本でも戦前から親しまれていた。

日本でもこれに刺激されて戦前からアニメ映画の製作が始まり、昭和20年には長編白黒アニメ映画『桃太郎海の神兵《しんぺい》』が公開されたが、すでにディズニーはカラー化に成功するなど数歩先を行っていた。当然、戦後民放テレビで放映されていたアニメもアメリカ製ばかりだった。

しかし、昭和38年の元日からフジテレビで始まった、手塚治虫作の初の国産連続テレビアニメ『鉄腕アトム』は日本のアニメ文化史上記念碑的な作品になった。ロボット少年アトムが地球の平和を守るため悪者と戦っていくというSF（サイエンスフィクション）物である。昭和41年の大晦日まで193話が放送され、平均視聴率25パーセント、最高視聴率40パーセントあまりを記録するヒット番組となった。

手塚は昭和3年生まれ。小学生時代から漫画に熱中し、昭和21年に漫画家としてデビュー。斬新でスピーディーな構成で人気を得た。『鉄腕アトム』は昭和27年から漫画雑誌に連載されて好評を得ていた作品であった。手塚は『桃太郎海の神兵』を見たこともあり、かねてからアニメに関心があった。

アニメは膨大な枚数の原画が必要なため、テレビ局側は経費や手間などの面から毎週放映して成功するか危ぶんだが、手塚は手順を簡略化するなど工夫を凝らし、成功に導いた。

その結果、アメリカの大手テレビ局NBCがその人気ぶりに目をつけ、昭和38年9月から『アストロボーイ』という題名で放映を始めた。日本製アニメが初めて外国で広く受け入れられたのである。

『アトム』に続いた作品たち

『鉄腕アトム』の成功はテレビアニメ、特にSF物の流行を生み出した。昭和38年10月から同じフジテレビで『鉄人28号』が、11月からTBSで『エイトマン』が始まり、のちの『宇宙戦艦ヤマト』『科学忍者隊ガッチャマン』などにつながっていく。また、手塚は独自に創造したキャラクターを活かし、日本初のカラー連続アニメとして40年10月からフジテレビで放映された『ジャングル大帝』も製作した。

鉄腕アトム
昭和38年

ギャグ	SF	少女向け	スポーツ	名作	その他
オバケのQ太郎 昭和40年	鉄人28号 昭和38年	魔法使いサリー 昭和41年	巨人の星 昭和43年	ムーミン 昭和44年	ジャングル大帝 昭和40年
おそ松くん 昭和41年	エイトマン 昭和38年	リボンの騎士 昭和42年	アタックNo.1 昭和44年	アルプスの少女ハイジ 昭和49年	ゲゲゲの鬼太郎 昭和43年
ハクション大魔王 昭和44年	科学忍者隊ガッチャマン 昭和47年	ひみつのアッコちゃん 昭和44年	あしたのジョー 昭和45年	フランダースの犬 昭和50年	サザエさん 昭和44年
天才バカボン 昭和46年	宇宙戦艦ヤマト 昭和49年	ふしぎなメルモ 昭和46年	エースをねらえ! 昭和48年	ニルスのふしぎな旅 昭和55年	ドラゴンボール 昭和61年
Dr.スランプ アラレちゃん 昭和56年	機動戦士ガンダム 昭和54年		キャプテン翼 昭和58年		

戦後の主な国産アニメと放送開始年

このころから『オバケのQ太郎』『巨人の星』『おそ松くん』など、漫画雑誌の人気連載漫画が続々とアニメ化され、子供たちの人気を得ていった。昭和44年10月にフジテレビで放映が始まった『サザエさん』は、原作の長谷川町子《まちこ》の新聞連載漫画が大人にも親しまれていたこともあって幅広い層から人気を得ることに成功し、今も続く長寿番組となっている。

こうして日本には独自のアニメ文化が根づき、深化していくのである。

覚書 SFといえば、昭和41年7月放映開始の『ウルトラマン』は、29年封切りの東宝映画『ゴジラ』などで培われた円谷英二《つぶらやえいじ》の高い特撮技術で好評を得、シリーズ化していくことになる。

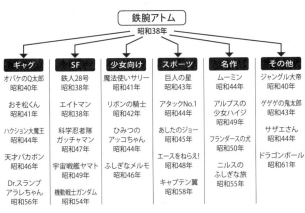

相次ぐ薬害事件

昭和30年（1955年）頃〜

世界最大の薬害事件、スモン

昭和30年代は、社会を大きく騒がせた薬害事件が多く起きた。

スモンは、下痢止めや赤痢の予防薬として使われたキノホルム剤による薬害である。定められた用法で服用していると体内の神経が麻痺して体のあちこちに激しい痛みが出て動くことができなくなり、最悪の場合死に至る。昭和30年ごろから患者が現われていたが、はじめは伝染病と思われていた。39年にスモンと命名された。

患者数は昭和35年ごろから急増して年間100人を超え、44年には2340人にのぼった。45年に調査の結果原因がキノホルムと特定、販売が停止されると患者発生も止まった。患者総数は1万1000人を超えるとみられ、世界最大の薬害事件となった。

患者たちは昭和46年以降、キノホルム剤を販売した製薬会社と販売を認可した国の責任を追及し、賠償を求めて各地で訴訟を起こした。外国では患者が少ないうちに原因が究明されてキノホルム剤の販売が停止された例があるにもかかわらず日本の場合

事件名	最初の提訴年月（昭和）	原　告	被　告	請求額
サリドマイド	38年6月 全国8か所	患者62人とその家族	国、製薬会社（大日本製薬）	約23億4000万円 （全国8訴訟合計）
スモン	46年5月 全国18か所	2,698人 （患者および死者の遺族）	国、製薬会社（武田、田辺、チバガイギーなど13社）、医師およびその使用者（11病院）	約974億円 （同18訴訟合計）
コラルジル	46年11月 東京、新潟	32人 （患者および死者の遺族）	国、製薬会社（鳥居薬品）	約3億5000万円
ストレプトマイシン	46年9月 東京	4人 （患者とその家族）	国、製薬会社（三共、明治製菓）、医師	約1000万円
シオブタゾリン	49年1月 小倉	4人 （患者とその家族）	国、製薬会社（藤沢薬品）、麻布セメント	約3000万円
ニッサンエアゾール	47年11月 東京	1人（患者）	国、日本油脂	約１億円
大腿四頭筋短縮症	50年7月 福島	3人 （患者とその家族）	国、製薬会社（山之内、万有、富士、共立、明治、台糖ファイザー、日本化薬）	約１億1000万円
クロロキン	50年12月	231人 （患者とその家族）	国、製薬・販売会社（吉富製薬、武田、小野薬品、科研薬化工など6社）、14医療機関	約59億8000万円

参考　川名英之『ドキュメント日本の公害』第三巻（緑風出版）

日本の主な薬害

は国の対応が鈍く、大量の被害者を出してしまったためである。

　結局、この裁判は原告の数が昭和55年までに5982人にのぼるという大規模訴訟となった。裁判は平成8年までに和解または原告勝訴となった。

サリドマイド薬害の悲劇

　サリドマイド薬害は、サリドマイドを含む睡眠薬や胃腸薬を服用した妊婦から形態異常の子どもが生まれるという薬害である。昭和35年夏から各地で発生し、37年5月に製薬会社が販売を停止するまで被害が続出した。サリドマイド児は600人近くにのぼり、死産も300例以上出た。親の自殺などの悲劇も生まれ、人々に大きなショックを与えた。

サリドマイドが開発された西ドイツでは昭和36年11月にサリドマイド薬害の可能性が濃いことがわかり、ただちに販売が停止された。日本では厚生省も製薬会社もすぐにこの事実を知ったが、因果関係が証明されていないとして販売を続行、世論の批判が高まった37年5月ようやく販売を停止した。40年以降サリドマイド児を持つ親たちが、国や製薬会社の責任を問う民事訴訟を起こした。

結局、昭和49年に国と製薬会社が責任を認め、賠償や救済を行なうことで和解が成立した。

和解や勝訴といっても蝕まれた身体が元に戻るわけでもない。いずれも安全性より国や製薬会社のメンツが優先したための悲劇だった。しかも、この教訓は活かされず、のちに薬害エイズ問題（エイズウイルスにおかされた血液製剤を投与された事件）という悲劇が再び起きることになる。

覚書　赤ちゃん関係の事件としては、1万人以上の被害者を出した森永砒素《ひそ》ミルク中毒事件もある。しかも、十分な救済がなされていない。

魔の一日

昭和38年（1963年）

三井三池炭鉱爆発事故

昭和38年11月9日は、西で三井三池《みいけ》炭鉱爆発事故、東で国鉄鶴見《つるみ》事故という大惨事が相次いで起きた「魔の一日」だった。

まず午後3時過ぎ、福岡県大牟田《おおむた》市の三井三池炭鉱三川《みかわ》坑の坑内で、坑内の炭塵《たんじん》に坑内運搬車の車輪とレールの摩擦で起きた火花が引火して大爆発が起きた。坑内では落盤が発生したうえ、一酸化炭素が充満した。

当時、坑内には1220人の作業員がいた。そのうち458人が死亡。死者数では日本の炭鉱事故史上2番目という大惨事である。また、839人が重軽傷を負ったが、そのうちの大半が一酸化炭素中毒だった。そのため、その3割近くの人が記憶障害や認知症状態となってしまった。遺族や障害を負った被災者の家族には苦しい生活がのしかかってきた。

三川坑は比較的保安設備はよいほうだったが、一つ間違えばこうした悲惨な大事故

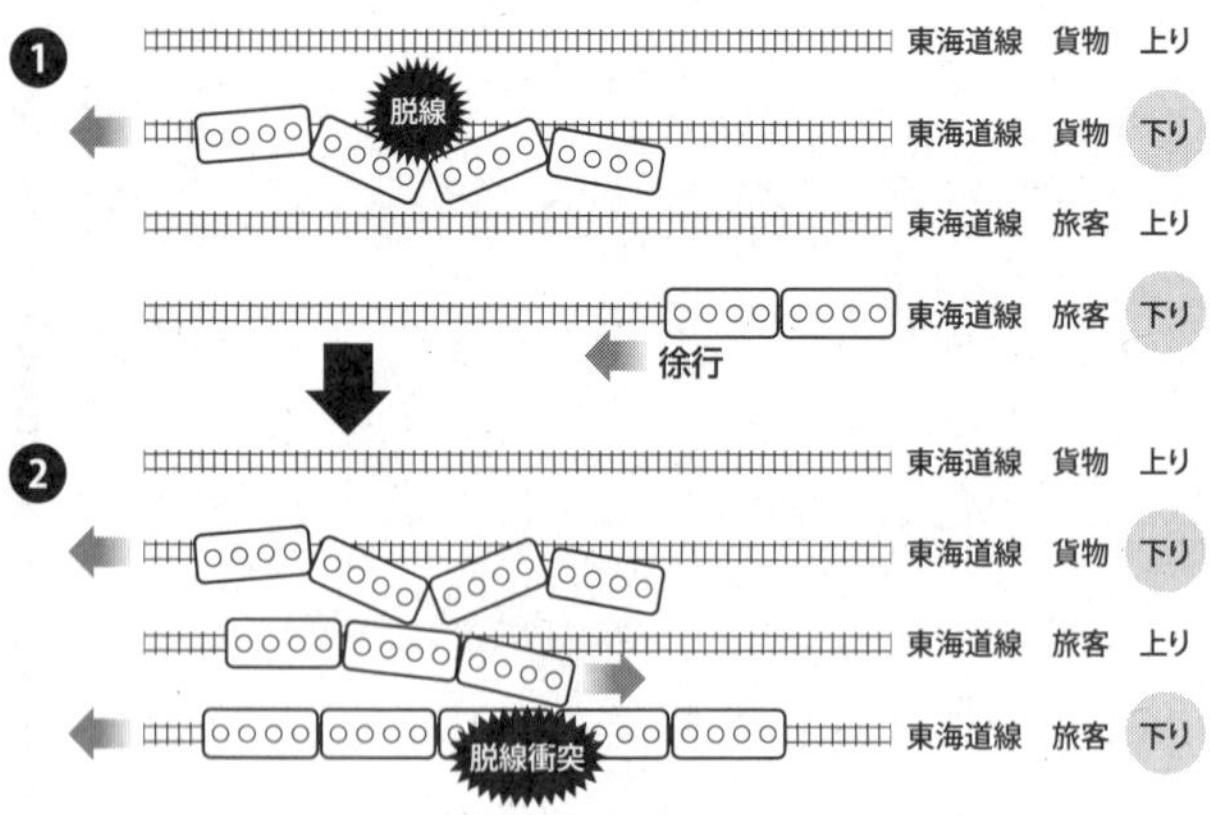

鶴見事故の見取り図

が起きるのが炭鉱の恐ろしいところであり、高度経済成長に伴うエネルギー革命の中で石炭産業の衰退に追い討ちをかけることになった。

国鉄鶴見事故

夜10時前、今度は横浜市鶴見区の国鉄東海道線で二重衝突事故が起きた。

まず、東海道貨物線を走っていた下り貨物列車の貨車3両が突然脱線し、隣の東海道旅客上り線にはみ出した。ちょうどそのとき、東海道旅客下り線に東京発横須賀《よこすか》行きの横須賀線電車（12両編成）が通りかかり、事故に気づいて徐行しはじめた（図❶）。そこへ事故に気づかずに時速80キロで上りの横須賀線電車（12両編成）が東海道旅客上り線を通りかかった。上り電車の先頭車は脱線している貨車とぶつかって東海道旅客下り線側に脱線、すれ違い中の下り電車の4両目に衝突、5両目に乗り上げた（図❷）。衝突した電車は大破し、死者161人、重軽傷者120人を出した。日本の鉄道事故では史上二番目の大惨事である。

国鉄は前年にも似たような大事故を起こしていた。昭和37年5月3日に常磐《じょうばん》線三河《みかわ》島《しま》駅で起きた三河島事故である。信号の見落としで脱線した貨物列車に下り電車が接触して脱線、そこへ上り電車が衝突、死者160人、重軽傷者325人を出した。このとき、輸送量の増大に設備が追いつかず、乗務員の能力を超える過密運転になっていることが指摘された。

国鉄は首都圏幹線の複々線化を決めるとともに、ATS（自動列車停止装置）の導入を始め、東海道線にも設置されていた。しかし一瞬のできごとでATSは役に立たなかったのである。むしろ貨車の脱線原因が不明だったことが焦点となった。国鉄は北海道に実験線までつくって究明にあたり、貨車の改良に取り組むことになる。

ともかく、二つの大惨事は高度経済成長が背景にあった点で無関係ではなかった。

覚書　日本の鉄道史上最悪の事故は、昭和22年2月25日、埼玉県の国鉄八高《はちこう》線東飯能《ひがしはんのう》―高麗《こま》川《がわ》間で起きた列車転覆事故で、死者184人、重軽傷者495名を出した。

新潟地震の教訓

昭和39年（1964年）

最新技術で作られた建造物が次々と倒れた

昭和39年6月16日午後1時すぎ、新潟県の日本海沿岸部を中心とする強い地震が発生した。新潟地震である。マグニチュードは7・5に達したが、震度は新潟・仙台・酒田《さかた》などで震度5にとどまり、被災者は8万人を超えたが死者は26人、全壊・全焼家屋2250戸にとどまった。

死者・行方不明者が14万人を超えた大正12年9月の関東大震災は特別としても、戦前から戦中にかけて死者が1000人を超える大地震は何回か起きていた。

戦後も昭和21年12月の南海《なんかい》地震は東海地方から四国まで死者1432人、全壊家屋1万5000戸あまりを、昭和23年6月の福井地震でも死者3769人、全壊家屋3万6000戸あまりを出すなど、規模の大きい大震災が起きていた。

また、平成7年1月に起きた阪神・淡路《あわじ》大震災はマグニチュードこそ7・3だったが、観測史上初の震度7を記録し、死者6432人、全壊家屋は11万7000戸を超

昭和	
2年3月7日	北丹後大地震（3589人）
8年3月3日	三陸沖地震（3008人）
18年9月10日	鳥取地震（1083人）
19年12月7日	東南海地震（998人）
20年1月13日	三河地震（1961人）
21年12月21日	南海地震（1432人）
23年6月28日	福井大地震（3769人）
39年6月16日	新潟地震（26人）
43年5月16日	十勝沖地震（52人）
49年5月9日	伊豆半島南部沖地震（30人）
53年6月12日	宮城県沖地震（27人）
58年5月26日	日本海中部地震（104人）
59年9月14日	長野県西部地震（29人）

昭和の主な大地震（カッコ内は死者数）

え、戦後最大の被害を出した。

新潟地震の被害はそれらよりははるかに少ないが、この地震の被害の特徴は、当時としては最新の技術を使って作られた鉄筋アパートや橋の崩壊が目立ったことであった。

鉄筋コンクリート4階建ての県営アパートが横倒しとなり、国鉄新潟駅構内の陸橋がはずれて入れ替え中の列車の上に落下し、信濃《しなの》川にかけられたばかりの昭和大橋も橋げたが次々とはずれて川の中に落下した。また製油所の貯油タンクが爆破し、半月あまりも炎上して周囲の家屋が多数類焼した。こうした状況はニュースなどによって広く報道された。

新潟地震で認知された「液状化現象」

こうした被害の主な原因となったのは、地震により地盤が液状化にゆるんでしまう液状化現象であった。この現象は砂地や埋立地など地盤が弱い場所で起きやすいとされている。新潟地震では液状化現象のため送電線や水道管、ガス管などライフラインの寸断も随所で起き、市街地の多くは泥水に埋まった。

新しい建築物の破損や倒壊の多くは、この地盤の弱さを軽視して設計、施工されたためと考えられた。新潟地震は液状化現象の恐ろしさを人々に知らしめるできごととなった。

しかし、その後も対策は十分とはいえず、阪神・淡路大震災でも液状化現象が発生してライフラインの寸断をもたらしたほか、平成15年秋の北海道十勝《とかち》沖地震でも、地震全体としてはそれほど大きな被害が出なかったにもかかわらず、石油タンクの火災が発生した。以後も地震対策は工夫が積み重ねられているが、もし直下型大地震が、弱い地盤の上に建物が密集する現代の巨大都市東京で起きたら、どのようなことになるのだろうか。

覚書　新潟地震では津波の被害はなかったが、昭和8年の三陸沖地震や平成5年の北海道南西沖地震をはじめ、津波が大きな被害をもたらした地震も少なくない。平成23年3月の東日本大震災では、巨大津波により大きな被害と死者行方不明者合わせて2万人以上（平成23年6月時点）という大きな犠牲を出してしまった。

東京オリンピックの開催

昭和39年（1964年）

戦前からの悲願だった五輪開催

昭和39年10月10日から24日まで、東京を中心に日本初、そしてアジアでも初のオリンピック（以下、五輪）が開かれた。

実は、日本での五輪開催は三十数年越しの悲願であった。近代五輪は1896年から4年おきに世界の主要都市で開催されてきた。日本は1912年のストックホルム大会から参加し、昭和に入るとメダル獲得者も出るようになった。こうしたことを背景に、昭和5年から当時の東京市が昭和15年の大会を目標に招致運動を始めた。昭和15年は神話上の日本建国から2600年という節目の年であり、日本が世界の一流国であることを示す行事の一つとして政府の支援もあったことで、昭和11年7月に15年大会の東京開催が決定した。メインスタジアムと選手村は東京郊外の駒沢《こまざわ》に建設する予定で設計が進み、その他の競技場の一部は建設が始まっていた。

しかし、昭和12年7月に始まった日中戦争が泥沼化するにつれ、国際的にも日本への非難が高まり、東京五輪をボイコットする動きも出はじめた。また、戦時統制経済のもとでは会場建設の資材調達も困難となった。そのため政府は13年7月に東京五輪の返上を決定、15年の東京五輪は夢に終わったのである。

東京の景観と日本人の心を変えた東京五輪

占領が終わった昭和27年、東京都は再び五輪大会の招致運動を始め、昭和34年に昭和39年の東京開催が決定した。メインスタジアムは神宮外苑《じんぐうがいえん》競技場を改修することとなり、選手村は代々木の占領軍宿舎跡に建設され、駒沢にも競技場が作られた。その他交通施設として首都高速道路、地下鉄も建設され、東海道新幹線の建設も関連事業とされて開催直前の10月1日に開業する。外国人観光客を当て込んだホテル建設ラッシュも起き、東京の様相は五輪を境に一変した。

大会には94か国から選手役員合計7495人が参加し、五輪大会としては史上最大規模となった。日本選手のメダル獲得は12～13個程度と予想されていたが、実際には重量挙げ、柔道、体操、女子バレーボールなどで合計29個（うち金メダル16個）、アメリカ、ソ連に続きメダル獲得数第3位という大健闘ぶりで、多くの日本人がテレビ中継で日本選手の健闘ぶりに熱狂した。

外国勢では女子体操のチャスラフスカ（チェコスロバキア）、マラソンのアベベ

（エチオピア）などが大きな話題となった。ただし、観光産業など、五輪を当て込んだ便乗商法のほうは予想を下回る低調ぶりだったという。

東京五輪は、日本で開催できたということだけでなく、日本選手の予想以上の大健闘によって、日本人にとって戦後が終わったことを実感できる大きな節目の一つとなった。

覚書　都市景観の変化といえば、日本初の高層ビルは昭和43年完成の東京の霞が関ビルがある。36階建てで高さ147メートル。地震対策という難問を柔構造による免震対策で克服し、高層ビル時代の到来を促した。

新幹線の開業

昭和39年（１９６４年）

戦前に構想、着工されていた

東京オリンピック開催直前の昭和39年10月1日、東京と新大阪を結ぶ東海道新幹線が開業した。

東京―大阪間に東海道線とは別に新線を作り、高速の電車で結ぼうという構想は明治末期からあったが、実現に向かったのはなんと日中戦争中の昭和15年である。朝鮮半島や中国大陸との交通が激増したため、東京―下関《しものせき》間に新線を建設することになったのである。

高速運転のためや将来は鉄橋や海底トンネルを作り、朝鮮半島経由で中国まで直通する可能性を考えて、軌間は国鉄（１０６７ミリ）より広い世界標準の１４３５ミリとし、電気機関車や蒸気機関車の引く列車が最高時速２００キロで走る予定だった。正式には新幹線と呼ばれ、弾丸列車とも俗称された。15年後の完成を目指して工事が始まったが、戦局の悪化で中止され、立ち消えになっていた。

戦後、高度経済成長が始まると東海道線は輸送量が飽和状態となり、新線の建設が必要となった。そこで昭和33年、国鉄は東京―大阪間に東海道新幹線の建設を決定する。線路用地は戦争中の新幹線計画で買収していたものが流用されたが、なかには工事中止後払い下げられていたものや一部未買収のところもあり、用地買収に手間取って工事が遅れた場所もあった。また、一部のトンネルは戦中に完成していたものがそのまま利用された。

世界各地で見本とされている新幹線

新幹線は最高時速250キロを目標として設計され、外見は白地に青の飛行機のような車体で「夢の超特急」と呼ばれた。

しかし実際には意外に実質的で、走行部分や客室の設備や内装、保安装置はすでに国鉄で使われていた技術を応用したにすぎなかった。開通が急がれたため、新技術の開発の時間がなく、安全性や信頼性を優先したのである。また車内や駅のデザインは効率本位の実用的なものとされた。建設費が予定より多くかかったためであろうが、シンプルでやや味気ないものとなった。

東海道新幹線は建設決定からわずか6年で開通にこぎつけた。営業運転での最高時速は210キロとなり、各駅停車の特急こだまと、名古屋と京都に停まる超特急ひかりが設けられた。工事の遅れの関係で、当初は東京—新大阪間がひかりで4時間かかっていたが、昭和40年11月から3時間10分運転となった。

新幹線は高速大量輸送を安全に実現して大成功を収め、国内で増設されていっただけでなく、新幹線をまねた新線や高速列車が海外でも作られるようになった。平成19年には台湾に日本の技術による新幹線が開業した。

新幹線は既存技術を応用した新システムという意味で、いかにも近代の日本特有のシステムであり、日本発の文化で現代世界に最も大きな影響力をもったものの一つでもある。

覚書 昭和38年3月、新幹線の試作電車が試験線で時速256キロという、当時の電車では世界最速の記録を作って前景気を盛り上げた。

高速道路の誕生

昭和38年（1963年）～昭和44年（1969年）

やはり戦前から構想があった高速道路

今でこそ日本中に高速道路網が張りめぐらされているが、昭和28年段階では高速道路など一つもなく、国道でさえ舗装率は1割程度というありさまだった。しかし高度経済成長が始まると、これでは発展に差し支えるということで、政府は一般道の舗装を推進するだけでなく高速道路の建設にも乗り出すことになった。

高速道路は昭和初期（1930年代）からアメリカやドイツで作られ始め、日本でも昭和13年から政府で検討が始まり、15年には本州を中心に5500キロに及ぶ高速道路計画が作られたが、戦争のため日の目を見ずに終わった。

その後、東海道筋に関しては敗戦直後から建設を主張する動きが政界に起こり、昭和32年4月に全国に約5000キロの高速道路を作るという趣旨の国土開発縦貫自動車道建設法が制定された。

高速道路は流通の多様化をもたらした

政府はまず東京と大阪を結ぶ路線から建設しようとしたが、東京と名古屋の間の路線について、地域開発のために中央道にすべきだという議論と、経済効率を考えて勾配やカーブの少ない東海道にすべきだという議論が対立して収拾できなかった。

そのため、まず論争のない名古屋と大阪の間の建設から始めることになり、昭和32年10月に日本道路公団（31年に設立）によって着工した。そして38年7月16日、日本初の高速道路として名神高速道路のうち尼崎《あまがさき》―栗東《りっとう》間71キロが開通した。

なお、都市部の高速道路は東京と大阪で建設されることになり、昭和37年12月に初の首都高速道路として東京の首都高速道路一号線の一部4・5キロほどが開通している。

その後、政府は東海道経由の東名高速道路の建設を優先したが、地元出身代議士の尽力もあって中央自動車道の建設も始まり、結果的にはほぼ同時着工となった。先に全通したのは建設の容易な東名で、昭和44年5月26日のことだった。

東名の全通により日本も本格的な高速道路時代に入ったといわれ、トラックによる小回りの利く輸送手段が拡大することが見込まれたが、実際、宅配便産業の急成長、スーパー、コンビニなど流通業の多様化は高速道路なしにはありえなかった。

政府は高速道路建設の要望が各地から出てきていたことから、昭和41年には国土開発幹線自動車道建設法を制定し、７６００キロに及ぶ高速道路網を建設するとした。さらに昭和62年には第四次全国総合開発計画にもとづき、1万４０００キロの高速道路建設構想を打ち出し、平成13年までに９０００キロ近くが完成したが、政府の財政難から公共事業の削減が叫ばれ、平成17年には道路公団も民営化されたため、今後は建設がむずかしくなる情勢にある。

覚書　単なる自動車専用道路であれば日本でも戦前からあり、大正7年に函館《はこだて》に作られた民営のものが日本初である。

巨人・大鵬・卵焼き

昭和40年代（1965年〜1974年）

不滅の優勝記録を誇った横綱・大鵬

高度経済成長期の雰囲気を表わすとしてよく使われるものに「巨人・大鵬《たいほう》・卵焼き」がある。だれもが好きなもの、素人が好きなもの、子供でも好きなものなどをさすらしい。大相撲の大鵬の初優勝が昭和35年の11月場所、引退を決意するのが46年の5月場所。プロ野球セ・リーグの読売ジャイアンツ（巨人）はこれ以前から常に上位を占める強豪チームであったけれども、なかでも川上哲治《てつはる》監督のもとに王貞治《おうさだはる》、長嶋茂雄のON砲がそろったのが34年、日本シリーズ9連覇（V9）を成し遂げるのが40年から48年にかけてである。

だからこの言葉は、昭和40年代前半から中ごろの時期を背景にできた言葉である。

大鵬は昭和15年5月、当時日本領だった南樺太《からふと》でウクライナ人男性（ロシア革命を逃れた亡命ウクライナ人）と日本人女性の夫婦の子として生まれる。戦後北海道に渡り、昭和31年、才能を見出されて二所《にしょ》ノ関《せき》部屋に入門、9月場所で初土俵を踏んだ。

35年に初入幕、11月場所で優勝して大関、36年9月場所で3回目の優勝により、異例の早さで横綱に昇進。好敵手柏戸《かしわど》が同時に横綱に昇進したことから、「柏鵬《はくほう》時代」といわれた。

その後、昭和46年の引退までに優勝32回という前代未聞の記録を達成した。かれは努力型の典型で、猛烈な稽古によって打ち立てた手堅く負けない相撲を身上とし、度重なるケガも激しい稽古によって克服していったが、ついに46年に引退した。優勝回数はその後白鵬が令和3年の引退までに45回優勝して記録を抜いた。

固定メンバーで優勝を重ねた巨人

巨人のほうも、川上監督の徹底した管理野球による手堅い勝利の積み重ねが前代未聞の9連覇につながった。この時代の巨人の先発メンバーは、1番センター柴田勲《いさお》、2番レフト高田繁、3番サード長嶋茂雄、4番ファースト王貞治、5番ライト末次民《すえつぐ》夫、6番ショート黒江透修《ゆきのぶ》、7番キャッチャー森昌彦、8番セカンド土井正三、そしてエースピッチャーは堀内恒夫《つねお》だった。柴田が出塁し、高田が送りバントで柴田を進塁させ、長嶋が長打で柴田を帰し、王がホームランで止めを刺すというパターンで勝ちを積み重ねていった。

そもそも、オーナー企業である読売新聞社が絶大な財力で優秀な選手やスタッフを集めたうえ、スポーツ欄を巨人中心に編集し、系列のテレビ局も巨人戦ばかりを中継放送して巨人軍の人気を高めていったのであるが、まずは勝ち続けていなければ話にならない。

しかし、しだいに彼ら先発メンバーも年齢を重ねて衰えが出てきたりケガに泣かさ

れたりするようになり、昭和48年のリーグ優勝は最終戦までもつれ込んだ。49年、中日ドラゴンズにリーグ優勝をさらわれると川上監督は辞任し、長嶋も引退して、名実ともにV9時代は終わる。

川上監督時代の巨人と大鵬の、手堅さによる安定感は、同じ時期の佐藤栄作率いる自民党政権と共通している。高度成長期の雰囲気の一端がうかがわれる。

覚書 逆に、大人や玄人が好きなものをさす「大洋・柏戸・水割り」という言葉もあった。大洋ホエールズは万年Bクラスながら、昭和35年に突如日本一になったセ・リーグのチームである(現横浜DeNAベイスターズ)。

■COLUMN■　食生活の変遷

現代の日本人の食生活は多様で豊かになったといわれる。その一方で栄養のとりすぎや偏り、食の安全性などが問題になっている。どうしてこのようなことになったのか。

昭和初期、日本の庶民の食卓は一汁一菜に近い質素なもので、農村部では主食も麦や雑穀を混ぜたご飯が普通だった。カレーライスやコロッケ、パンなどの洋食、チャーハンなどの中華料理が家庭で作られることはめったになく、それらが食べられる料理店も大都市部以外にはあまりなかった。菓子類も餅菓子など和菓子が大半だった。栄養的には十分とはいえない食生活で、若年層を中心に結核患者が目立ったりした。ただし、軍隊では栄養的観点からカレーライスがメニューに取り入れられていた。戦争が激しくなると食糧不足のため、雑穀によるパンのような代用食や、すいとんのような食べ物をしばしば口にせざるを得なくなった。

戦後、アメリカ軍の援助食糧として小麦が大量に出回り、食糧難対策として始まった学校給食でも使われたので、パン、ビスケット、ラーメン、餃子など小麦を使った洋食、洋菓子や中華料理が広まった。高度経済成長期には、時代を反映して、インスタントラーメンやインスタントコーヒーなど、早くて簡単なインスタント食品が人気を得、さらにレトルト食品やカップラーメンも登場した。また、家畜の大量飼育や魚の養殖、野菜や果物の促成栽培など、生産技術の進歩で多くの食材が安くいつでも手に入るようになり、食卓は豊かになった。反面、食材の質が低下したため化学調味料や着色料など食品添加物が多用されるようになり、公害による水質汚染の影響もあって、昭和末期には食の安全性が問題となりはじめたのである。

第四章

高度成長から安定成長へ

昭和40年頃〜昭和50年頃

佐藤栄作の長期政権

昭和39年（1964年）〜昭和47年（1972年）

敗戦後の人材不足が出世につながる

池田勇人《はやと》首相が病気で退陣するのをうけて、池田の裁定で次の自民党総裁に選ばれ、昭和39年11月9日に首相の座についたのは佐藤栄作だった。

佐藤は明治34年山口県生まれで、60年安保時に首相を務めた岸信介《のぶすけ》（250頁参照）の実弟にあたる。東京帝国大学を出たあと鉄道省（戦後の運輸省）のキャリア官僚となったが、敗戦まではパッとしなかった。敗戦による公職追放などで政界が人材不足となったところで彼の手堅い性格が吉田茂の目にとまり、昭和23年10月にいきなり第二次吉田内閣の官房長官に起用され、24年1月の総選挙で衆議院の議席を得た。敗戦という激変が出世につながったという点では池田勇人とよく似ている。

昭和29年の造船疑獄では自由党幹事長として逮捕されそうになったが、法相の指揮権発動で切り抜けた。自民党政権でも蔵相、通商産業相（現経済産業相）など要職を歴任して地歩を固め、河野《こうの》一郎や大野伴睦《ばんぼく》といった戦前からのベテラン有力者を抑えて総理総裁の座をつかんだ。

長期政権を支えた三つの要因

佐藤の政策の中心は高度経済成長路線の継承であったが、池田政権時代から池田の対抗馬として総裁選に出馬していた関係から、「社会開発」というスローガンのもと、公害問題の解決など、高度経済成長が生んだひずみの是正をも掲げていた。

佐藤栄作

結局、佐藤政権は7年8か月にわたる長期政権となった。長期政権が実現したのは、まず第一に、有力な対抗馬だった大野や河野が政権成立前後に相次いで死去し、次の対抗馬が育つまで時間がかかったためである。ちなみに、次の有力な対抗馬となったのは、佐藤のもとで頭角を現わした田中角栄《かくえい》である。

もう一つは佐藤の手堅い性格で

ある。党役員や閣僚の人事は1人で想を練って事前に漏らすことはなく、個々人の当選回数や政界での経歴を考慮してできるだけ不満の出にくい人事を行なった。自民党政権の党や内閣の人事の制度化、つまり一種の年功序列人事は佐藤政権の時代に生まれたものである。

さらに時代も佐藤に味方した。東西冷戦の真っ只中で外交問題は親米路線以外ありえず、国内的には高度経済成長が順調に推移した。他の政権にくらべて深刻な問題が格段に少なく、むしろ大阪万博のような大規模イベントや沖縄返還という難題に取り組む余裕ができた。沖縄返還は昭和47年5月に実現し、佐藤はこれを置き土産に7月に円満退陣する。

ただし、彼はこわもての容姿で発言もおもしろみがなかったから、マスコミや世間から人気を得ることはついにできなかった。退陣会見では会見場から新聞記者を追い出し、テレビカメラに向かってのみしゃべるという異様な幕切れとなるのである。

覚書 佐藤の日記は公刊されており、その人柄をよく知ることができる。また、佐藤は非核三原則を提唱した功績で昭和49年12月に日本人初のノーベル平和賞を受けた。

3Cの普及の実態

昭和30年代（1955年〜1964年）

早く普及したテレビ、時間がかかったクーラー

3Cとは「カー（自家用車）、クーラー、カラーテレビ」の頭文字をとった言葉で、三種の神器（白黒テレビ、電気冷蔵庫、電気洗濯機、213頁参照）がひと通り普及した高度経済成長期後半に、人々が手に入れたいと念願した代表的な耐久消費財を表わしている。

このうちもっとも早く普及したといわれるのがカラーテレビである。

テレビのカラー放送は昭和31年12月にNHKが実験放送を、昭和35年9月から本放送を始めた。昭和29年に本放送を始めたアメリカについで世界で三番目である。のちに民放も開始した。当初はカラー放送が1日1時間程度だったためカラーテレビの普及は遅く、昭和41年でも普及率はまだ1パーセント程度だった。本格的に普及するのは45年の大阪万博の開会式がカラー中継されるころからで、翌46年にNHK総合テレビが完全カラー化され、昭和40年代後半にはほぼ全世帯に普及する。

自動車は19世紀末にドイツで開発された直後から日本にも輸入され、昭和初期には裕福な家では自家用車を持つところもあったが、日本全国の登録自動車台数は数万台にすぎなかった。戦後も占領軍が自動車製造を制限していたため、長い間自家用車など庶民には夢のような話だった。しかし、昭和30年に通商産業省が「国民車構想」という大衆車開発を提唱したことがきっかけで、30年代中ごろから大衆車が売り出された。昭和33年に発売された富士重工のスバル360は大衆車のさきがけとして人気を得た。

ついで、道路整備や高度経済成長の継続に合わせて各社が大衆車を次々と発売する。昭和35年のトヨタのトヨペットコロナ（二代目）、38年の日産ブルーバード、そして41年のトヨタカローラと日産サニーなどは、家族向けの大衆車の定番として、モデルチェンジを繰り返しながらその後も長く人気を得ていく。

昭和42年には日本国内の自動車保有台数が1000万台を突破、大都市近郊の住宅地に住むサラリーマン家庭では自家用車は珍しくなくなった。農村部にも自家用車が普及するのは、道路整備がいきわたる昭和50年代以降のことになる。

クーラーも昭和初期から日本に入っていたが、家庭用のものが現われるのは昭和30年代中ごろのことである。ただし、高原地帯や東北、北海道など必要のない地域も多いため普及は緩やかで、冷暖房兼用のエアコン時代になってようやく全国に普及することになる。

普及の遅さは時代の成熟の証し

これらの耐久消費財の普及は高度経済成長最後の好況である、いざなぎ景気（昭和40年末～45年中ごろ）を支えたが、三種の神器ほど爆発的に普及することはなく、ステレオなどさまざまな新しい家電製品に人気は分散していく。時代の成熟が進んでいたのである。

覚書　昭和38年5月、日本初の公式自動車レースとして第1回日本グランプリ（現Ｆ１）が三重県鈴鹿《すずか》で行なわれた。自動車レースは自動車メーカーが自社製品の優秀さを示す場となった。

交通戦争の勃発
昭和30年代（1955年～1964年）～

自動車数の倍増で事故も激増した

戦前、昭和10年代前半に日本の自動車数は20万台に迫る勢いをみせたが、戦争の激化で日本の自動車の普及は大きく遅れた。それでも昭和30年ごろから高度経済成長が始まると、まずはトラックなど事業用車が、昭和40年代に入ると自家用車が激増しだした。自動車保有台数でみると、昭和39年に約８００万台だったのが44年には倍増して１６００万台を超えた。当然、道路での交通事故の数や犠牲者の数も激増していくことになる。

敗戦直後の昭和21年には交通事故の件数は１万２５００件あまり、死者は４４００人あまりで、その後は微増だったが、高度経済成長期に入ると昭和34年に死者１万人を突破、昭和35年では件数45万件弱、死者１万２０００人あまりとなり、激増の勢いは止まらなかった。

そこで政府は、昭和41年に交通安全事業法を制定し、道路設備の面から歩行者の安全をはかることにした。この法律によって、道路管理者や公安委員会は道路に歩道を設け、横断歩道やガードレール、歩道橋、信号や標識の整備を促進する義務を負うことになった。それでも事故や犠牲者の増加はとまらず、このころから「交通戦争」という言葉も生まれた。

タクシー・トラックの事故が多かった

昭和40年代前半までの交通事故は、自家用車よりタクシーやトラックなど事業用車の無謀運転によるものが目立った。昭和33年には無謀運転のタクシーによる歩行者の死亡事故がきっかけで、マスメディアがその無謀ぶりを太平洋戦争末期の神風特攻隊になぞらえて「神風タクシー」と呼んだりした。昭和36年1月には踏切でのトラックと列車の衝突事故が多発してトラックの無謀運転が問題になった。

タクシーの場合もトラックの場合も、タクシー会社や運送会社の利益優先の方針が運転手に無理な運転を強いていたことがわかったが、特にトラックについてはこうした原因による事故はその後もあとを絶たず、できはじめたばかりの高速道路に対する不慣れが原因による事故も含め、自家用車による事故も増えていった。

それでも昭和41年以来の対策が功を奏したか、死者数は45年の1万6700人あまりをピークに減り始め、昭和56年には8700人あまりと半減した。ところが昭和63

年には再び1万人を超えてしまった。警察はシートベルトの着用を推進するなどの対策に努め、平成17年には6000人台まで減少している。

交通事故の歴史は、自動車の増加など、新たな状況によって生まれる新たな危険と、対策のいたちごっこという感が強い。

覚書 日本初の歩道橋は昭和34年6月に愛知県名古屋近郊の国道22号線に作られた。道路交通用の信号は大正8年に東京の上野に初めて設置されている。

週刊誌、漫画雑誌の時代

昭和30年代（1955年〜1964年）〜

雑誌の主役が月刊誌から週刊誌へ

庶民でも手軽に読める大衆雑誌は、第一次世界大戦後、日本を含む主要国で発行されるようになった。その背景には、義務教育の普及と印刷技術の進歩による出版コストの削減、そして、流行歌や映画など雑誌記事の題材となるような多様な大衆文化の発達があった。ただし、人気の雑誌のほとんどは月刊誌だった。週刊誌も大正11年に『週刊朝日』と『サンデー毎日』が創刊されたが、新聞の付録のような存在だった。

戦後、高度経済成長が始まると、雑誌文化はさらに繁栄していくが、その主役となったのは週刊の各種の雑誌である。生活の豊かさが、週刊誌を読む時間的・経済的余裕をもたらした。それまでの主要新聞社発行のものに加え、昭和31年創刊の『週刊新潮』は政治報道中心の週刊誌のあり方を変えるきっかけになった。昭和34年の皇太子ご成婚ブームの直前からは、『女性自身』など女性週刊誌も次々と登場した。

漫画雑誌の隆盛

また、昭和38年の『鉄腕アトム』放映に始まるテレビアニメブームに触発されるように週刊漫画雑誌ブームが起きた。34年には初の週刊漫画雑誌として『少年マガジン』『少年サンデー』が、38年には『少女フレンド』『マーガレット』が創刊された。41年には『少年マガジン』が百万部を突破。

少年向けでは「巨人の星」「あしたのジョー」、少女向けでは「アタックNo.1」など、スポーツを題材にした成長物語（スポ根もの）が、大学生向けには既成の権威を崩壊させるような赤塚不二夫《ふじお》のギャグ漫画「天才バカボン」が人気を得ていた。

その後、昭和43年の『プレイコミック』『ビッグコミック』など大人向けの漫画雑誌も創刊されていく。これらは初めは月刊だったが、のちに週刊となる。さらに昭和43年創刊の『少年ジャンプ』は、昭和末期には450万部を超えるという驚異的な部数を記録する（平成7年には650万部超）。こうして週刊漫画雑誌は子供だけでなく大学生や大人までもが読むものになった。

こうしたなかで漫画文化も多様化しはじめ、芸術性を求める方向性も出てくる。それは手塚治虫が開拓し、昭和39年創刊の『ガロ』あたりから一つの流れになった。同誌からは「ゲゲゲの鬼太郎」の水木《みずき》しげる、「カムイ伝」の白土《しらと》三平《さんぺい》などが出ている。

昭和45年以降（1970年代）になると、学園紛争や週刊誌の繁栄の結果、文化に

大正 11 — 週刊朝日、サンデー毎日

昭和 24 — 冒険王

30 — りぼん、なかよし

31 — 週刊新潮

32 — 週刊女性

33 — 週刊大衆、女性自身、家庭画報

34 — 週刊文春、週刊現代、少年マガジン、少年サンデー

38 — 太陽、女性セブン、少女フレンド、マーガレット

39 — 平凡パンチ、ガロ

43 — プレイコミック、ビッグコミック、少年ジャンプ

44 — 少年チャンピオン、週刊ポスト

45 — anan

46 — non-no

47 — ぴあ

48 — 宝島

50 — JJ

51 — POPEYE

54 — ヤングジャンプ、Hot-Dog PRESS

55 — ヤングマガジン、BRUTUS

56 — FOCUS、CanCam

57 — モーニング

59 — FRIDAY

61 — MEN'S NON-NO

63 — Hanako

主要雑誌、漫画雑誌の創刊年

関する既成の権威や秩序が崩壊したことから、それぞれの記事を等価なものとして読者に提供するカタログ的な週刊誌が増える。コンサートや演劇、映画の情報を中心とした47年創刊の『ぴあ』あたりがその先駆けであろう。昭和末期には、週刊誌、漫画雑誌合計の年間発行部数が19億冊を超えるほどになった。

（覚書）世界で初めて成功した週刊誌とされるのは、1897年にアメリカで創刊の『サタデー・イブニング・ポスト』である。週刊誌の誌名に「サンデー」など曜日の入るものが多いのはその影響だろう。

続発する飛行機事故

昭和41年（1966年）

原因不明の事故も多かった

昭和41年は、多くの犠牲者を出す飛行機事故が日本で4件も起きた。

まず2月4日夜、乗員乗客133人を乗せた札幌発東京行き全日空ボーイング727型機が、羽田《はねだ》空港への着陸態勢に入ったあと羽田沖で消息を絶った。捜索の結果、海中に墜落したことがわかり、生存者はいなかった。1機だけの事故としてはこの時点で世界航空史上最多の犠牲者数となった。墜落原因は当初パイロットの操縦ミス説が有力だったが、運輸省（現国土交通省）の事故調査団は調査の不手際もあり、結局原因を特定できなかった。

この事故からわずか1か月後の3月4日夜、今度は乗員乗客72人を乗せた香港発バンクーバー行きのカナダ太平洋航空ダグラスDC－8型機が濃霧の羽田空港で着陸に失敗、進入灯をなぎ倒しながら空港の防潮堤に激突し、炎上した。64人が死亡、日本人は6人全員が死亡した。進入灯の破損状況などから、この事故の原因は、濃霧がパイロットの操縦ミスを誘発したためであることが判明した。

次はなんとこの事故の翌日の午後、乗員乗客124人を乗せ、羽田の事故機の残骸の脇を離陸して香港に向かったBOAC（英国海外航空）ボーイング707型機が富士山付近で空中分解して墜落した。当然、乗員乗客（うち日本人2人）は全員死亡した。

この事故の状況は地上の目撃者が写真や8ミリフィルムカメラ（動画）に撮影しており、さらに乗客の1人が空中分解の瞬間まで機内から富士山を8ミリフィルムカメラで撮影していた。これらの映像と機体の散乱状況から、同機は富士山周辺特有の乱気流に巻き込まれ、設計時の想定以上の力が機体に加わったため空中分解したことが判明したが、富士山付近に乱気流が起きうることを知っていたはずの機長が、なぜ富士山に近づいたかはわからなかった。

そして11月13日、乗員乗客50人を乗せた大阪発松山行き全日空YS11型機が松山空港で着陸をやり直そうとして松山沖に墜落、全員死亡した。戦後初の国産旅客機の、初の墜落事故だった。乗客の半数は新婚旅行客だった。事故原因は乗員がYS11型機の操縦に不慣れだったための操縦ミスと推定されたが、松山空港の滑走路が着陸に必要な最小限の長さしかなく、羽田空港並みに長ければ防げた事故であるともいわれた。

事故の教訓から成田空港建設が計画された

これらの事故で国内線の乗客は昭和40年にくらべて6パーセントも減った（489万人）。事故原因の究明をしやすくするため、以後、旅客機はフライトレコーダーとボイスレコーダー（操縦室の会話を記録）を必ず備えることになった。また、事故機の多くが羽田空港発着便であったことから、羽田空港の過密ダイヤ状態を解消するため千葉県成田《なりた》に新空港を建設することになったが、建設は困難をきわめることになる（435頁参照）。

覚書　BOAC機は当時としては珍しくフライトレコーダーとボイスレコーダーを備えていたが、機首の下にあったため破損して役に立たず、以後は機体尾部に設置するようになった。

ビートルズの来日
昭和41年（1966年）

大衆文化として定着しはじめたロック

昭和41年6月末から7月にかけて行なわれたビートルズの来日公演は、日本のポピュラー音楽史上はもちろん、社会的にも画期的な出来事だった。

ビートルズがイギリスでプロのロックバンドとしてデビューしたのは昭和37年のこと。イギリスの港町リバプール出身のジョン・レノン、ポール・マッカートニー、ジョージ・ハリスン、リンゴ・スターの4人がメンバーである。翌年1月「プリーズ・プリーズ・ミー」の大ヒットでスターの座をつかみ、39年にはアメリカでもデビュー、人気は日本などアジア地域にも広がり、一躍世界の若者の憧れの的となった。

そのビートルズがアジアツアーの一環として来日、東京の日本武道館での公演は昭和41年6月30日から7月2日の3日間。主催者には大手新聞社の一つである読売新聞社が名を連ねており、それまでは不良文化として否定的に見られがちだったロック音楽が、もはや大衆文化の一つとして社会的に認められつつあったことがわかる。

ビートルズが与えた熱狂と影響

入場券は公演3回分の計3万人分が用意され、入場料はほとんどの席が2100円（A席）だった。現在の1万円ほどに相当し、青少年でも無理せずに買える価格として設定されたという。入場券は抽選で販売されたが、はがきの応募が23万通にものぼったため、急遽《きゅうきょ》2回分の公演が追加された。

来日したビートルズ
昭和41（1966）年6月、羽田空港

6月29日、ビートルズが飛行機で来日した。欧米公演での若者たちの熱狂ぶりを知った警察は国賓並みの厳戒態勢をとった。羽田空港への立ち入りが規制され、空港と宿舎となったホテルの間の首都高速道路はビートルズ一行の通行中は通行禁止となった。もちろんメンバーはホテルに缶詰状態だったが、おしのびで外出したメンバーもいた。

公演は、日本人バンド（ザ・ドリフターズ）による前座が1時間ほど続いた後、ビートルズが登場し、35分ほどにわたって「ロックン・ロール・ミュージック」や「イエスタデイ」など11曲を演奏した。会場は警備の警官と若者たちで埋まり、開演前から歓声が飛んでいた。ビートルズが登場すると予想通り会場は熱狂状態となったが、主催者や警察の努力でけが人が出るような混乱は起きずにすんだ。

2日目の公演は翌日民放で放送され、関東では60パーセント弱、関西でも46パーセントあまりという驚異的な視聴率を記録した。

日本人のロック・ミュージシャンの大半も会場かテレビでこの公演をみて、強い衝撃なり影響を受けた。その後、日本ではグループサウンズブームが起こり、かまやつひろし、堺正章《さかいまさあき》、井上順らのザ・スパイダースや、ヒット曲「ブルー・シャトウ」で有名なジャッキー吉川とブルー・コメッツなどのバンドが生まれている。

また若者の間に欧米のロック音楽を聞く習慣も定着していった。ビートルズ来日はロック音楽が日本に定着する最大の契機となったのである。

覚書　ビートルズはこの後まもなくコンサート活動をやめ、レコード制作に専念したあと、数々の名曲を残して昭和45年4月に解散した。

ミニスカートの流行
昭和42年（1967年）

首相夫人もミニスカートで

ビートルズの来日とともに若い女性に爆発的に受け入れられたのがミニスカートだった。

ミニスカートは昭和30年代から欧米で流行の兆しをみせ、41年には日本にも入ってきて流行しはじめた。42年10月、「ミニスカートの女王」とも呼ばれたイギリス人モデルのツイッギーが来日して大きな話題となるころからミニスカートの流行は決定的となった。

街はミニスカートをはいた若い女性であふれるようになり、マスメディアも最先端の風俗として盛んに報道し、賛否両論もたたかわされた。

昭和44年には丈の長いマキシスカートやすそが広がったズボンであるパンタロンなども流行したが、相変わらずミニスカートがファッションの主流で、9月に来日したイギリスのマーガレット王女や11月の佐藤栄作首相の訪米に同行した寛子《ひろこ》夫人までもがミニスカート姿を披露して話題となった。猫も杓子もミニスカートというわけである。

こうした現象が起きた背景には衣服に関するいくつかの革命的な変化があった。

流行の背景となった合成繊維の技術革新

敗戦後、外出時は洋服が当たり前になったが、家に帰ると和服に着替える人はまだ珍しくなかったうえ、昭和30年代前半までは、人々は布地を買い、縫製を業者に頼むか家庭で（多くの場合は主婦が）縫うという形で衣服を手に入れるのが普通だった。

既製品もあるにはあったが粗悪品というイメージが定着しており、合成繊維も戦時中に流通したスフ（ステープルファイバー）製衣料の着心地の悪さからイメージが悪かった。

ところが、戦前からあったナイロンに加え、昭和30年代にはアクリルやポリエステルなど合成繊維の開発や改良が進んだ。その結果、高品質でデザインも多様で着ごこちもよく、比較的安価な既製品を大量に作ることができるようになった。そのため、既製品が流行するという現象が生まれたのである。

男性の背広や女性のドレスを例にとった既製品の販売比率のデータによると、昭和45年で半分程度、昭和55年で8割程度となっており、いかに既製品の衣料が普及したかがわかる。

また、女性に関しては、昭和30年代に洋風の下着の着用が普及したことも洋服の流行に欠かせない前提条件としてあげられる。

現在では衣服は作るものではなく買うものであり、男女を問わず洋服や洋風の下着が当たり前になっている。まさに技術革新、大量生産、大量消費時代の賜物《たまもの》である。ミニスカートの流行はそのはしりであり、まさに高度経済成長がもたらしたものだった。

そして安定成長時代に入ると高い生産力と技術力を背景にファッションは多様化の時代に入っていく。

覚書　洋服の流行はもっぱら欧米からだったが、昭和30年代後半以後、中村乃武夫《のぶお》、森《もり》英恵《はなえ》、高田賢三《けんぞう》など日本のファッションデザイナーたちも世界で活躍するようになった。

噴出する公害問題

昭和42年（1967年）

ぜんそく・光化学スモッグ・ヘドロ問題

昭和30年代前半から発生した戦後の公害問題は、高度経済成長が続くにつれて拡大していった。水俣《みなまた》病に続く代表的なものとして、三重県の四日市《よっかいち》ぜんそく、東京のスモッグ問題、そして静岡県田子《たご》の浦《うら》のヘドロ問題などがある。

四日市市では、昭和30年から石油化学コンビナートの建設が始まり、昭和35年ごろからその周辺でぜんそく患者が続出し始め、死者まで出る事態となった。これは石油の精製過程で出た高濃度の硫黄酸化物によるものであった。市は救済に乗り出したが被害者は1000人を超えた。被害者たちは42年に企業に損害賠償を求める訴えを起こし、47年に全面勝訴。ようやく官民あげての本格的な公害被害者の救済対策が講じられるようになった。

工場の煤煙《ばいえん》などによる大都市のスモッグは戦前から日本はもとより欧米でもあったが、戦後はトラックの増加や石油暖房の普及により、硫黄酸化物によるスモッグがみられるようになり、ぜんそく患者が増加しだした。政府は重油の改良を義務づけることで対応しようとしたが、東京だけで3万人以上の公害認定患者（主にぜんそく）が出る結果となった。

行政の対応の結果、硫黄酸化物がようやく減りはじめた昭和45年7月、東京都杉並《すぎなみ》区のある高校の校庭で運動中だった生徒をはじめ、都内で合計6000人以上の人が呼吸困難や眼の痛みを訴えた。これは、工場の煤煙や自家用車の排ガスから出る窒素酸化物が光化学反応によってオキシダント（酸化力の強い物質）を大量に発生することが原因だったので、光化学スモッグと呼ばれた。被害は大都市の周辺に広がり、50年には注意報が265回、警報が5回も発令され、被害の届出数は4万3000件にのぼるほどになった。

被害の多さから行政も、自動車や工場の排ガスの浄化装置の義務づけやガソリンなどの改良、大都市中心部の交通規制などに取り組んだ。

昭和45年には田子の浦のヘドロも問題化した。製紙業をはじめとする工場廃液や廃棄物によってヘドロ（汚泥）が田子の浦港に溜まり、漁民たちの生活に深刻な影響が出ていたのである。住民たちが県と関係企業を港湾法違反で提訴した結果、県と関係企業は翌年からヘドロの処理をはじめ、約10年かけてヘドロは取り除かれた。

公害対策基本法の制定

こうした公害の噴出に対し、佐藤自民党政権はまず昭和42年に公害対策基本法を制定したが、財界の反対で骨抜きとなっていた。しかし、公害訴訟で原告勝訴が相次いだうえ、住民パワーにも押され、政府は45年末に公害対策基本法を改正し、46年には環境庁を発足させ、48年には公害被害の補償制度を世界に先駆けて整備するなど、公害対策に本格的に乗り出さざるを得なくなっていくのである。

(覚書) 公害は大気汚染だけでなく水質汚濁や土壌汚染など多様化し、汚染源に一般家庭も含まれるようになり、汚染範囲も地球全体に及んでいった。そのため最近では環境問題と呼ばれるようになった。

革新知事　美濃部亮吉

昭和42年（1967年）

東京史上初の革新首長

昭和42年4月の統一地方選挙の際、社会党・共産党推薦の美濃部亮吉《みのべりょうきち》が自民党推薦候補を僅差で破って東京都知事に当選した。

美濃部は、明治37年、東京帝国大学教授で憲法学者の美濃部達吉《たつきち》を父として生まれる。東京帝国大学経済学部を出てマルクス経済学者となり、戦争中は左翼として警察に逮捕されたこともあった。戦後は大学で教鞭をとるかたわら、役人や新聞の論説委員も務め、ラジオの経済解説者としても知られていた。

美濃部の当選は、自民党政権のおひざもとで東京史上初の革新首長が誕生するという衝撃的な出来事だったが、他の自治体では、昭和25年以来、革新系の蜷川虎三《にながわとらぞう》（統計学者）が知事を務める京都府を除けば依然として保守系が優勢で、伝統的に保守批判票が多い大都市ならではの現象だった。しかし、次の昭和46年の統一地方選挙では、大阪府でも革新系の憲法学者・黒田了一《りょういち》が知事に当選するなど、都市部を中心に16

0あまりの自治体で革新首長が誕生した。

都市部住民の不満が革新首長を生んだ

その背景には都市部の住民の自民党政治への不満の高まりがあった。自民党は保守系政党の伝統を受け継ぎ、どちらかというと農村部に支持者が多かったため、施政も農村部に手厚く、都市部に薄い傾向が見られた。しかも都市部については重工業の繁栄を重視し、都市生活の整備や向上は二の次となった。

美濃部亮吉

そのため、都市部では昭和42年の統一地方選以後、工場や自動車による公害が頻発し、大都市部では公害に加えて鉄道や道路の混雑、夏の水不足やごみ問題など社会問題が噴出していた。高度経済成長に社会資本の整備が追いついていない現実があらわとなり、都市部住民の不満が高まったのである。そこで、そうした問題に積極的に取り組んでくれそうだということから、革新系候補者が支持されたのである。

美濃部はそうした期待に沿い、昭和44年に全国初の公害防止条例を制定。さらに福祉行政にも力を入れ、同年にやはり日本初の老人医療の無料化に踏み切った。

こうした姿勢が評価されて昭和46年に再選される。しかし、ごみ問題への対処では、江東区《こうとう》の住民から区内のごみ処分場の移転を求められ大田区《おおた》への移転を図ろうとするも、今度は大田区民から反対されて窮地に陥るなど、いいことずくめとはいかなくなっていった。

革新首長は昭和50年代半ばから次第に減り、保守系が再び盛り返す。美濃部も54年に引退。その背景には、安定成長時代に入り、税収が伸びないのに革新自治体が福祉に力を入れ続けた結果、財政の破綻を招いたためであった。

皮肉にも革新自治体は、自民党政権が促進した高度経済成長なしでは長続きできなかったのである。

覚書　江東区のごみ処分場とは、区内の海辺の埋立地、いわゆる夢の島である。あまりに増えたごみ運搬トラックの騒音や振動に耐えかねた住民が、トラックを止める実力行使に出たこともあった。

疑惑の心臓移植

昭和43年（1968年）

日本で初めて試みられた心臓移植手術

心臓などの臓器に重い病を抱える人にとって、患部を健康なものに取りかえる治療法が確立すれば大きな福音になることは間違いない。その手段としては人工臓器と臓器移植が考えられ、世界の医学界は競ってその技術の確立に向けて研究を進めていた。

日本にも世界初の心臓移植手術の成功を夢見る医師がいた。札幌医科大学病院の和田寿郎《じゅろう》教授である。アメリカ留学で最先端の心臓医療を学んだ和田は、昭和29年の帰国後、世界初の手術成功を夢みていた。しかし世界初は昭和42年12月南アフリカでのことで、その後も世界各国で30例の成功が伝えられた。和田はせめて日本初をとねらっていたという。

ちょうどそのとき、和田のもとに心臓移植でしか助からないと考えられた少年が入院してきた。そして和田が移植手術の機会を待っていた昭和43年8月7日夕方、小樽《おたる》の海岸でおぼれて意識不明の青年が小樽の病院から和田のもとに転院してきた。和田は青年がもはや脳死状態と判断。少年、青年双方の家族の同意を得て8日未明から青年の心臓を少年に移植する手術を行なった。手術は5時間半で終了、午後には和田自身が手術の成功を発表し、和田は日本初の心臓移植手術を成功させた医者として一躍時の人となった。

疑惑の結果、移植手術はタブーとなってしまった

少年の経過は当初は順調で、9月10日には自力で歩けるまでになった。しかし青年の体から移植した心臓に対する拒絶反応のため、9月下旬から容態が悪化しだした。そして10月29日午後、少年は死亡した。死因は急性呼吸不全とされ、術後83日目だった。

こうなると和田への賞賛は一転、批判や疑惑に変わった。実は和田の手術以前の30例のうちほとんどで術後まもなく患者が死亡しており、専門家からは時期尚早という声も出ていて、人体実験同然だと考える人もいた。そのため12月には大阪の医師らが和田を殺人罪で告発、警察も捜査に乗り出した。

焦点は、心臓を提供した青年が本当に死んでいたといえるかどうか、移植手術が本当に必要だったかどうかであったが、密室での出来事だけに、証拠が集まらなかった。臓器提供者となった青年の場合、警察による検視は心臓摘出後に行なわれたうえ、司

法解剖も行なわれず、少年の摘出前の心臓も警察の捜査前に患部が切り取られていたのである。

結局、証拠不十分で和田は不起訴となったが、いずれにしろ和田の手術は早まった試みとみなされ、以後日本では臓器移植、特に脳死移植は長年タブーとなった。

しかし臓器移植が重要な治療法であることは変わらず、拒絶反応への対策が進んだことや、患者の家族への説明を十分に行なうなどの対策がとられるようになったことから、平成9年に臓器移植法が成立、平成11年から臓器移植手術が再開されている。

覚書 臓器移植の最大の問題は、脳死を人の死と判定できるかである。この点についてはいまだ完全な結着はついていない。

アメリカ軍と日本の諸問題

昭和25年（1950年）〜昭和40年代（1965年〜1974年）

アメリカ軍基地問題

アメリカ軍は、昭和20年の敗戦後に占領軍の主力として日本に駐留を開始し、27年に日本が独立回復を果たした後も、日米安全保障条約によって駐留を続けたが、さまざまな問題を引き起こした。

昭和25年の朝鮮戦争勃発以後は、アメリカ軍の基地や用地の拡張が続き、紛争が多発した。石川県内灘《うちなだ》での米軍試射場使用期限延長への反対運動（内灘問題、28年6月〜）、沖縄での基地反対運動の盛り上がり（30年1月〜）、東京都立川《たちかわ》基地の拡張問題（砂川《すながわ》問題、同年5月〜）、山梨県の北富士《きたふじ》演習場での実弾射撃演習への反対運動（同年同月〜）などである。

用地の拡張にあたって民間人所有地の買収が行なわれたが、安い価格で半ば強制的に土地を買い上げられたり貸し出したりしなければならなかったため地主が難色を示す場合が多く、紛争となったのである。このうち沖縄については、日本政府がアメリカの内政問題として介入しなかったため、沖縄の人々は祖国復帰への思いを強め、昭和47年の沖縄返還につながっていく。

原潜・原子力空母問題

さらにアメリカ軍の原子力潜水艦（原潜）や原子力空母も問題を引き起こした。原子炉事故による放射能汚染の危険性や核兵器を搭載しているかもしれないという疑惑からである。昭和39年11月、原潜シードラゴンが初の日本寄港原潜となった際、社会党や総評が反対運動を展開したが、43年1月の原子力空母エンタープライズが佐世保《させぼ》に寄港したときは、おりから盛り上がっていた学生運動も反対運動に合流し、警官たちと激しい衝突を繰り返した（332頁参照）。

世論は反対運動に好意的だった。広島・長崎への原爆だけでなく、昭和29年には日本の漁船がアメリカの水爆実験に遭遇して船員が被曝し、死者もでるという第五福竜《ふくりゅう》丸《まる》事件もあり、日本では原子力への拒絶反応が高かったうえ、報道陣にまで襲いかかるなど警官隊の過剰警備がテレビなどで報道されたためもあった。さらに48年には核兵器搭載の疑いが濃い原子力空母ミッドウェーが横須賀《よこすか》基地を母港としたため、社会党などの反対運動だけでなく、国会でも大きな問題になった。

また、沖縄や日本本土のアメリカ軍基地は、昭和40年から本格化したベトナム戦争でも重要な役割を果たしたため、ベトナム反戦運動が高まるにつれ、アメリカ軍脱走兵士への支援や鉄道での弾薬輸送への反対運動なども起きた。ただしベトナム戦争は、50年に終結した。

長い眼で見れば、少なくとも東西冷戦が続いていたなかで、日本が戦火に巻き込まれずに西側世界にとどまることができたのはアメリカ軍が駐留していたからだったといえる。しかし、自ら招いた面が多いとはいえ、多大な戦禍をこうむった日本の人々にはなお軍隊への拒絶反応は強く、アメリカ軍と日本社会の関係は紆余曲折をたどったのである。

覚書　アメリカ政府は艦船や軍用機に載せたままなら核持ちこみにあたらないと考えていたが、日本政府は立ち寄りだけでも持ちこみにあたるとしていたため、問題化したのである。

高揚する学生運動

昭和42年（1967年）～昭和43年（1968年）

実力闘争を行なった三派全学連

学生運動は昭和35年の60年安保闘争以来沈静化していたが、長期化していたベトナム戦争でアメリカの物量作戦に必死に抵抗するベトナムの人々への共感と、昭和41年から始まっていた中国の文化大革命における毛沢東《もうたくとう》の「造反有理《ぞうはんゆうり》」（反抗には意義がある）という考え方への共感から、43年ごろから世界的に盛んになった。

日本でも、合法路線を掲げる共産党系の学生運動に飽き足らない左翼学生たちによる「三派全学連」が、ベトナム反戦、反米、反権力、反資本主義などを掲げ、ヘルメットをかぶり、火炎ビン、角材、投石などを使った実力闘争を始めた。

まず、昭和42年10月、佐藤首相の東南アジア歴訪の際、三派全学連の約2500人と機動隊約2000人が羽田《はねだ》空港付近で初めて衝突、双方に数百人のけが人が出たうえ、学生一人が死亡した。11月にも三派全学連の約5700人が佐藤首相の訪米反対を叫んで、羽田空港内で機動隊約5000人と衝突し、学生300人以上が検挙され、双方に百数十人の負傷者が出た。

つぎに昭和43年1月、アメリカ軍の原子力空母エンタープライズの佐世保《させぼ》寄港反対闘争が起きた。エンタープライズはベトナム戦争での主力空母であるだけでなく、原子力船であり、しかも核兵器を搭載しているはずとされたため、恰好の闘争目標となった（329頁参照）。ちなみに、日本政府はアメリカからの通告がないことを理由にエンタープライズは核兵器を積んでいないとしていたが、実はアメリカ側は搭載していても陸揚げしない場合は通告しないと決めていたので、日本政府の否定にもかかわらず実際には積んでいた可能性が高い。

佐世保では学生約800人と警官隊約1300人が衝突、不必要な暴行など警察のいきすぎた行動が目立ち、核兵器への拒否感がなお強かったこともあって、いつもは学生の乱暴ぶりに批判的な世論も今回は同情的だった。三派全学連は2月に入ると千葉県三里塚《さんりづか》の成田《なりた》空港建設反対運動にも参加し、建設予定地などで警察と激しい衝突を繰り返していく。

新宿駅がマヒした騒乱事件

この時期最大の衝突は昭和43年10月21日の国際反戦デーに起きた新宿《しんじゅく》駅騒乱事件である。ベトナム反戦などを叫ぶ三派全学連の4600人とやじ馬2万人が国鉄新宿駅構内に乱入して駅や線路、電車を徹底的に破壊、駅施設への放火も起きた。結局警察が制圧したものの、新宿駅は翌朝ラッシュ時が終わるまでマヒ状態となった。

学生運動の主張には弱者救済など一理はあったものの、行動の激しさから全体として世論の眼は厳しく、昭和44年の学園紛争の沈静化とともに収束した。しかし、三派全学連の残党は過激派となって内ゲバ（376頁参照）や爆弾闘争、ハイジャックなどに走り、ますます社会から浮き上がっていくことになる。

（覚書）三派全学連は、共産党、社会党、総評など既存の合法路線をとる左翼を生ぬるいとして実力闘争に走ったので、新左翼とも呼ばれる。

全国に拡大した学園紛争

昭和43年（1968年）

学園紛争に至った理由

学園紛争（大学紛争）は、私立大学では学費値上げ反対ストなどの形で昭和40年ごろから散発的に起きていたが、社会問題化するのは43年1月の東大紛争からである。

東京大学医学部の学生が研修医制度の改革を求めてストを行ない、教授のつるし上げ事件が起きたため、大学当局は一部学生を処分した。ところが、そのなかにアリバイのある学生がいたのに大学側が処分を撤回しなかったため、硬化した医学部学生は3月の卒業式を妨害した。

さらに6月に医学部の学生たちが大学本部のある安田《やすだ》講堂を占拠したところ、大学側が機動隊を導入。それを権威主義的だとして大学側への反感が他学部の学生にも広まり、全学部の学生が大学の民主化を唱えて無期限ストに入った。7月には東大全共闘が組織される。全共闘とは政治思想は問わず、大学への異議申立てという一点で共闘する組織だった。

一方、当時すでに日本一のマンモス大学となっていた日本大学でも、もともと学生側にマスプロ（大量生産）教育や大学側の管理強化への反感があったところ、同年1月に22億円にのぼる大学側の使途不明金疑惑が発覚。学生は大学首脳の退陣や大学運営の民主化を求めて日大全共闘を5月に結成し、大学側の弾圧にめげず、各学部の校舎を占拠した。学生との交渉（団体交渉、いわゆる団交）の結果、10月に大学側はいったん非を認めるが、佐藤首相が学生を弾圧する方針を示したため、大学側は再び日大全共闘と対立を深めた。各学部は機動隊と学生側の激しい衝突のすえ、占拠を解かれていった。

こうしたなかで、ストや学生による校舎の占拠などの学園紛争は全国の100以上の大学に広がり、一部の高校にまで波及した。高度経済成長のなかで大学進学者が急増していたのに大学側は旧態依然の授業を続けたり、学生が増えても教員を増やさずにマスプロ授業でお茶を濁したりして学生の不満を買いやすかったうえに、学生や教員のなかに左翼的風潮が強い時代に、文化大革命中の中国で毛沢東《もうたくとう》が「造反有理」（反抗には意義がある）を唱えたことも追い風になっていた。

東大入試を中止させた安田講堂攻防戦

学園紛争の山場は、昭和44年1月の東大安田講堂攻防戦である。自分たちの主張に一向に耳を傾けず、学生側の切り崩しを図る大学側に怒った東大全共闘は、日大など他大学の全共闘とも連携して東大構内の占拠を続け、入試を中止に追い込もうとした。大学側は入試中止を避けるため機動隊を導入して学生の排除に乗り出した。2日間にわたった安田講堂の攻防戦はテレビ中継され、日本中の人が学問の場とは思えない激しい攻防戦に見入った。

結局、学生の排除は成功したものの学内は荒廃し、この年の東大入試は中止された。以後、学園紛争は次第に沈静化するが、高度成長による大学の大衆化を背景に、学問や文化の権威主義を崩壊させ、大学のマスプロ教育が多少とも改善されるきっかけになった。

覚書　真面目で責任感があったために運動のリーダー格になってしまった学生たちは、まっとうな就職の道を閉ざされ、長期間の裁判を受けなければならなかった。

3億円事件

昭和43年（1968年）

スピード時代の鮮やかな犯罪劇

昭和43年12月10日、東京の府中《ふちゅう》刑務所脇の道路で、東京芝浦電気（東芝）府中工場の従業員に配る予定のボーナス、約3億円を積んだ銀行の現金輸送車が白バイの警官に呼び止められた。「車に爆弾が仕掛けてあると連絡があったから調べる」と言われて行員たちが降りたところ、警官は車を運転して走り去ってしまった。実は変装したニセ警官で、行員たちはだまされたのである。こうして3億円事件が発生した。

このころの都市部勤労者の平均月収が9万円あまりだったから、3億円は大変な大金であり、強奪された金額としては日本では当時、史上最高額である。警視庁はさっそく緊急配備を敷いた。まもなく近くの国分寺《こくぶんじ》跡付近で現金輸送車が乗り捨てられているのが発見されたが、ジュラルミンケース入りの現金3億円は消えていた。警察はもちろん、にわか探偵となった野次馬たちも3億円の行方捜しに必死となった。

現場には偽装した白バイなどの遺留品があり、行員たちが犯人の顔を見ていたこと

白バイが残された3億円事件の現場
昭和43（1968）年12月10日、府中市

から犯人のモンタージュ写真が作られて公表された。しかし犯人の行方はようとして知れず、翌年4月に逃走に使われた車とジュラルミンケースは見つかったが3億円はやはり見つからなかった。

警察は約10億円をかけ、のべ10万人の捜査員を動員して捜査したが、ついに犯人を見つけることができず、昭和50年12月10日、公訴時効となった。バイクや車を使ったスピード時代の犯罪に、従来の体制の警察の捜査が追いつかなかった典型的な事件だった。

昭和40年代の主要な事件

この時期のほかの主な犯罪事件としては、昭和40年7月に神奈川と東京で起きた警官殺傷立てこもり事件、43年2月に静岡県で起きた金嬉老《きんきろう》事件、43年秋から44年4月にかけて東京、京都、函館《はこだて》、名古屋の4か所を舞台に起きた連続ピストル射殺事件、46年5月に犯人（大久保清《きよし》）が逮捕された群馬県の連続女性誘拐殺人事件などがある。

警官殺傷立てこもり事件は、神奈川県座間《ざま》町（現座間市）においてライフル銃で警官3人を殺傷した少年が、車で検問を振り切って逃走、東京都渋谷《しぶや》の銃砲店に人質をとって立てこもり、銃で10人以上を負傷させたのちに逮捕された事件である。

金嬉老事件は、ライフル殺人事件を起こした犯人が旅館で人質多数をとって4日間にわたって立てこもった事件だが、犯人が在日コリアンであり、報道機関の取材を許可して民族差別の非を訴えるなど、犯人がマスメディアを振り回したという意味で特異な事件であった。

また、連続ピストル射殺事件も、犯人の少年（永山則夫《ながやまのりお》）が恵まれない境遇にあったことが事件の背景にあるとされた。

群馬の事件は、犯人が車を使い、言葉巧みに女性を誘って暴行し、うち8人を殺害した凶悪事件だった。

なお、永山と大久保は死刑判決を受けて執行済みである。

覚書　強奪された東芝府中工場のボーナスは、なんと翌日全額支給された。

歌謡曲とフォークソング
昭和30年代（1955年〜1964年）〜

紅白歌合戦が「国民的行事」に

昭和初期に生まれた流行歌は、しだいに歌謡曲と呼ばれるようになり、戦後はこの言い方が定着した。昭和戦後の大衆音楽はまさに歌謡曲一色といえる。それを証明しているのは、NHKが毎年大晦日にテレビとラジオで放送している紅白歌合戦の人気ぶりである。

テレビの視聴率調査が始まった昭和37年の視聴率は80・4パーセント、翌38年には紅白史上最高の視聴率81・4パーセントを記録した。ラジオの分も合わせれば日本のほぼ全員が聴くか視るかしていることになり、紅白を「国民的行事」と評するメディアも現われた。

その後昭和56年まで、紅白は視聴率が70パーセントを超える超人気番組であり続ける。さしずめこのあたりまでが歌謡曲の全盛時代といえる。ちなみに、日本レコード大賞が始まったのも昭和34年のことだった。

昭和40年代末までは一つの特徴がある。まず、この時期のヒット曲は長く愛唱されてきた歌が多い。美空《みそら》ひばり（154頁参照）や石原裕次郎（219頁参照）などについては別に紹介したので除くとしても、「南国土佐をあとにして」（ペギー葉山《はやま》）、「黒い花びら」（水原弘《みずはらひろし》）、「潮来笠《いたこがさ》」（橋幸夫《はしゆきお》）、「上を向いて歩こう」（坂本九《きゅう》）、「王将」（村田英雄）、「こんにちは赤ちゃん」（梓《あずさ》みちよ）、「好きになった人」（都《みやこ》はるみ）、「函館の女《ひと》」（北島三郎）、「星影のワルツ」（千昌夫《せんまさお》）、「こまっちゃうナ」（山本リンダ）、「ブルー・ライト・ヨコハマ」（いしだあゆみ）、「長崎は今日も雨だった」（内山田洋《ひろし》とクールファイブ）、「わたしの城下町」（小柳《こやなぎ》ルミ子）、「瀬戸の花嫁」（小柳ルミ子）、「なみだの操」（殿さまキングス）などなど。

こうしてみてくると、個性より歌の才能そのもので勝負する歌手が多かったことが浮かび上がる。

時代を象徴したフォークソングのブーム

この時代には高学歴の若者を中心にもう一つの歌の潮流があった。フォークソングである。ギター一本という素朴な形で青春を歌うフォークソングはアメリカが発祥の地で、昭和41年に最初のブームがあり、マイク眞木《まき》の「バラが咲いた」がその火付け役といわれる。

第二次ブームは昭和43年ごろからだが、この第二次ブームには大きな特徴があった。ちょうど世界的に学生運動や学園紛争が盛り上がる時期だったこともあり、アメリカ制や自分たちで作った反体制的な内容のフォークソングが多数歌われ、ヒットしたものもあったことである。高石友也《たかいしともや》「受験生ブルース」、ジローズ「戦争を知らない子供たち」などはその典型だった。また、フォークではないが、昭和44年に反戦歌である「フランシーヌの場合」（新谷《しんたに》のり子）がヒットしたのも時代を象徴する出来事だった。

いずれにしろ、高度経済成長期は歌手が歌で勝負していた時代だった。スポーツ界で人気を集めていた野球の巨人軍や相撲の大鵬《たいほう》のように、プロの技が評価されたのだ。

覚書　反戦、反体制フォークは、レコード会社や放送局がトラブルを恐れてしばしばレコードが発売中止になったり、放送を避けられたりする場合が少なくなかった。

プロ野球八百長事件

昭和44年(1969年)

「黒い霧事件」として社会問題に

昭和44年秋から45年春にかけて、日本のプロ野球界を揺るがす大事件が起きた。

昭和44年10月8日、ある新聞が、プロ野球パ・リーグ西鉄ライオンズの某投手が野球賭博がらみで八百長試合を行ない、暴力団から金を受け取っていたという疑惑をスクープしたのである。

球団がかねて調査していた結果が明るみに出たもので、報道後、疑惑の選手は雲隠れしたが、球団はこの選手を解雇、日本野球機構も12月下旬にこの選手を永久追放とした。

しかし、他にも多数の選手が関わっている疑いがもたれており、「プロ野球の黒い霧事件」として国会でも取り上げられるなど大きな社会問題になり、警察も捜査に乗り出した。

悲劇の天才・池永正明

昭和45年3月下旬、追放された元選手がともに八百長に関わったとして、7人の選手（6人が西鉄、1人が中日）の実名を公表した。そのなかには西鉄のエース級ピッチャー池永正明《いけながまさあき》も含まれていた。

池永は下関《しものせき》商業のエースピッチャーとして昭和38年春の選抜高校野球大会で優勝、夏の甲子園でも準優勝に貢献し、西鉄に入ってからも昭和40年に新人王、昭和42年に最多勝投手となるなど、当時のプロ野球界で有数の大選手だった。

4月下旬、選手たちに八百長を持ちかけた暴力団員と、選手の1人が警察に逮捕された。他の6選手は疑惑を否定したが、球団は池永など一部を除き二軍に落とした。しかし疑惑は深まり、5月に入ると日本野球機構が6人を喚問、中日の選手にもう1人逮捕者が出たこともあって、西鉄はついに6人全員を公式戦の登録メンバーからはずした。逮捕者の供述から他球団の選手や元監督にも疑惑が広がった。

こうした過程で、当時のプロ野球界がいかに暴力団の賭博行為と深く関わっていたかが明らかになっていった。

日本野球機構では調査の結果、西鉄の6人は八百長試合の実行に関わっていたと判断し、5月25日に池永を含む4人を永久追放、2人を半年間の出場停止とする決定を下した。

このうち池永は西鉄のエース級という名選手であり、また、金は受け取ったが八百長は実行していなかったことが当時からわかっており、処分の決定までには関係者内部で相当の議論があった。しかも、池永に金を渡して八百長を依頼した人物が池永にとって西鉄での先輩選手にあたるため、金を返せなかったという事情もあった。

そのため、追放直後から復権（永久追放処分の取消し）を求める声は出ていたが、実現したのは平成17年4月、追放から35年がたっていた。

覚書　平成13年12月に、池永は元プロ野球選手たちの親善試合（マスターズリーグ）で31年ぶりにピッチングを披露した。

『男はつらいよ』と『全員集合』

昭和44年（1969年）

日本最多作品数のシリーズに

くしくも昭和44年には、日本映画とテレビの両方で歴史に残る長寿娯楽作品が生まれた。

この年の夏に第一作が封切られた、渥美清《あつみきよし》主演の松竹の喜劇映画『男はつらいよ』シリーズは、昭和43年秋から放送された同名の連続テレビドラマが好評だったことから作られた。

渥美扮する東京柴又《しばまた》出身のテキヤ（露天商のこと）、フーテンの寅《とら》こと車寅次郎《くるまとらじろう》が、実家である帝釈天《たいしやくてん》参道の団子屋の家族や近所の人々をはらはらさせながら失恋を重ねていく物語である。好評のため、平成7年までに48本が作られ、同一シリーズの映画としては日本最多の作品数を誇る。昭和46年までは年間3本、昭和60年までは年間2本も作られていた。

最初の2本では寅さんがかなり怒りっぽいが、以後、次第に人情味のある役柄となり、笠智衆《りゅうちしゅう》、倍賞千恵子《ばいしょう》、前田吟《ぎん》など常連のチームワークも独特の味をかもし出すようになっていく。原作と脚本のメインは山田洋次《ようじ》で、ほとんどの作品の監督も務めた。一方、失恋相手には毎回異なる女性俳優がマドンナとして起用され、恋愛の舞台も柴又の他に、毎回必ず風光明媚でひなびた地域が用意される（1回だけオーストリアのウィーンも登場する）。

こうした、安定感と変化の組み合わせ、常連の役者の懐かしさと毎回異なるスターをみることもできるという新しさといった、異なる要素の混ぜ合わせ方の妙味が長寿の秘訣といえよう。

空前絶後のオバケ番組

一方、10月から毎週土曜日の夜8時からTBS系列で放送されたお笑いバラエティー番組『8時だョ！　全員集合』も、昭和60年9月に終了するまでの16年間の平均視聴率27パーセントという、この種の番組としては空前絶後の人気番組となった。昭和48年4月には視聴率50・5パーセントを記録した。番組の主役を務めたのはいかりや長介《ちょうすけ》率いるコミックバンド、ザ・ドリフターズ。

番組は公開中継（当初は録画）で行なわれ、計算されつくした体当たりのコントとゲストのアイドルのお色気で観客の心をつかみ、テレビの視聴者も引き込まれていっ女性3人組のアイドル歌手キャンディーズは、この番組への出演で人気に火がついたといわれる。

老若男女に愛された『男はつらいよ』シリーズに比べると、『全員集合』は下品なギャグを連発するところが子供たちに大人気で、親たちからは嫌われたが、どちらも計算されつくしたプロの業《わざ》を感じさせるところは、「巨人・大鵬《たいほう》・卵焼き」といわれたスポーツの世界とよく似ている。両方とも高度経済成長期の雰囲気を娯楽の面からうかがわせる作品といえる。

『男はつらいよ』は渥美清の死によって、『全員集合』はアドリブなど『全員集合』と逆を行くフジの裏番組『オレたちひょうきん族』の追い上げによって幕を閉じた。

覚書　渥美やいかりや、そして『オレたちひょうきん族』の中心メンバーだったビートたけしも、浅草で芸を磨き、浅草の大衆芸能に強い影響を受けた人々である。これは単なる偶然ではないだろう。

大阪万博の熱狂

昭和45年（1970年）

オリンピックと同じく戦前からの構想だった万博開催

高度経済成長まっただなかの昭和45年3月から9月までの半年間、大阪府千里《せんり》丘陵を会場に、日本万国博覧会、いわゆる大阪万博が開かれた。アジアで初の万博開催である。

日本での万博開催構想は明治末期からあった。昭和11年には東京で昭和15年に開催することが決定し、入場券の発売が始まっていたが、日中戦争の拡大のため昭和13年に延期が決定し、そのまま立ち消えとなった。しかし戦後、大阪府の誘致運動などがきっかけで再び開催の動きが起き、政府は昭和40年に、45年に大阪での万博開催を正式に決めた。

運営を担当する万博協会の会長は東京芝浦電気（東芝）会長の石坂泰三《たいぞう》、事務総長は官僚出身の鈴木俊一《しゅんいち》。「人類の進歩と調和」を基本理念に、建築家・丹下健三《たんげけんぞう》、シンボルタワー「太陽の塔」をデザインした画家・岡本太郎など一流の才能を集めて準

一般公開された大阪万博　昭和45（1970）年3月15日

備が進められた。

　会場内は諸外国や有名企業などによる116のパビリオンと遊園地のエキスポランドなどが建設され、会場内の移動手段として動く歩道や自動運転のモノレール、電気自動車などが導入された。

日本人の4分の1が押しよせた

　主催者は会期中の入場者数を5000万人と予測していたが、実際には予測を大きく超える6400万人以上が入場した。特に会期末の混雑が激しく、9月5日、6日にはそれぞれ83万人が殺到し、入場制限が行なわれた。繰り返し来場した人もいたので、入場者の実数は2600万人程度と推定されている。ほとんどが日本人なので、日本人の4人に1人が訪れた計算になる。

　パビリオンではソ連館とアメリカ館が特に人気で、有名企業のパビリオンがこれらに続いた。土日や夏休みなどは人気のパビリオンはいずれも数時間待ち。肝心の展示より、建物の外観と人の行列ばかりを見て帰った人も少なくなかったが、それでも人が押しかけた。みんなとにかく万博というものに行ってみたというだけで満足だったのだ。

　万博のおかげで大阪周辺では多くの土木工事が行なわれ、会期中は日本中が万博への旅行ブームに沸いた。万博が日本経済にもたらした経済効果は当時の金額で3兆3000億円にのぼったといわれる。この年の国民総生産の0・5パーセントにもなる額である。

大阪万博は文字通り高度経済成長期の最後を飾る巨大なお祭り騒ぎだった。

覚書　大阪万博では戦争で立ち消えとなった東京万博の入場券が有効とされた。実際に3000枚あまりが使われた。

「よど号」ハイジャック事件

昭和45年（1970年）

日本初のハイジャック事件だった

昭和45年3月31日朝7時半、乗員7人と乗客131人を乗せて富士山上空にさしかかっていた羽田発福岡行きの日本航空ボーイング727型機「よど号」が赤軍派《せきぐんは》グループに乗っ取られた。日本初の航空機乗っ取り事件、「よど号」ハイジャック事件である。

赤軍派とは、武力を使ってでも共産主義革命を実現しようという左翼過激派グループである。犯人グループは田宮高麿《たかまろ》ら大学生を中心とした9人で、高校生も1人交じっていた。彼らは警察の追及の手が迫ってきたことから、ハイジャックで北朝鮮に脱出して革命運動を続けようとしたのである。

北朝鮮行きを迫る犯人たちに対し、機長は給油を理由に福岡板付《いたづけ》空港に「よど号」を着陸させた。犯人たちはここで乗客のうち女性や子供など23人を降ろしたが、給油が終わると警察の説得を振り切って、午後2時前、北朝鮮に向けて「よど号」を離陸させた。

ところが、「よど号」はアメリカと韓国の空軍機の誘導で韓国の首都ソウルの金浦《キムポ》空港に着陸した。すでに空港は北朝鮮の平壌《ピョンヤン》空港に偽装されており、犯人たちも一時は喜んだ。しかし、すぐに偽装がばれてしまい、事態は膠着《こうちゃく》状態となった。

人質となっている乗客たちの緊張や疲れが増すなかで、自民党代議士の山村新治郎運輸政務次官が乗客の身代わりとなることを決心し、「よど号」を北朝鮮に向かわせることになった。

4月3日、山村はソウルに到着、夜6時過ぎ、乗客の身代わりに人質となった山村と犯人たちを乗せた「よど号」は北朝鮮に向けて離陸した。操縦士に渡された地図はごく簡単なものだったという。解放された乗客たちは日航特別機で直ちに羽田に向かった。

北朝鮮による撃墜が心配されたが、「よど号」は1時間ほどで無事平壌に到着した。革命家気取りの犯人たちは北朝鮮側が引き取り、「よど号」と乗員、山村政務次官は、抑留されるかと心配されたものの、5日に無事羽田に帰還し、事件は一応解決した。

事件の影響

この事件がきっかけとなって早くも同年5月にはいわゆるハイジャック防止法が制

定され、防止体制が整えられはじめた。しかし同月、これに先立って広島でこれも日本初のシージャック（船乗っ取り）事件が、8月には全日空機の乗っ取り事件が起きるなど、連鎖反応的な事件が続いた。

「よど号」事件の犯人たちのその後であるが、共産主義革命を主張しながら北朝鮮で日本人と結婚して家庭を持ち、北朝鮮による日本人拉致事件にも関与したといわれている。

近年、犯人たちや家族の中から帰国するものが出はじめた。海外にいた間は時効が停止されるため、「よど号」事件の犯人が帰国した場合は逮捕されることになる。

覚書 当時はまだ運賃が非常に高かったため飛行機旅行は珍しく、飛行機の数も少なかったので、個々の機体に「よど」のような愛称がついていた。

三島由紀夫の自決

昭和45年（1970年）

耽美主義と武士道へ傾倒していた

昭和45年11月25日、戦後日本を代表する小説家の一人である三島由紀夫《みしまゆきお》が自殺した。ただしその方法は人々をアッと驚かせるものだった。

三島は大正14年、高級官僚の家庭に生まれる。学習院時代から小説を書き、川端康成《かわばたやすなり》に認められた。学習院を経て東大法学部を卒業。キャリア組官僚として大蔵省に入るが肌にあわず、まもなく作家業に専念。『仮面の告白』『愛の渇き』などで耽美的作風を打ち出して戦後派作家の代表的存在となり、『潮騒』『金閣寺』などで人気と名声を不動のものとした。多くの作品が外国語に翻訳され、ノーベル文学賞候補ともいわれた。

同性愛の傾向があったともいわれる三島は、ボディービルで肉体を鍛えるなど、自分の生活そのものも美的に演出していく。そうしたなかで学生運動や学園紛争への反感もあって日本の武士道精神に美を感じ、さらに、かつての軍国主義に共感を寄せるようになっていく。二・二六事件をモデルにした映画『憂国』を自ら製作・監督・主演したり、自衛隊とも交流を持ち、43年10月には軍隊まがいの同志的組織「楯《たて》の会」を結成する。

遺作となった小説『豊饒の海』四部作は、まさに彼の耽美主義と武士道精神への思い入れが結実した作品となった。この小説の結末部分の原稿はまさに自殺当日の朝、編集者に渡された。三島は当時の社会を、高度経済成長を謳歌するばかりで、日本の伝統を顧みない軽薄な社会と考え、国を憂える気持ちをつのらせていった。そして、自分の人生を美しく完結させるためにも、劇的な形で社会に警鐘を鳴らして果てようとしたのである。

自衛官たちの反応は冷たいものだった

11月25日午前、制服に身を固めた三島と「楯の会」一行は東京都新宿区の陸上自衛隊市《いちが》ヶ《や》谷駐屯地を訪れ、東部方面総監部の建物に入った。かつて陸軍士官学校や陸軍省だった建物である。三島らはここをしばしば訪れていたから誰からも怪しまれなかった。

三島らは総監室に入ると突如日本刀を振りかざし、総監を人質として立てこもった。バルコニーに垂れ幕が下ろされ、檄文《げきぶん》がまかれた。何ごとかと驚いて建物の前に集まった自衛官たちを前に、三島は自衛隊に決起を促す演説をぶったが、自衛官たちからはむしろ「何を言うか」などと反発の野次が飛んだ。

三島は失望し、総監室で「天皇陛下万歳」を叫びつつ割腹自殺した。ただし、自衛官だけでなく世論の反応も冷ややかだった。三島は自己の美学を磨くなかで、しだいに現実とのバランス感覚を失ってしまったのである。

覚書　三島を世に出した川端は、昭和43年に日本人初のノーベル文学賞を受賞していたが、文壇活動の疲れなどからか47年4月にガス自殺を遂げた。

昭和天皇の外遊

昭和46年（1971年）

史上初の天皇の外国訪問

昭和46年の9月から10月にかけて、昭和天皇と皇后がヨーロッパを歴訪した。天皇の外国訪問は史上初めてのことだった。

昭和天皇は、すでに皇太子時代の大正10年にヨーロッパを歴訪したことがあった。王室があるイギリスを中心にその印象は深く、再度訪問したいという気持ちがあったようだが、第二次世界大戦で各国を敵にまわしてしまい、長い間それどころではなかった。しかし、そろそろ各国の感情も好転しているだろうということで実現したのである。

天皇・皇后と随員たちは9月27日に日航特別機で羽田を出発。給油地のアメリカ領アンカレッジで、ニクソン大統領と史上初の天皇とアメリカ大統領の会見を行なった。このあとベルギー、イギリス、西ドイツを公式訪問、デンマーク、フランス、オランダ、スイスを非公式訪問し、10月14日に羽田に帰着した。

行く先々で王室や政府の関係者は天皇夫妻を厚くもてなし、フランスではかつて立ち寄った料理店で再び食事をしたり、離婚歴をもつ女性との結婚のため王位を捨てたウィンザー公（かつての国王エドワード8世）と再会するなど、皇太子時代の思い出に浸る機会もあった。

しかし、一般の人々の反応は冷ややかだった。オランダでは天皇の乗った車に魔法瓶が投げつけられてフロントガラスにひびが入るという事件が起きたし、オランダやイギリスでは第二次世界大戦中に太平洋戦域で日本軍の捕虜になり、過酷な扱いを受けた人々の抗議活動が見られた。

こうした事態になった背景には、かつて世界から危険視された国の当時の元首が現在も元首級の立場にあり、国際親善のためという名目でやってくることへの違和感や、天皇が一連の戦争について謝罪はおろか言及さえしないことへの反感があった。

訪米の際には戦争に言及した

こうしたことへの反省からか、昭和50年の9月から10月にかけて、天皇・皇后は史上初のアメリカ公式訪問の際、10月2日のフォード大統領主催の晩餐会でのスピーチで「私が深く悲しみとする、あの不幸な戦争」と初めて先の大戦に否定的な形で言及した。この発言はアメリカで好意的に評価され、今度は一般の人々からもおおむね歓迎された。

なお天皇は、皇太子時代の外遊の際にアメリカを訪問する構想もあったが、諸事情で実現せず、長年待ち望んだ訪米であったようだ。

しかし、なお昭和天皇とゆかりが深いが訪ねていない場所があった。中国と韓国、そして沖縄県である。中国と韓国の反日感情は依然強く、実現の見込みはなかった。沖縄県はのちに訪問が内定するが、昭和天皇は病気に倒れ、かなうことはなかった。

覚書 訪米の際、昭和天皇・皇后はディズニーランドを訪れた。その際もらったミッキーマウスの腕時計を昭和天皇は大変気に入り、しばしば着用していたという。

横井庄一と小野田寛郎
昭和47年（1972年）、昭和49年（1974年）

「未帰還兵」が生まれた理由

太平洋戦争末期、インドネシアやフィリピンに展開していた日本軍は米軍の強力な攻撃の前に崩壊した。生き残った将兵はジャングルの中でゲリラ戦に入ったが、まもなく食料や弾薬が尽き、飢えや病気で次々に亡くなっていった。

敗戦後まで生き残った場合も、捕虜になることは恥と教えられていたうえ、もはや組織的な連絡手段もなく、日本の敗戦を知らなかったり、そうした情報を米軍の謀略と考えたりしてジャングルの逃避行を続ける場合が少なくなかった。

そうした人々は戦後何人か「発見」されて救出されてきたが、そうした動きも長く途絶えていた昭和40年代末、2人の旧日本軍将兵のジャングルからの生還が大きな話題となった。昭和47年1月に発見された横井庄一と49年に発見された小野田寛郎《ひろお》である。

2人のその後

名古屋出身の輜重兵《しちょうへい》（輸送専門の兵士）として召集され、グアム島（アメリカの信託統治領）に送られた横井は昭和19年に逃避行に入った。彼は、住民に発見されることを恐れ、降伏もできず、一人で自活していた。元洋服職人だった横井は、衣服さえ植物の繊維から自分で作っていたのである。

横井は河原で食べ物を探しているときに住民に発見され、28年ぶりに生還することになった。羽田に降り立った横井の「恥ずかしながら帰ってまいりました」という第一声は当時の流行語の一つとなった。自分の墓が立つ地元に戻った横井は洋服店を開業し、結婚も果たして日本社会に復帰していった。

小野田は商社員だったが召集され、学歴があったため将校となり、ゲリラ戦の訓練を受けてフィリピンのルバング島に送られた。

小野田の場合は日本の敗戦を知っていたが、その情報を完全に信じることができず、部下の兵士たちとゲリラ戦を続けていた。そのため住民と遭遇した場合は逃げずに銃撃戦を行なったこともあった。銃撃戦では住民側に死者が出たことがあるだけでなく、小野田と行動をともにしていた兵士たちも死んだ。

小野田「発見」のきっかけは昭和47年10月に銃撃戦でそうした兵士たちの最後の一人、小塚金七《こづかきんしち》が射殺され、小野田が逃走したことだった。

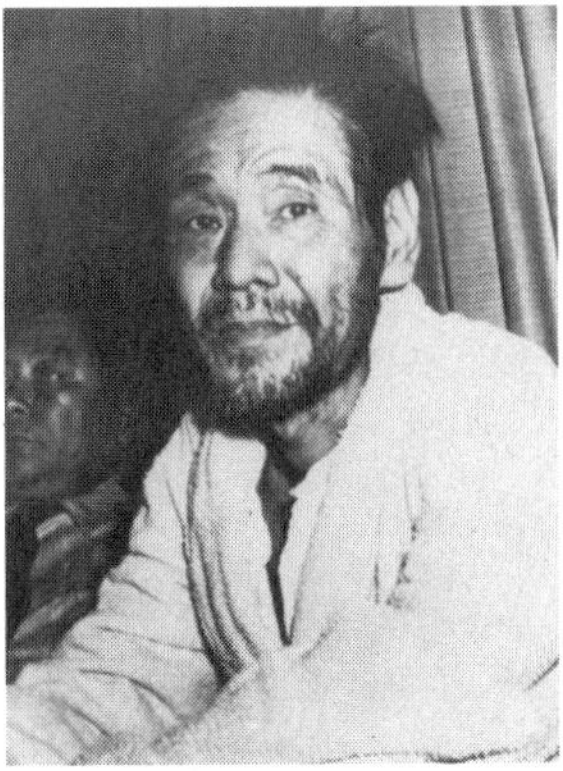

小野田寛郎　昭和49(1974)年3月　横井庄一　昭和47（1972）年1月

その後、日本人ジャーナリストが小野田への接触に成功、小野田は上官の命令があれば投降するとしたため、そのジャーナリストが元上官を動かし、昭和49年3月、小野田は命令に従ってフィリピン政府に投降するという形で生還したのである。

小野田は様変わりした日本社会に違和感を抱き、ブラジルにわたって生活することになった。戦後30年近くたった生還劇は、戦争の惨禍の大きさを人々に改めて印象づけた。

覚書　昭和49年12月にインドネシアのモロタイ島で見つかった中村輝夫の場合は、敗戦まで日本の植民地だった台湾の出身者で、台湾で大きな話題となった。

札幌冬季オリンピック

昭和47年（1972年）

ジャンプ選手の活躍

昭和47年2月3日から13日まで、35か国から1128人の選手が参加して札幌で冬季オリンピックが開催された。実は、昭和12年に昭和15年の冬季オリンピックは札幌で開催されることが決まっていたが、戦争のため昭和13年に政府の意向で返上していた。32年越しの悲願達成となったのである。

冬季オリンピックは1924年から始まり、日本はいち早く第2回のサン・モリッツ大会（1928年）から参加しているが、メダルは昭和31（1956）年のコルティーナ・ダンペッツォ大会でスキー回転競技の猪谷《いがや》千春《ちはる》が銀メダルをとっただけだった。

しかし札幌大会では地元とあって日本人選手団は過去最多の90人となり、男子ジャンプスキーで日本選手が大活躍して日本中を熱狂させた。2月6日、70メートル級ジャンプで、笠谷《かさや》幸生《ゆきお》が金、金野《こんの》昭次《あきつぐ》が銀、青地《あおち》清二《せいじ》が銅と、日本人選手が表彰台を独占したのである。その他、女子フィギュアスケートで銅メダルを取ったアメリカのジャネット・リンが愛らしい容姿で人気を集めた。

その後の昭和のオリンピック

札幌オリンピックは日本のウインタースポーツの水準を引き上げる役割を果たした。

以後、昭和55年のレークプラシッド大会では八木弘和《ひろかず》が70メートル級ジャンプで銀メ

「日の丸飛行隊」笠谷幸生（中央・金）、金野昭次（左・銀）、青地清二（右・銅）
昭和47（1972）年2月6日

ダル、59年のサラエボ大会では北沢欣浩《よしひろ》がスピードスケート男子500メートルで銀メダル、63年のカルガリー大会ではスピードスケート男子500メートルで黒岩彰《くろいわあきら》が銅メダルとメダル獲得が続き、平成4年のアルベールビル大会では、女子フィギュアスケートの伊藤みどりや女子スピードスケートの橋本聖子をはじめ計7つのメダルを獲得した。そして、平成10年、二度目の日本開催となった長野大会で10個のメダル獲得となっていくのである。

なお、夏のオリンピックのほうでは、昭和43年のメキシコ大会では東京大会の余波で金11を含む25個ものメダルを獲得する活躍ぶりを見せ、その後も多くのメダルを獲得していく。また、昭和55年のモスクワ大会は、54年12月のソ連のアフガニスタン侵攻に抗議して西側諸国がボイコットした関係で日本も選手団を送らなかった。その余波で次のロサンゼルス大会（昭和59年）はソ連圏諸国がボイコットした。

昭和47年のミュンヘン大会でパレスチナゲリラがイスラエル選手団を殺害した事件も含め、スポーツも政治とは無縁ではないことがオリンピックを通じてよくわかる。

覚書　冬季オリンピックは長らく夏のオリンピックと同じ年に開催されてきたが、平成6年（1994年）のリレハンメル大会から2年ずらして開催されている。

旅行の変容

昭和30年代（1955年〜1964年）〜昭和50年代（1975年〜1984年）

高度経済成長期の主流は社員旅行

高度経済成長がもたらした豊かさは、旅行のあり方も変えていった。

江戸時代以来、商用や用務以外の旅、つまり楽しみのための旅といえば一生に一度のお伊勢《いせ》参りか、近場の有名寺社や湯治場に一生に何度か行くくらいだった。近代に入ると修学旅行が始まり次第に普及した。

昭和に入ると鉄道の発達により、東京ならば日光《にっこう》、箱根《はこね》、熱海《あたみ》など、都市部で周辺の温泉地や観光地に一泊旅行という楽しみも贅沢ではなくなってきたが、戦争の激化と敗戦はそうした楽しみも奪ってしまった。

しかし、戦後復興が進んで高度経済成長の時代に入ると旅行を楽しむ余裕も出てきた。ただし、高度経済成長期の旅行の主流は職場の懇親のための団体旅行、つまり社員旅行だった。行き先はたいてい温泉地で、列車、あるいはバスを借り切って飲めや歌えの大騒ぎ、到着すると旅館の大広間でまたまた無礼講の大宴会というパターンである。

かつて有名温泉地の旅館はいずれも部屋数の多さと宴会場の広さを競ったものだが、それは社員旅行の団体が主な顧客だったからである。

万博以後、旅行の形態は多様化した

しかし、昭和45年の大阪万博を契機に家族旅行が急増して、旅行者数の3分の1を占めるようになり、団体旅行客は実数こそ減らなかったが、以前の半分強から3分の1の比率になった。そこで旅行会社はこうした個人客が旅行に出かけやすいよう、宿と交通機関をセットにした旅行プランを作り、各社独自のブランド名をつけて売り出すようになった。

また、国鉄は万博終了後の利用客減少を防ぐため、万博終了後すぐに「ディスカバー・ジャパン」というキャンペーンを始めた。これは団体や家族ではなく、若い女性など個人客の開拓を目指したものだった。女性の1人や2人旅はかつては危険とされ、旅館でも女性の1人客は断わられることが多かったが、高度経済成長によって激増したOL（オフィスレディ）と呼ばれる若い事務職員層の未婚女性は、旅行欲が強かったのである。

こうして、旅行のありかたは、高度経済成長の進展によって、団体旅行中心から、次第に家族や友人同士、あるいは1人でもという形に多様化していったのである。

なお、海外旅行は、やはり高度経済成長の恩恵で昭和39年に自由化されたが、なお外貨流出を恐れる大蔵省の意向でさまざまな制限があった。

その制限は次第に緩和され、昭和40年には海外向けのパック旅行プランも発売されるようになるが、海外旅行に気軽に行けるようになるのは、昭和53年に大蔵省が外貨持ち出し制限を完全に撤廃し、さらに61年ごろから円高ドル安が進んで渡航費用が安くなってからのことになる。

覚書　アメリカは軍備競争で停滞した国内経済を救済するため、昭和46年8月にドルの金との交換を停止、日本を含む各国は為替レートを固定制から変動相場制に移行した。ちなみにそれまでは1ドル360円だった。

悲願の沖縄返還

昭和47年（1972年）

昭和47年までは外国だった沖縄

沖縄は現在では沖縄県として日本の一部である。しかし、昭和47年5月14日までの一時期、パスポートがないと行けない事実上の外国だった。

沖縄はもともとは琉球《りゅうきゅう》王国といい、独自の言語と文化をもち、中国（清《しん》朝）と日本の薩摩《さつま》藩に貢物を贈っていたとはいえ、一応独立した国だった。しかし明治維新の後、明治5年に日本に編入され、明治12年に沖縄県が置かれた。

だが、沖縄県は政府から差別的扱いを受け、しかも太平洋戦争末期には内地で唯一の戦場となり、県民だけで9万人を上回る死者を出した。しかもそのなかには、軍国主義教育の結果、米軍への投降を拒否して自決した「ひめゆり部隊」のような女学生たちや、足手まといになるとして日本軍に殺された人々もいた。

昭和20年6月にアメリカ軍に占領されると国内で唯一アメリカ軍の直接統治を受け、朝鮮戦争などで沖縄の戦略的重要性が判明するとアメリカ軍は住民を強制的に立ち退かせて沖縄本島のあちこちに基地を建設した。その結果、昭和27年の講和条約発効後も事実上アメリカ軍の軍政が続いた。そこで沖縄の人々は、本土復帰を強く願って運動を続けたのである。

佐藤栄作の奮闘

これに真剣に対応しようとしたのが佐藤栄作首相（298頁参照）だった。佐藤は首相就任前から公約に沖縄返還の実現を掲げ、昭和40年8月に首相としては戦後初めて沖縄を訪問して返還実現への熱意をみせた。また、たび重なる訪米でも沖縄返還問題を大統領との会見で話題にした。

しかし実現には大きな壁があった。アメリカ軍のもつ核兵器である。唯一の被爆国である日本では、とりわけ核兵器への拒否反応が強く、返還となると基地は存続できても核兵器は撤去しなければならない。これはアメリカ側としては応じにくい話だった。一方、社会党などの野党も、佐藤が返還実現のかわりに事実上、核の持ちこみを許すのではと疑っていた。

佐藤は昭和42年12月に国会で「核を持たず、製造せず、持ち込ませず」という非核三原則を、44年3月には沖縄返還の原則として「核抜き本土並み」を明言して野党や世論の疑惑をかわす一方、アメリカと秘密裏に交渉を続けた。そして、もう一つの懸案だった繊維問題についてはアメリカに譲歩し（日本製品の輸出抑制）、有事には核持ちこみを許すという密約を交わすことで返還を実現した。

昭和46年6月17日に沖縄返還協定が結ばれ、47年5月15日に返還されて沖縄県が復活した。通貨はドルから円に、クルマは右側通行から左側通行にかわった。

悲願が達成されたことにより、沖縄の人々の喜びは大きかった。しかし、政府の沖縄振興策は十分な成果をあげられず、基地の返還もあまり進まず、返還後50年以上たってもなお課題が山積したままである。

覚書　国会で沖縄返還協定の軍用地補償費を日本が払うという密約を暴露されたことから昭和47年3月末から4月初めにかけて外務省の秘密漏洩事件が発覚。同省事務官と新聞記者が逮捕され、報道の自由との関係で大きな問題になった。

連合赤軍あさま山荘事件

昭和47年（1972年）

立てこもった連合赤軍

昭和46年7月、45年に「よど号」ハイジャック事件（354頁参照）を起こした赤軍派と、資金稼ぎのために銀行強盗を繰り返していた京浜安保共闘が合体して連合赤軍が生まれた。武力闘争で共産主義革命を実現しようという、過激派のなかでももっとも過激な集団であった。

警察は群馬県内の山中にあった彼らの隠れ家を突き止めたが、ライフル銃など武器や爆弾をもった未成年者を含む5人の男性メンバーが逃げ出し、たまたま通りかかった長野県軽井沢の別荘地帯にあった企業の保養所「あさま山荘」に逃げこみ、管理人の妻を人質に立てこもった。昭和47年2月19日午後のことである。

犯人たちは警官隊の突入に備え、室内の家財を使って巧妙なバリケードを築き、山荘にあった食料を勝手に自分たちのものにした。犯人たちは人質の女性に、自分たちは共産主義者として権力と戦っているのだから協力するよう説得したが、女性は拒否した。まもなく警官隊が包囲し、警察はもちろん、人質や犯人たちの家族が投降や人質の解放を呼びかけたが、犯人グループは一切答えず立てこもり続けた。説得役を買って出る人も現われたが、犯人たちに射殺されてしまった。その一部始終はテレビで中継された。

警察は東京から機動隊を動員するなど1500人体制で十分に準備を整え、2月28日朝10時すぎから突入作戦を開始した。

警察はまず山荘の壁を壊し、催涙ガス弾や激しい放水で犯人たちを追い詰めていった。しかし、犯人たちも発砲したり爆弾を投げつけたりして激しく抵抗し、警官側にも死者2人、重軽傷者26人という犠牲を出した。

ちなみにこの日、ほとんどのテレビ局は夕方に突入作戦が終わるまで中継放送を続け、合計の視聴率は9割近くに達した。

内ゲバの発覚

午後6時すぎ、ついに犯人5人全員が逮捕され、人質も無事救出された。まる10日にわたり、日本中を震撼《しんかん》させた事件は終わった。

しかし、事件直前に逮捕された連合赤軍メンバーの供述はさらに世間を驚かせた。彼らは、山中でのテロ訓練の最中に仲間内でのリンチ事件（内《うち》ゲバ）をも起こし、

あさま山荘周辺を包囲する警官隊　昭和47（1972）年2月23日

14人が殺害されていたのである。そのなかには女性、それも妊婦までいた。さらに5月30日には赤軍派の一部がイスラエルのテルアビブ空港で銃を乱射し、26人を殺害する事件まで起きた。

過激派はこのように自己の主張の実現を急ぐあまり、狂信的な集団と化して社会の同情や支持をほぼ完全に失った。それは彼らの主張があまりに現実離れしていた証拠でもあった。その後、過激派は内ゲバやさらなる凶悪事件に走ることで、さらに社会から遊離していくことになる。

覚書 内ゲバとは過激派同士の実力闘争のこと。原因は路線対立や主導権争いが相手への憎しみにまでエスカレートしたことにあった。重軽傷者のみならず死者も出た。

連続企業爆破事件

昭和49年（1974年）

大企業を敵視したテロリストたち

昭和49年8月30日、昼休みの人出でにぎわう東京丸《まる》の内《うち》のオフィス街、三菱重工本社ビルの正面玄関で強力な時限爆弾が爆発、死者8人、重軽傷者359人という大惨事となった。爆風だけでなく、周囲のビルのガラスが爆風で割れて破片が街路に降り注いだことが被害を大きくしたのである。

三菱重工には予告電話があったが、爆発直前のため避難する時間的余裕はなかった。白昼突然の爆弾テロに人々はおびえた。

警察は極左過激派の犯行とにらんで捜査を始めたが、手がかりがつかめないうちに、10月14日には三井物産の本社、12月10日には大成建設の本社と、東京都心にある大企業の本社がつぎつぎと爆弾テロの標的となり、重軽傷者が出た。いずれも予告電話があり、東アジア反日武装戦線を名乗っていた。

この間、爆弾闘争を主張するトロツキストと呼ばれる過激派集団の指導者太田竜《りゅう》が、

10月22日に北海道でアイヌ像爆破事件を起こして自首していた。警察は一連の企業爆破も太田らがからんでいると見て追及したが、手がかりはつかめなかった。

その間にも事件は続いた。昭和50年2月28日には、再び東アジア反日武装戦線を名乗るグループにより建設会社間組《はざまぐみ》の本社（東京青山）と大宮工場（埼玉県）が爆破され、5人が重軽傷を負った。

今度は犯人グループのうち8人が5月に逮捕され（1人は自殺）、極左の一部であるアナーキスト（無政府主義者）であることが判明した。無政府主義とは、国家権力を人間性を抑圧するものとして徹底的に否定する考え方であるが、荒唐無稽な考え方といわざるを得ない。

皇太子夫妻も狙われた

ところが、犯人全員を逮捕したわけではなかったため、なおグループは健在で、昭和50年9月にはアジトとしていた神奈川県横須賀《よこすか》市の木造アパートの一室で製造中の爆弾が暴発して5人が死亡する事故を起こし、さらに51年春にかけて、東京、大阪、北海道で、大企業や警察を含む官公庁をねらった小規模な爆弾テロを行なっていく。

アナーキストたちの爆弾テロはこれで終息したが、いくつかのグループに分裂して活動を続ける過激派のテロはその後も成田空港反対運動を中心に続くことになる。

三菱重工本社ビル爆破事件　昭和49（1974）年8月30日

なかでも昭和50年7月17日には、沖縄国際海洋博覧会開会式に出席のため沖縄を訪れ、太平洋戦争の戦跡「ひめゆりの塔」に慰霊のため参拝中の皇太子（現上皇）夫妻に火炎瓶が投げられ、大きく報道された。犯人は過激派の学生で、警察の警備の盲点を突き、戦跡である洞窟に潜んでテロを実行したのである。

皇太子夫妻は無事で、美智子妃が皇太子明仁《あきひと》親王をかばう映像は、現在でも皇室を取り上げたテレビ番組などで時々放映されている。

しかし、結局こうした過激なやり方が人々の共感を呼ばなかったことはいうまでもない。

覚書　ビル街で地震や爆発事故などの際に窓ガラスの破片が散乱してけが人が出るのを防ぐため、一連の爆弾テロ以後、次第に強化ガラスの導入などの対策がとられるようになった。

■COLUMN■　昭和の東京を写した写真家　桑原甲子雄

　雑誌や本などで戦前から戦後にかけての東京の街の様子を写した写真をみると、警視庁の写真係だった石川光陽《こうよう》撮影か、桑原甲子雄《くわばらきねお》撮影となっているものが少なくない。このうち桑原は、ふだん着の東京の姿の撮影に抜群の才能を発揮してきた写真家である。

　桑原は大正2年に東京下町の質屋の息子として生まれた。旧制中学を卒業後、家業を継いだ彼は、趣味として写真を撮り始める。ちょうど欧米で片手でも撮れるコンパクトなカメラが商品化されたころである。カメラを事件現場に手軽に持ちこめるようになったので報道写真が普及しはじめ、日本でも裕福な家庭の少年たちの間で、カメラ片手に鉄道や飛行機など乗り物の撮影をするのが人気のある趣味となっていた。

　ただし、病弱で恥ずかしがり屋の桑原は、ひっそりと近隣の下町の風景を撮り続けた。それらの作品は、何度か写真コンクールに入選したもの以外はネガのまま長らく桑原家の蔵の中に眠ったままだった。桑原は戦後は写真雑誌の編集長として活躍したものの、写真撮影は趣味の領域にとどまった。しかし、昭和48年に初めての個展が開かれて以来、ふだん着の下町や庶民の生活を捉えた独特の作風が注目されるようになった。

彼の作品には看板やポスターが写りこんでいることが多いため、時代の証言者としての一面もある。昭和史好きの人ならば、昔の人々の息遣いさえ聞こえてきそうな桑原の作品世界に思わず引き込まれてしまうだろう。

第五章

昭和のおわり

昭和50年頃〜昭和64年

今太閤　田中角栄

昭和47年（1972年）

最終学歴は高等小学校卒

昭和47年7月7日、自民党政権の首相の座についた田中角栄《かくえい》は54歳の若さだった。田中は大正7年新潟県に生まれ、高等小学校卒業後、上京して苦学しながら土建業を起こし、財を築いた。戦後は政界入りをめざし、昭和22年の総選挙で初当選し、保守系政党を渡り歩いた。23年に法案審議をめぐる汚職疑惑に連座したが、27年に無罪となった。

他の保守系の有力政治家と違い、学歴も有力財界人との人脈もない田中にとって、その手腕と人心収攬《じんしんしゅうらん》能力とカネだけが政界で出世していく手段だったから、以後も政治資金作りのため、不明朗な不動産取引を続けていくことになる。

田中は冬季の生活が厳しい日本海側の出身だけあって地方の開発に強い関心をもち、ガソリン税を道路整備財源用の目的税とした法律を成立させたことからもわかるように、議員立法という手段を活用して地方開発を促進した。こうした実行力や豊富な資金にものをいわせて、昭和32年、田中は39歳の若さで郵政大臣として初入閣、各地のローカルテレビ局36局に一括して放送免許を交付し、決断力をアピールした。

その後田中は佐藤派の有力者として佐藤栄作政権で長く自民党幹事長を務めたが、田中に金銭的な疑惑があることを知っていた佐藤は福田赳夫《たけお》を後継者に考えていた。

しかし、田中はカネと「日本列島改造論」（389頁参照）という夢のような国土開発構想でアピールして党内の多数派を味方につけて総裁選挙を勝ち抜き、総理総裁の座をつかんだ。最終学歴が高等小学校の首相は史上初めてのことで、世間は豊臣秀吉になぞらえて「今太閤《いまたいこう》」と呼び、あるいは有能な官僚たちをブレーンとし、精力的に仕事をこなすことから、田中を「コンピュータつきブルドーザー」とも呼ぶなど、好意的に迎えた。

首相在任中は精彩を欠いた

しかし、「決断と実行」をスローガンに始まった首相在任中に成果をあげたといえるのは、就任直後の日中国交正常化の実現だけだった。昭和47年12月の総選挙や49年7月の参院選ではカネに頼りすぎて苦戦し、列島改造論は地価の高騰と乱開発を招き、東南アジア歴訪は「エコノミックアニマル」として非難の対象となった。石油ショックへの対応も失敗して宿敵福田の助けを借りなければならず、ついにジャーナリスト・立花隆《たちばなたかし》に錬金術の不明朗さを暴かれ（田中金脈問題）、49年12月に退陣した。追い討ちをかけるように51年7月にはロッキード事件（423頁参照）に連座して逮捕される。

田中は派閥政治、金権政治をはびこらせ、公共事業をばら撒いて赤字財政の元凶を作ったとして評判が悪い。しかし、列島改造などの政治理念を再評価する向きもあり、田中派が有能な政治家を多数輩出したことも事実である。

（覚書）田中は、官僚や政治家には当時としては違法にならない範囲でカネを配り、陳情客には親身に相談に乗り、すぐに案件を処理することで人心をつかんでいったのである。

『日本列島改造論』

昭和47年（1972年）

91万部超のベストセラーに

佐藤栄作のあとを継ぐ自民党総裁を決める総裁選挙が迫った昭和47年6月20日、1冊の本が出版され、大きな反響を巻き起こした。田中角栄著『日本列島改造論』である。

この本は、実は田中の秘書だった早坂茂三《しげぞう》が、これまで田中の政策立案に協力してきた官僚たちとともにまとめたものだった。しかし、その内容は、従来田中が機会あるごとに多くの官僚の協力を得て練り直し、主張してきたものだったので、実質的には田中が書いたといっても間違いではない。

この本は当時のベストセラーとなった。有力首相候補の政策論についての著書が話題になるという風潮はこのあたりから始まったとみてよかろう。しかし、この本は現在ではすっかり忘れられてしまった。そこでその内容を紹介してみたい。

『日本列島改造論』日刊工業新聞社刊
昭和47（1972）年

日本中を熱狂させたその内容は

まず田中は、高度経済成長によって太平洋ベルト地帯に産業、人口が集中し、過密による都市問題が噴出している一方、農村は過疎に悩んでいると指摘する。そして、「国民がいまなによりも求めているのは、過疎と過密の弊害の同時解消であり、美しく、住みよい国土で将来に不安なく、豊かに暮らしていけること」として、「工業の全国的な再配置と知識集約化、全国新幹線と高速自動車道の建設、情報通信網のネットワークの形成などをテコにして、都市と農村、表日本と裏日本の格差は必ずなくすことができる」と説く。

つまり、工場を地方に分散することと、それを定着させるため、どこにいても情報のやり取りや移動がすばやく行なえるよう交通・通信網を整備することで、大都市の過密と地方の過疎を一挙に解消できるというのが〝日本列島改造論〟だというのである。

そしてこの政策を実現するための資金は、これまでの高度経済成長が生んだ富を活用すればよいとする。

田中は、過去の自分の政治活動の実績を示し、さらに各省庁による経済成長や人口の推移、交通需要の予測データを列挙して、自分の力量と統計にもとづく将来予測から、日本列島改造論は必ず実現できると説いていく。

この著書によって田中の人気は急上昇した。しかしあまりにもバラ色だらけの将来像は人を失望させるのも早かった。田中が自民党総裁と首相になってまもなく、本書の予測を覆すような事態ばかりが続き、田中の人気はアッという間に衰えていくのである。

ただし、この本で語られた、経済成長至上主義の否定のうえに格差や社会問題の解消を図るという理念は間違っていないとして、一定の評価をする向きもある。

覚書　この本は公害への配慮も説いているが、実際には日本中を開発してしまおうという話である。このころまでは工業化、近代化が絶対善として信奉されていたことを忘れてはならない。

日中国交回復とパンダフィーバー

昭和47年（1972年）

親台から親中へ

日本と中国は、古代より日本が中国文明の恩恵を受けるなど長く関係があったが、明治維新以後はアヘン戦争の敗戦により欧米の植民地化が始まっていた中国に対して日本は高圧的な態度をとった。昭和初期には一時期、対等な国交を結んでいたこともあったが、その後は日中戦争、さらに太平洋戦争と断絶の時期が続いた。

戦後、東西冷戦のなかで親米政権である台湾の国民政府とは国交を回復していたものの、中国本土を支配する共産党政権（中華人民共和国）とは関係を修復することができなかった。

ところが、昭和47年2月21日、突如アメリカのニクソン大統領が北京を訪問、毛沢《もうたく》東《とう》主席と会談して米中和解が実現した。キッシンジャー国務長官の隠密外交による緊張緩和策の一環だった。もともと日本も、輸出市場拡大のために、膨大な人口を抱える中国との関係を深めたいとして、断続的に非公式の国交回復交渉を行なってきてい

カンカン（右）とランラン（左）
昭和51（1976）年3月、上野動物園

たが、時の佐藤首相は親台湾派として知られており、アメリカに先を越された形となった。

事態の打開の機会は、田中角栄への首相の交代によってようやく訪れた。

9月25日、田中首相は日航特別機で北京を訪問、毛沢東主席や周恩来《しゅうおんらい》首相と会談して日中国交回復の交渉を行なった。台湾の扱いや日本の戦争責任問題や補償問題で会談は難航したが、日本は台湾とは国交を断絶し、台湾問題は中国の内政問題と認めること、田中が首相として過去の戦争に関して謝罪の意を表わす趣旨の発言を行ない、中国側も補償は求めないということで合意に達し、9月29日、国交回復を宣言した。

同時に台湾政府との国交は断絶となったが、民間レベルでの交流は続くことになる。

上野動物園のパンダフィーバー

中国政府は国交正常化を機に、中国にしか生息しない珍獣ジャイアントパンダを日本に贈ることを発表、日中親善ムードは一気に盛り上がった。

カンカン（オス）とランラン（メス）の2頭のパンダは10月28日に東京の上野動物園に到着し、パンダ人気はさらに盛り上がる。11月5日の一般公開初日には約6万人もの人がパンダを一目見ようと動物園に押しかけた。すさまじい混雑ぶりで、2時間待ちで見られるのはわずか50秒。あまりの盛り上がりにパンダも驚いたのか、ランランがダウンしてしまうハプニングも起きた。以後も代替わりはしたものの、依然、パンダは上野動物園の人気者である。

日中親善ムードは盛り上がったが、なお共産主義体制が続いていた中国との経済関係の強化や観光客の送り込みは容易ではなく、経済効果が現われるのは平成以降になる。

覚書　台湾の法律が共産党政権との交流を禁じていた関係で、日台断交以後、中国に乗り入れる航空会社は台湾に乗り入れできなくなり、日本側は日台間運航専門の航空会社（日本アジア航空）を設立した。

順法闘争とスト権スト

昭和45年（1970年）～昭和50年（1975年）

手順を厳格に守って業務を遅らせる順法闘争

昭和40年代後半、国鉄の労働争議で順法闘争という手段がよく使われた。ATS（自動列車停止装置）が導入された昭和30年代後半から始まった闘争方法で、ATS作動時の安全確認をふだん以上に時間をかけてやることで列車ダイヤを乱れさせるのである。

当時、国鉄には総評系の国労（国鉄労働組合）と動労（国鉄動力車労働組合）、国鉄当局に協調的な鉄労（鉄道労働組合）という三つの労組があったが、昭和45年から国鉄が始めた生産性向上運動（マル生《せい》運動）をきっかけに、もともとよくはなかった国労・動労と当局の関係が決定的に悪化した。

両労組は、合理化反対やスト権奪還、ストに対する処分撤回を求めてストや順法闘争を強化した。公務員や国鉄など公営企業体の職員は、ストを行なった場合の社会的影響が大きすぎるとして、昭和23年以来、ストを禁止されていたためである。

順法闘争は次第に激しさを増し、昭和47年春以後は4日に1日の割合で行なわれた。その結果、特に首都圏の朝夕のラッシュ時にはダイヤの乱れや混雑が激しくなり、48年3月1日には山手線池袋《いけぶくろ》駅で骨折による重傷者が出るほどだった。

乗客の怒りが爆発した上尾事件

そしてついに利用者の怒りが爆発した。昭和48年3月12日夜、東北線や高崎《たかさき》線のダイヤの乱れに怒った乗客たちが上野駅などで電車や駅の施設を壊し、警察が出動する騒ぎとなった。翌日の朝には、埼玉県内の高崎線上尾《あげお》駅で、順法闘争によるダイヤの乱れで上り電車に乗れないことに怒った約1000人の乗客が暴れ出し、駅員になぐりかかるだけでなく、駅や停車中の電車を破壊した。この事態に警察が出動し、7人が逮捕された。

しかもその間に上尾駅につめかけた6000人もの乗客は、列車が来ないことにいらだって勝手に線路上を歩き出し、なかには上尾駅の切符売り場や自動販売機の現金を盗むものまで現われた。駅周辺は、無秩序状態となってしまったのである（上尾事件）。さらに4月24日夜には首都圏の38駅で乗客が暴動を起こし、この日の逮捕者は138人にのぼった。駅や車両が破壊された影響で25日朝の首都圏の国鉄はほぼ全面ストップとなった。

駅構内に乱入した乗客と高崎線の上下電車
昭和48（1973）年3月13日、上尾駅

それでも国労・動労はこの事態は当局が悪いとして闘争を続け、昭和50年11月26日にはついにスト権奪還を掲げる全面ストを打った（スト権スト）。

当時の三木武夫《みきたけお》首相はスト権回復による収拾を考えたが、中曽根康弘《なかそねやすひろ》自民党幹事長は、度重なる順法闘争やストによって国民が国労・動労に批判的になっていることをふまえ、両労組の要求には一切応じない態度をとったため、ようやくストは12月3日に中止。これだけ長期間のストは前例がなく、国民生活への影響も大きかった。

両労組の要求自体には一理あったが、国民生活へのしわ寄せがあまりに大きくなり、国民の支持を得られなくなってしまったのである。

覚書　国労・動労の両労組は闘争手段の一つに車両も使った。車両の側面などにペンキで闘争スローガンを書いたり、ビラを貼ったりしたのである。今では考えられないことである。

日韓関係と金大中事件

昭和48年（1973年）

事件の背景

朝鮮半島は明治43年から昭和20年の日本敗戦まで日本の植民地だった。その間、日本側は創氏改名や日本語教育の強制など民族的自尊心を逆なでするような施策を行なうことが多かったうえ、戦時中は労働者や慰安婦として強制連行された人々も少なくなかった。戦後独立した韓国や北朝鮮の国家や国民が強い反日感情をもったことは不思議ではない。

それでも隣国である以上、漁業権など協議すべき問題がいくつもあり、韓国としては日本の経済援助も望んでいたため、国交の樹立が求められた。そこで昭和26年から日韓交渉が始まったが、日本が植民地支配の責任をなかなか認めなかったため、日韓基本条約の締結によって国交を樹立できたのは交渉開始から14年も経った昭和40年6月だった。

当時の韓国大統領は昭和36年のクーデターで政権を掌握した軍人出身の朴正熙《パクチョンヒ》で、

韓国の急速な近代化を進めるためとはいえ、強権的な手法をとっていたので内外の批判も強かった。金大中《キムデジュン》事件とは、そうした批判勢力の中心人物だった金大中（野党新民党の前大統領候補）が、韓国の外交官によって日本から韓国に拉致されるという前代未聞の出来事だった。

日本の主権を侵害された事件だった

昭和48年8月8日、東京都内のホテルに滞在中の金が突如何者かに拉致されて行方不明となり、5日後の13日、ソウルの自宅に現われた。金は韓国人と思われる人々に拉致されてきたとメディアに証言した。日本の警察が捜査に乗り出し、駐日韓国大使館の一等書記官ら韓国外交官の犯行と断定した。韓国政府は、日本やアメリカなどで朴政権批判を繰り広げる金を目障りと感じ、発言を封じるため、拉致して自宅に軟禁したのである。

こうした行為は日本の主権を侵害するものであり、当然日本政府は、韓国政府に抗議するとともに原状回復（金を日本に戻すこと）と犯人の引渡しを求めたが韓国側は拒否した。日本のメディアも韓国政府の対応を批判し、原状回復を強く求めた。しかし、当時の自民党政権は朴政権を支持していたため、11月に韓国側が謝罪するが原状回復はしないという形での政治決着が図られた。ただし、韓国の強権政治はその後も内外から批判が多く、金はのちに再び自由な政治活動を許され、平成10年に大統領に就任、5年間の在任中に南北対話の拡大に貢献するなどの功績をあげることになる。

なお、金大中事件から1年後の昭和49年8月15日、ソウルで行なわれた韓国の独立記念日の式典の席で在日韓国人の男によって朴大統領が狙撃され、大統領自身は無事だったが、大統領夫人と女子高生一人が流れ弾で死亡する事件が起きた。犯人が日本で北朝鮮側の組織と連絡をとって犯行に及んだことから、韓国では反日気運が一時的に高まった。

覚書　日韓関係は平成14年のサッカーワールドカップ日韓共催の前後から、少なくとも民間レベルでは急速に親善の度合いを深めた。しかし、その後、領土問題（竹島問題）、戦時中の朝鮮人労働者強制労働問題（徴用工問題）などのため、政府間の関係は微妙な状態が続いている。

第一次石油ショック
昭和48年（1973年）

街中の店からトイレットペーパーが消えた

昭和48年10月6日、第二次世界大戦後にイスラエルが建国されて以来のアラブ諸国との確執から第四次中東戦争が勃発した。その直後、世界有数の産油地だったアラブ諸国は、イスラエルを支援する西側諸国を牽制《けんせい》するため、21パーセントもの原油値上げと5パーセントの原油生産削減を決めた。

関西地方ではこれによってトイレットペーパーが品薄になるのではないかといううわさが飛び、10月29日ごろから主婦たちによる買いだめ騒動が発生した。スーパーの陳列棚はアッという間にカラになり、トイレットペーパーの値段を三倍につりあげる便乗商売を行なう悪徳業者も現われた。

実際には在庫は豊富にあり、通商産業省の指示で急遽《きゅうきょ》店にはトイレットペーパーが山と積まれ、騒動は1週間ほどでおさまった。

日本経済は乱れ、日本列島改造計画も頓挫した

第四次中東戦争の戦闘自体は2週間あまりで小康状態となったが、問題の解決にはほど遠く、アラブ産油諸国は11月から原油生産をさらに25パーセント、12月にはさらに5パーセント削減することを決めた。

西側諸国は大きな影響を受けたが、なかでも日本は深刻だった。石油のほとんどは輸入で、その7割がアラブ産だったうえ、備蓄がほとんどなかったからである。そこで、時の田中内閣は11月16日、石油緊急対策要綱を決めた。暖房は20度以下、ネオンやテレビ放送の深夜の休止、ドライブや旅行の自粛、週休2日制の普及、企業の石油や電力の消費量1割削減、デパートの営業時間短縮やガソリンスタンドの休口休業など、戦時中を思わせるような大胆なエネルギー節約策である。これらの多くが実施され、夜の繁華街は薄暗くなったが、今度は関東地方で生活必需品の買いだめ騒動が起きた。当然公共事業も削減や繰延べとなり、すでに始まっていた地価上昇ともあいまって、田中内閣の看板政策だった日本列島改造計画は頓挫した。

田中内閣は石油需給適正化法と国民生活安定緊急措置法の制定を進めるとともに、イスラエル支持を続けるようにというアメリカの要請を振り切り、西欧諸国とともに親アラブ政策に転じた。アラブ諸国は原油価格を2倍に、生産をさらに5パーセント削減しようとしていたが、12月25日に生産削減は撤廃された。

こうして石油がなくなるという最悪の事態は回避され、極端な節約策もしだいに緩和されていく。しかし原油の高値は続いたため、便乗値上げや売り惜しみが続出し、日本経済は敗戦直後以来の大混乱に陥ることになる。

覚書　昭和54年には、前年起きたイラン革命の影響でアラブ産油諸国が再び原油の大幅値上げなどを行なったため、第2次石油ショックが起きることになる。

狂乱物価と買占め・売り惜しみ
昭和48年（1973年）～昭和49年（1974年）

経済の混乱が目立った田中内閣期

田中内閣の2年半は経済の混乱が目立った時期だった。まず田中の持論である日本列島改造論に振り回される形で投機インフレと地価暴騰、そして商社の買占め・売り惜しみが起きた。

田中内閣の成立前に、日本経済が輸出ばかりして輸入せず、諸外国から不満が出ていたことから、日本銀行は内需拡大のために金利を下げた。貯蓄するよりお金を使ってもらおうということである。そこへ田中政権の誕生により日本列島改造論が実行に移されるというので、土地や建設資材の需要が激増する見通しとなった。

金が余っていた大手商社は金に任せて買占めに走ったのである。

昭和48年5月の公示地価は前年比30パーセントという急騰ぶりだった。さらに建築用材木だけでなく繊維製品や、当時は自由販売が認められていなかった米（もち米）まで買占めの対象となった。

こうなると消費者も黙っていない。消費者団体は政府や商社に抗議活動を行なった。国会でも商社の行動が問題となり、もち米を買い占めた商社は食糧管理法違反で起訴された。

はじめは正当な商行為と弁解していた商社側も自粛を表明したが、そのころにはもう買い占めるものもなく、商社は儲けるだけ儲けたあとだった。

33パーセントも上昇した「狂乱物価」

経済の混乱が一段落した昭和48年秋、今度は第一次石油ショックが起きる。その影響で48年末から再び便乗値上げや売り惜しみが多発した。49年1月の卸売物価は前年比33パーセントあまり、49年5月発表の公示地価も前年比32パーセントという驚異的な上昇率で「狂乱物価」といわれた。

しかも49年に入ると企業の非常識な行動が次々と明るみに出た。

1月には当時品薄となっていた洗剤が大手問屋の倉庫に大量にあることを倉庫の近所に住む主婦が気づいて役所に通報。調査の結果、値上げを見込んでの売り惜しみが行なわれていたことが発覚した。

2月に入ると、公正取引委員会は石油元売り12社が前年末に便乗値上げの協定を結んでいたことを明らかにし、各社の担当者を独占禁止法違反で告発した。さらに2月下旬、国会で共産党議員が伊藤忠商事の売り惜しみ隠蔽工作を暴露した。あいついで明らかになった不祥事に人々は怒り、国会は関係会社幹部のつるし上げの場と化した。

物価急騰は49年いっぱい続き、石油ショックによる消費節約とあいまって消費の落ち込みをもたらした。その結果、49年の経済成長率は戦後初のマイナス（▲1・4パーセント）となってしまった。政府の対策は後手に回り、当時としては戦後最大の経済混乱を招いてしまったのである。

覚書　日本企業は東南アジアでも自己利益優先の行動が目立ち、昭和49年初頭の田中首相の東南アジア歴訪は日本非難のデモ隊に迎えられることになった。

アイドルの時代

昭和49年（1974年）〜

「アイドル」としてデビューした花の中三トリオ

昭和49年、NHKの紅白歌合戦に森昌子《まさこ》、桜田淳子《じゅんこ》、山口百恵《ももえ》の3人がそろって出場した。3人は日本テレビの番組『スター誕生！』で優勝してデビューした。森は「せんせい」、桜田は「わたしの青い鳥」、山口は「ひと夏の経験」というヒットをすでに飛ばしていた。

以後『スター誕生！』は多くの若い新人歌手を生み出していくが、彼ら彼女らはしだいに「アイドル」と呼ばれるようになる。歌の才能や技術だけでなく、容姿や生活ぶり、テレビドラマや映画への出演など、その他の面も重視されるようになったからである。

そうした兆候はすでに橋幸夫《はしゆきお》や吉永小百合《よしながさゆり》あたりから現われていたが、それらは個々の個性に沿った偶然の現象だった。森たちの場合は、テレビ局やレコード会社が最初から意識的にアイドルとして売り出したのである。

昭和50年にはキャンディーズが「年下の男の子」を、52年にはピンク・レディーが「渚のシンドバッド」というヒットを出す。彼女たちは歌とともに派手な振り付けのダンスを披露するのが特徴で、森たちの清純路線とともにアイドルの二大潮流を形作っていく。

キャンディーズは昭和52年に「普通の女の子に戻りたい」と宣言して引退。引退コンサートはその人気ぶりが大きな話題となった。山口百恵も55年に結婚して引退するが、自伝も出版するなど、〝百恵フィーバー〟が起きた。これ以降、松田聖子《せいこ》や中森明菜《あきな》なども登場し、60年から始まったフジテレビ系のオーディション番組『夕やけニャンニャン』から生まれた女性アイドルグループ「おニャン子クラブ」で一つの頂点に達する。

ジャニーズ系の登場とバラエティ番組での活躍

男性陣でも、昭和50年代半ばから昭和末期にかけて、チェッカーズや、近藤真彦《まさひこ》などを皮切りに少年隊、光GENJIなど、所属事務所の名を取ってジャニーズ系と呼ばれる、歌に激しいダンスを伴うことが特徴のアイドルグループが続々と登場する。

さらにこうした流れに拍車をかけたのは、ザ・ドリフターズの『8時だョ！　全員集合』をはじめとする民放テレビ局のバラエティ番組である。バラエティ番組には、アイドルたちが歌を披露するほかにコントなどに挑戦するコーナーが設けられた。そしてここからピンク・レディーは人気を不動のものにした。

約10年で若者向けの大衆音楽文化は一変した。そこには〝一億総中流化〟などといわれるように高度経済成長の結果、人々の生活水準が向上し、近代学校教育の成果として、人前で洋風の発声法やリズムで歌ったり、洋風の振り付けで踊ったりすることがごく自然に行なわれるようになってきたこと、若者が欧米のロック音楽の影響を自然に受け、メディアにこだわりなく接するようになったことなどの背景があった。

アイドルは高度成長の成熟を示す現象の一つだったのである。

覚書　アイドルが栄える背景には、歌手がレコード会社ではなく、渡辺プロ（ナベプロ）やホリプロなど、芸能事務所に所属するようになり、コンサート以外の多様な活動が可能になったこともある。

ＳＬブームの到来
昭和45年（1970年）～昭和50年（1975年）

姿を消したことで始まったブーム

ＳＬとはスチームロコモーティブの略で、言うまでもなく蒸気機関車のことである。昭和30年代前半までは都市部や一部の幹線を除き、鉄道の主役は蒸気機関車だった。しかし、トンネルに入れば窓を閉めても煙やすすが客室内に入り、ことに夏の旅行は気苦労が多かった。しかもＳＬはエネルギー効率が電気やディーゼル機関より悪く、大量の人手を要する石炭生産のコストは電気や石油には到底及ばなくなった。

そうしたことから、高度経済成長の波に乗って電化や無煙化（ディーゼルカーやディーゼル機関車）が進み、昭和40年代に入ると蒸気機関車は急速に姿を消していく。

そしてそれを惜しむ形でＳＬブームが起きた。カメラと三脚を持ってＳＬの雄姿を記録しようと、大学生やサラリーマンたちが日本全国に出没するようになったのである。それはまた高度経済成長の結果、一眼レフカメラや三脚など本格的な写真道具が以前よりはるかに気軽に買い求めることができるようになったことを示していた。こ

D51蒸気機関車　昭和46（1971）年1月22日、阿賀野市水原駅

うしたSL撮影ファンのために、『SLダイヤ情報』という雑誌まで創刊された。

国鉄をマヒさせるほどの人気ぶり

ブームが社会現象といえるようになったのは昭和45年のことである。D51形やC62形など特に人気のあったSLは「デゴイチ」「シロクニ」などと呼ばれ、特に「デゴイチ」は流行語の一つとなり、SLの代名詞ともなった。そして同年10月に首都圏のSLが全廃されることになると、国鉄は東京駅から横浜港駅（貨物駅）まで記念列車を走らせた。記念列車は大変な人気で、運転当日はこの列車を一目見ようと多くの人がカメラ片手に沿線に繰り出した。

こうしたSLの人気に目をつけた国鉄は、京都に蒸気機関車の博物館のようなものを作ることにし、昭和47年10月に梅小路《うめこうじ》蒸気機関車館を開設した。戦前以来の代表的なSLを展示するだけでなく、一部は動態保存として試乗できるようにしたため、大変な人気施設となった。

同時に国鉄は再び東京の汐留《しおどめ》貨物駅から東横浜駅まで記念列車を走らせた。こんどは「貴婦人」とも呼ばれたC57形機関車を登場させたが、人気は過熱、線路内にファンが大量に立ち入り、東海道線など東京―横浜間の国鉄は混乱状態となった。

国鉄は続いて関西地区の東海道線でもSL記念列車を走らせたが、ついに線路内に入って写真を撮っていた少年の死亡事故を起こしてしまった。国鉄はこれに懲りて、SLは地方線区でイベント列車として運行することになる。また、大井川鐵道《おおいがわてつどう》のように私鉄でも観光用のSL列車を運転するところもあらわれた。

昭和50年12月、ついに営業用のSLは日本から姿を消した。煙とすすで苦労した鉄道旅行の苦しさは想像することがむずかしくなり、SLは完全にノスタルジーの対象となったのである。

覚書　日本最大のSL、最後の特急用SLとして、D51についで人気があったC62は、なんと戦後の昭和23年の誕生である。わずか20年あまりの短命機関車だった。

女性の社会進出

昭和45年（1970年）～

ウーマンリブによって女性の進出が始まる

昭和40年代後半から50年代前半にかけては、女性の社会進出が目立った時期だった。その最初はウーマンリブである。昭和45年11月に始まったこの運動は、社会における性差別、具体的には女性であるがゆえに職業や待遇面で男性より冷遇されることを不当であるとして、性差別を打破することをめざした。こうした動きは日本だけでなく、世界、特にいわゆる先進国で盛んになり、それを背景に昭和50年（1975年）は国連の定めた国際婦人年とされ、女性の地位向上が人類的な課題とされた。

国際婦人年に合わせるかのように日本女性の多方面での活躍が見られた。昭和50年5月16日、日本女子登山隊の田部井《たべい》淳子《じゅんこ》副隊長兼登攀《とうはん》隊長がネパールと中国の国境にある標高8848メートルを誇る世界最高峰エベレストへの登頂に成功した。女性の登頂成功は世界初の快挙だった。登山隊は主婦を中心とする15人からなり、夫たちの協力や3年間に及ぶ準備のすえ成功にこぎつけたのである。

7月5日には日本女性初のプロテニス選手・沢松和子《さわまつかずこ》が全英オープンテニス（ウィンブルドン）のダブルスで優勝した。テニス界最高峰のこの大会の日本人優勝者は41年ぶり、日本女性としては初の快挙だった。

そして9月21日には雑誌記者・小林則子が、沖縄海洋博覧会を記念して開かれた単独太平洋横断ヨットレースにただ1人の女性として参加した。サンフランシスコから1万2000キロメートルを走り、2か月弱で沖縄海洋博会場に到着。女性のヨット単独航海の世界最長記録を樹立した。

そして男女雇用機会均等法へ

女性の活躍はスポーツばかりではなかった。昭和51年2月に日本で女性として初の国連公使に国際基督教大学（ＩＣＵ）準教授の国際政治学者・緒方貞子《おがたさだこ》が就任した。政府の国連代表代理を務めた経験を買われてのことだった。女性の政治や行政面での活躍は戦後まもなくから始まっていたが、外交の面での目立った活躍は初めてのことだった。

緒方がその後、難民高等弁務官などとして国連において大活躍していったことはすでに知られているとおりである。

また、ロッキード事件で田中角栄の有罪を決定的にしたのも女性だった。昭和56年

10月、田中の元秘書官の元妻である榎本三恵子《えのもとみえこ》が、法廷で元夫のアリバイを否定したのである。元夫が離婚時の約束を守らないために証言に踏み切ったもので、「ハチは一度刺すと自分も死ぬという。私もその覚悟はしています」という彼女の談話は「ハチの一刺し」として有名になった。

その後、日本が国連女子差別撤廃条約を批准したことから、昭和61年4月に男女雇用機会均等法が施行された。この法律によって雇用に関する性差別は原則として撤廃され、女性の社会進出はようやく当然のこととなっていくのである。

覚書　男女雇用機会均等法の正式名称は、「雇用の分野における男女の均等な機会及び待遇の確保等女子労働者の福祉の増進に関する法律」という長いものである。

延びる新幹線

昭和47年（1972年）〜

山陽新幹線の開通

昭和39年10月に開業した東海道新幹線は、アッという間に国鉄のドル箱路線となった（286頁参照）。国鉄はさっそく40年、延長線として新大阪—博多間に山陽新幹線の建設に着手した。そもそも昭和15年に始まり、戦局悪化で立ち消えになっていた新幹線計画は東京—下関《しものせき》間の予定であり、用地買収も一部で行なわれていた。それに東海道新幹線の終点である新大阪駅は、最初から西への路線延長を見込んで設計されていた。

そして、新幹線の有用性に気づいた政府自民党は、国土開発において新幹線を高速道路とならぶ重要な交通手段とみなすようになり、昭和45年に全国新幹線鉄道整備法を制定し、国鉄の主要幹線沿いに新幹線網をはりめぐらせていくことを決めた。

山陽新幹線は、まず47年3月に岡山まで、50年3月に博多まで開業した。岡山開業前まで大阪—博多間が特急で8時間あまりかかっていたのが3時間46分と半分以下に短縮され、東京―博多間も最速のひかり号で6時間56分と、岡山開業前の半分近くに短縮された。現在ではのぞみ号の導入で最短4時間52分となっている。新幹線によって国鉄（のちのJR）は、東京や中京地域と山陽地域の間、近畿と北九州の間では飛行機と互角、あるいはそれ以上の優位性をもつことになった。

東北・上越新幹線の開通

次いで建設が進められたのが、東京―盛岡《もりおか》間の東北新幹線と大宮―新潟間の上越《じょうえつ》新幹線である。政府の鉄道建設審議会が昭和46年1月に当面建設すべき路線としたためである。両新幹線は46年に着工したものの、石油ショックや国鉄の赤字の増大、東京都内の工事の難航などから工事は遅れ、東北新幹線は57年6月23日、上越新幹線は同年11月15日、盛岡と新潟から埼玉県の大宮まで暫定開業した。これにより長年親しまれた東北・上越両線の特急「はつかり」「やまびこ」「ひばり」「とき」が廃止された（「とき」の愛称は上越新幹線に、「やまびこ」は東北新幹線に転用）。上野―大宮間は特急車両による「リレー号」が運転された。

昭和60年3月14日、両新幹線が兼用する大宮―上野間が開業し、両新幹線とも時速240キロ運転を始めた。これにより上野―盛岡間は暫定開業前の最短6時間8分から2時間45分、同じく新潟までは最短3時間52分から1時間53分と、半分以下の時間で行き来できるようになった。両新幹線ともやはり輸送量の伸びは好調だった。その後、平成3年6月に上野─東京間で開業する。

ただし、東北・上越新幹線は建設費が高い割には収益が伸びず、並行する在来線は軒並み赤字に転落した。新幹線自体の経済効果についても、特に東北・上越新幹線では、観光客こそ増えたものの、モノも人も東京に吸い寄せられ、地域経済が伸び悩む例が少なくなかった。新幹線は各地に延びるにつれ、さまざまな問題もはらんでいったのである。

覚書　平成に入り、政府の財政再建が急務となったため、在来線を改修して使ういわゆるミニ新幹線が生まれたり、建設自体の見直しの動きも出たりしているが、なお建設は続いている。

エリザベス女王とダイアナ妃の来日
昭和50年（1975年）、昭和61年（1986年）

日本人に英国への憧れを抱かせたエリザベス女王

昭和50年5月7日、イギリスのエリザベス女王が国賓として来日した。日本と英国王室の縁は深く、英国の王族の来日は明治初期からあり、大正時代には皇太子が来日している。皇太子裕仁《ひろひと》（のちの昭和天皇）も訪欧の際には英国王室の人々と親しく交際し、昭和天皇としての昭和46年の訪問でも厚くもてなされたりしたが、英国元首の来日ははじめてのことだった。

この日の夜さっそく皇居で晩餐会が開かれ、食後の女王夫妻と天皇一家の歓談は予定時間を超過するほどだった。9日午後には女王は上品な「クイーンズスマイル」を振りまきながら都心をオープンカーでパレードし、34万人もの人が一目見ようと沿道に集まった。

このあと女王夫妻は伊勢《いせ》神宮や京都で日本の伝統文化に親しんで12日に離日した。女王夫妻を一目見ようと、京都でも24万8000人が繰り出した。女王来日中の各地の人出は合計で１１０万人と空前の規模となった。エリザベス女王の来日は日本人の英国への憧れを一層かきたてたのである。

なお、東京での宿舎には迎賓館《げいひんかん》赤坂《あかさか》離宮が使われた。赤坂離宮は、皇太子時代の大正天皇の住まいとして明治42年に完成したネオ・バロック様式の壮麗な洋館である。しかし、豪華すぎるとして明治天皇に嫌われたため大正天皇は使わず、皇太子時代の昭和天皇が短期間住居として使用したものの、戦後は国会図書館などとなっていた。政府は昭和42年に改装して迎賓館として利用することに決定し、49年3月に工事が完了した。最初に泊まった国賓は同年11月に来日したアメリカのフォード大統領である。

初来日時のダイアナ妃
昭和61（1986）年、京都二条城

日本中を魅了したダイアナ妃

さて、その後、英国王室からはもう1人の人気者が来日することになる。チャールズ皇太子（現国王）とともに来日したその妻、ダイアナ妃である。

貴族の家柄とはいえ幼稚園教諭から皇太子妃となったダイアナはシンデレラガールと騒がれ、その美しさとあいまって人気者となり、昭和56年7月の結婚式は世界中にテレビ中継されて日本でも視聴率は49パーセントにのぼった。

チャールズ皇太子とダイアナ妃は昭和61年5月8日に来日、まず浩宮《ひろのみや》（現在の天皇）の案内で京都を見学、10日に東京に移り、都内をオープンカーでパレードしたあと各所を視察したり夕食会や晩餐会に臨んだりして、13日に離日した。振袖を羽織ってみたり、力士の腹をつついてみるなど、ダイアナ妃の愛らしいしぐさはダイアナ人気をさらに盛り上げた。ダイアナ妃を一目見ようという人出は京都と東京で合わせて13万人以上にのぼった。しかし、すでにチャールズ皇太子とダイアナ妃の仲が冷え切っていたとは誰も気づかなかった。ダイアナ妃は10年後の平成8年に離婚し、翌年いくつかの謎をはらんだ死を遂げることになる。

覚書　和食を食べる際にはしを使ったり、正座をして足をしびれさせてしまったりするなど、日本のやり方に挑戦する姿勢がダイアナ妃の人気をさらに盛り上げた。

ロッキード事件と田中角栄の退場

昭和51年（1976年）

ロッキード社からの三つのルート

金脈問題で首相の座を降りたとはいえ、有能な中堅・若手議員を多く抱える自民党最大派閥（田中派）の指導者の座にとどまっていた田中角栄《かくえい》は、後任の総理総裁である三木武夫《たけお》が、世論の自民党批判が収まるまでのつなぎ役と党内で位置づけられていたことから、「闇将軍」を自称して、近い将来の首相への返り咲きをねらって策動を続けていた。しかし、昭和51年2月に発覚したロッキード事件は田中の夢を打ち砕く結果となった。

2月4日、アメリカ議会上院の外交委員会の審議の中で、大手航空機製造会社ロッキード社が、製品売り込みのため、日本政府の高官に数年間に約30億円もの賄賂を渡していたことが発覚した。そのルートは同社の日本代理店丸紅から政府高官というルートと、同社の秘密代理人の大物右翼・児玉《こだま》誉士夫《よしお》から国際興業社主・小佐野《おさの》賢治へというルートがあった。小佐野が田中角栄と親しい間柄であったことから、首相の汚職という大事件に発展する可能性が出てきたため、日本のマスメディアも大々的に報道し始めた。

しかも社会党の訪米調査団に対し、ロッキード社の幹部が全日空への製品売り込みのため昭和47年ごろに田中首相に会ったと証言したため、国会で2月16日に小佐野の証人喚問が行なわれた。平日の昼間にもかかわらずテレビ中継の視聴率は30パーセントに達し、国民の関心の高さがうかがわれた。しかし小佐野は「記憶にございません」を連発した。

疑惑解明を後押しした三木武夫

政界浄化が持論の一つであった三木首相は疑惑解明に積極的な方針をとり、東京地方検察庁はアメリカから資料を取り寄せて捜査を進めた。

その結果、6月下旬から丸紅や全日空幹部の逮捕が始まり、7月27日に田中が逮捕された。元首相の逮捕は芦田均《あしだひとし》以来2人目である。田中は即日自民党を離党した。田中は裁判が長引くうちに派閥を腹心の1人である竹下登《のぼる》に乗っ取られてしまう。そして昭和60年に脳梗塞で倒れ、平成5年12月に死去する。

田中の逮捕当日、検察当局は疑惑の政府高官として橋本登美三郎《とみさぶろう》元運輸大臣、佐藤孝行《こうこう》元運輸政務次官など数人の名を公表し、橋本と佐藤を8月下旬に逮捕した。さらに、二階堂進《にかいどうすすむ》元内閣官房長官など数人の名も、時効だが疑惑がある「灰色高官」として公表された。彼らも田中と同じく政治的に大きなダメージを受けたが、のちに返り咲いた人もいる。

ここまでくると自民党内部では三木のはしゃぎすぎという批判が高まり、「三木おろし」の風が吹きあれた。その結果、衆議院議員の任期満了に伴う12月5日の総選挙で自民党は過半数割れの惨敗を喫した（選挙後に追加公認でようやく過半数を確保）。三木は責任を取る形で12月24日に退陣した。

ロッキード事件は政界を大きくゆるがせたわけだが、田中を政界から葬るための陰謀だったという説もある。

覚書　ロッキード事件のさなか、新しい保守政党をめざす河野《こうの》洋平ら6人の自民党議員が昭和51年6月離党して新自由クラブを結成した。しかし党勢はふるわず、61年8月に解党した。

テロと超法規的措置
昭和48年（1973年）～昭和52年（1977年）

世界的なテロ組織・日本赤軍

マルクス主義を奉じる過激派、赤軍派の一部は拠点を海外に移し、パレスチナのイスラエルからの解放を叫ぶパレスチナゲリラとともに活動を続け、日本赤軍と名乗るにいたった。

昭和48年7月20日、日本赤軍とパレスチナゲリラのグループが乗員乗客145人が乗ったパリ発東京行きの日本航空ジャンボ機を乗っ取り、47年にテルアビブ空港乱射事件でイスラエルに逮捕された岡本公三《こうぞう》の釈放を要求した。しかしイスラエルはこれに応じず、乗っ取り機はアラブ諸国を転々としたあと、24日にゲリラ支援国であるリビアのベンガジに着陸した。犯人たちは乗客を解放した直後同機を爆破した。

昭和49年1月31日には、やはり日本赤軍とパレスチナゲリラのグループがシンガポールで製油所を爆破してフェリーボートに人質をとって立てこもった。

また、2月6日、両派の別のグループがクウェートの日本大使館に人質をとって立てこもり、シンガポールのグループの安全な脱出を日本政府に要求した。日本政府は人命優先の立場からこれに応じ、犯人たちを乗せた飛行機は2月9日南イエメンに到着、犯人の意図通りの形で事件は終結した。日本赤軍は9月にもオランダのハーグでフランス大使館を襲撃してフランスで勾留中の仲間の解放を求め、フランス政府はこれに応じた。

テロに屈したクアラルンプール・ダッカ事件

昭和50年8月4日には、日本赤軍のグループがマレーシアのクアラルンプールで再び人質事件を起こし、他の組織の者も含む拘置中の過激派7人の釈放を日本政府に求めた。日本赤軍は荒っぽい方法で同志を増やそうとしたのである。

日本政府は人命優先の立場から「超法規的措置」として7人の釈放と出国を認めたが、うち2人は出国を拒否したので、5人が日航特別機で犯人グループと合流、同機は8月7日にリビアのトリポリに着いて事件は終結した。その後、この事件の犯人2人がヨルダンで逮捕され、1人は自殺したが1人は日本に送還された。

さらに昭和52年9月28日、乗客乗員156人を乗せたパリ発東京行き日航機が日本赤軍のグループに乗っ取られてバングラデシュのダッカ空港に着陸。犯人たちは身代金600万ドルとクアラルンプール事件の犯人を含むゲリラ9人の釈放を日本政府に求めた。犯人たちが人質を処刑しようとしたため日本政府は再び超法規的措置を取った。10月1日、釈放犯と身代金を乗せた日航特別機がダッカに到着、人質の解放が始まったが、2日早朝、現地で軍事クーデターが発生。人質を機内に残したまま乗っ取り機は追い立てられるように離陸し、4日にアルジェリアで人質が解放されてようやく事件は終結した。

こうした日本赤軍の活動に一理がないわけではないが、人質をとって同志を獲得するやり方はあまりにも卑劣で、テロの輸出として諸外国から日本への非難を招いた。

覚書 ダッカ事件の際に超法規的措置を決めた福田赳夫首相は、「人の命は地球より重い」という趣旨の「名言」を吐いた。

コンビニ・ウォークマン・カラオケ

昭和49年（1974年）～

昭和50年前後、人々の生活意識が大きく変化した

昭和40年代後半から50年代前半は、人々の生活意識が大きく変わりはじめた時期だった。それを象徴するのがコンビニ・ウォークマン・カラオケの三つである。

コンビニは正式にはコンビニエンスストアという。長時間、あるいは終日開店している生活必需品を売るチェーン化された小規模な店のことである。日本での第1号は、スーパーマーケットチェーンのイトーヨーカ堂がアメリカから導入したセブン－イレブンで、東京の下町に1号店が開業したのが昭和49年である。

コンビニはアメリカでは主に過疎地域に車で立ち寄る店として展開していた。日本でも同じような位置づけの店もできていくが、少なくとも最初は都市部でスーパーや個人商店が開いていない時間でも、スーパーのように自分のペースで買い物ができる店としてスタートし、まずは大都市部に網をはりめぐらしていった。当然主な顧客は深夜まで起きていたり働いていたりする人で、若者が多かった。

ウォークマンは昭和54年にソニーが開発・発売した電気製品である。電源は電池、イヤホンでカセットテープ（のちにはCDやMDも）に録音された音楽を聴くだけの機能しかないかわりに、できるだけ小さくして、かばんやポケット、あるいはズボンのベルトにつけるなどして気軽に持ち運べるようになっている。ウォークマンによって、人は好きなときに好きな音楽を自由に聞けるようになった。

カラオケは「空《から》のオーケストラ」の意で、歌のない演奏テープに合わせて歌を歌う装置のこと。昭和40年代後半に神戸の歓楽街で始まった。昭和51年に量産品の装置が発売され、アッという間に酒場や旅館、個人宅にまで普及し、騒音問題がうるさい大都市部ではカラオケで歌う場所を提供するための店（カラオケ店）も登場した。カラオケは年齢性別を問わず一時は爆発的な人気を得、日本のみならずアジア地域でもかなり普及した。

高度経済成長以後の多様性を象徴

これらは、個人が好きなときに好きなように振る舞えるという共通点がある。高度経済成長期は画一的でもよいから生活を高度化することがよしとされたが、その後は、多様なものが低コストで提供されたり、多くの用途に使えるものが提供されたりするようになった。

それは、日本の生産力が高度経済成長によって、自分のペースや趣味に応じて楽しんで生活したいという人々の隠れた欲求に応じられるだけの水準に達したことを意味していた。

覚書　昭和46年のマクドナルド銀座店から日本に入ってきたファストフードも、好きなときに食べられる点はコンビニに似ている。

王の大記録と長嶋の引退
昭和49年（1974年）、昭和52年（1977年）

一本足打法で本塁打世界記録を達成

日本のホームラン王だった読売ジャイアンツの主砲、王貞治《おうさだはる》が世界のホームラン王になったのは昭和52年9月3日のことである。この日、王は後楽園球場で通算756本目のホームランを打ち、アメリカのハンク・アーロンの755本を抜いて世界一になった。その瞬間、球場内は興奮と熱狂に包まれた。

王は昭和15年に、東京下町の中国から来日した中華料理店主の子供として生まれた。兄の手ほどきで野球に興味をもち、毎日オリオンズの荒川博《ひろし》に才能を認められて荒川の母校である早稲田実業高校の野球部に入る。32年の春の甲子園大会で4番打者兼エースピッチャーとして優勝を手にした。

昭和34年に巨人軍に誘われて入団、初ヒットがホームランという鮮やかなデビューを飾った。その後しばらく伸び悩んだが、川上哲治《てつはる》監督は37年に荒川をコーチに招き、王の指導を任せた。王は荒川から一本足打法を薦められ、荒川との伝説的な厳しい練習のすえ、この打法を自分のものにした。

その効果はすぐに現われ、昭和37年のシーズンにはホームラン38本を打ってセ・リーグのホームラン王と打点王の二冠に輝いた。その後、昭和50年を除き、52年まで計15回もホームラン王を獲得した。39年には55本という信じられない本数を記録している。

昭和48年には、ボールが止まって見えるというほど好調で、初めて首位打者と打点王をも含む三冠王をとり、49年も三冠王に輝いた。その他、二冠王にも9回なっている。そして世界のホームラン王である。しかもその世界記録はさらに伸び続け、昭和55年に引退するまで868本を数えた。この大記録はいまだに破られていない。

一本足打法の王貞治

こうした業績を生み出した背景には王の練習量だけでなく節制ぶりがあった。酒の飲みすぎなどはせず、夏バテを避けるため夏でも冷たい飲み物は口にしなかったという。そうした努力はもちろん強い精神力あってのものだった。
それでも長嶋が引退した翌年の50年には体の不調でホームラン王を逃したが、翌年にはタイトルを取り戻した。しかし、53年に再びホームラン王を逃し、以後返り咲くことはできなかった。肉体的な衰えには勝てなかったのである。
昭和55年に王は引退した。しかし球界が世界の王を放っておくはずはない。王は巨人軍の監督となって62年にリーグ優勝をなしとげ、その後は福岡ダイエーホークスの監督として活躍し、現在はソフトバンクホークスの取締役会長となっている。

「巨人軍は永久に不滅です」

王と3番・4番の名コンビを組んだ長嶋茂雄は、六大学野球での活躍から昭和32年に巨人に入団、天衣無縫な性格と天才肌の雰囲気で王と好対照をなした。王とのコンビは「ON砲」として他球団から恐れられ、昭和40年から48年のV9（292頁参照）の原動力となった。49年の引退時には「巨人軍は永久に不滅です」という名言で人々を感動させた。その後は巨人軍の監督やオリンピック日本代表監督などを務めた。

覚書 王は数々のコマーシャルにも起用されたが、なかでも「ナボナはお菓子のホームラン王」というテレビコマーシャルは長く親しまれた。

成田空港の開港

昭和53年（1978年）

開港を急いだ政府が建設を強引に決定

成田《なりた》空港は正式には新東京国際空港（平成16年4月からは成田国際空港）であったが、俗称が示すとおり、千葉県成田市にある。

政府は、羽田《はねだ》空港だけでは増える航空輸送量をさばききれなくなるとして昭和30年代末から新空港建設の検討を始めたが、昭和41年春の旅客機連続事故をきっかけに（311頁参照）、同年7月に成田市富里《とみさと》（三里塚《さんりづか》）地区への建設を決定した。

しかし昭和53年5月20日の成田空港開港までには、流血の事態もたびたび起きるなど紆余曲折があった。

問題の発端は、政府が開港を急ぐあまり、地元の強い反対の声を無視する形で一方的に成田への空港建設を決定したことにあった。さっそく地元の農民約300人が反対同盟を結成して反対運動をはじめ、そこへ反体制運動の恰好の題材と見た学生運動のグループ（三派全学連）が合流し、昭和43年以降、三里塚闘争と呼ばれる激しい反対闘争が続く。

死者が出る衝突が続いた

同年2月には、測量を強行しようとする当局やこれを守る機動隊と反対派の農民や学生たちが現地で衝突、双方で400人あまりの重軽傷者を出した。46年9月にも、建設用地確保のため政府が強制代執行を行なった際に機動隊と反対派の激しい衝突があり、過激派学生たちが機動隊に火炎瓶を投げたり鉄パイプで襲いかかったりして、機動隊員3人が死亡した。

そのあいだにも反対派農民は政府側から補償などを提示され、しだいにその数を減らしていったが、移転に応じない強硬派がなお滑走路予定地内におり、離陸できないよう飛行ルートに高い鉄塔も建設された。それでも空港公団による空港の建設は進み、昭和48年には第一期工事分がほぼ完成した。52年5月には鉄塔の撤去が強行され、その際の反対派と機動隊の衝突で反対派1人が死亡した。鉄塔を撤去した結果、5月7日から運輸省（現国交通省）による主滑走路の飛行検査（実際に飛行機を離着陸させる検査）が始まった。

政府は昭和53年3月末開港と決定したが、直前の3月26日、過激派学生が空港ビルに侵入し管制室を破壊したため、2か月以上遅れての開港となった。使える滑走路は

1本だけ、東京からの交通も不便で時間がかかるうえ、なお続く反対闘争のため、当初は空港の警備は厳しく、飛行機の利用客とその送迎者しか入れなかった。

政府と空港公団はなお、反対派を排除して他の滑走路の建設を進めようとしたが、遅々として進まず、平成に入ってようやく政府と反対派の本格的な話し合いが試みられるようになることで、問題は一応の解決へと向かってゆく。

いずれにしろ、違法ではないとはいえ、政府があまりに建設を急ごうとしたことがかえって問題をこじらせ、とりあえずの開港までだけでも12年の歳月と多くの犠牲者を出してしまったのである。

覚書　京成電鉄は空港新線を建設し、東京と空港を結ぶために大量の特急専用電車を新造したが、反対闘争の影響で空港建設が遅れたため、多大な損失をこうむった。

大福中の確執

昭和51年（1976年）～昭和57年（1982年）

大平正芳と福田赳夫の密約

ロッキード事件で灰色高官まで公表したため与党自民党内から強い反発（三木おろし）を受けたうえ、昭和51年12月5日の総選挙は、総裁派（三木派と中曽根《なかそね》派）と反三木派（福田派、大平派、田中派）の分裂選挙となり、自民党は党創立以来最低の議席数（249）という惨敗を喫した。三木武夫《たけお》首相は12月17日退陣を表明した。

福田派と大平派は、かねて三木退陣の場合は後継総裁候補を福田赳夫《たけお》に一本化するかわり、党務は大平が握り、2年後の総裁選では福田が大平正芳《まさよし》に総裁の座を譲るという密約を交わしていたので、23日に福田が党総裁に就任、翌日国会で首相に指名された。ただし福田派は弱体で、大平派や田中派の支持を得なければ政権を維持することができなかったため、土地問題の解決など思い切った政策を実行することはできないまま、2年後（昭和53年12月1日）の総裁選を迎えねばならなかった。

福田は密約を無視して総裁選に立候補したが、初めて行なわれた総裁予備選挙で大平に敗れ、「天の声もたまには変な声もある」などと述べて退陣した。

同月7日に首相に就任した大平は、田中派の支持を受けながら第一次石油ショック以後急激に赤字が膨らんでいた財政の再建と市場経済を活性化させることをめざし、行政改革と増税を主張して総選挙に打って出た。ところが、54年10月7日の選挙で自民党は２４８議席と最低記録を更新、大平の責任をめぐって激しい党内抗争（40日抗争）が起きた。

内紛で不信任案が可決されてしまう

昭和55年5月16日、40日抗争のしこりから衆議院で自民党の福田派、三木派を中心に69人の欠席者が出て野党の内閣不信任案が可決されてしまった。大平は総選挙に活路を見出そうとしたが、過労で選挙期間中の6月12日に急死、これが同情票を呼び、総選挙自体は自民２８４議席と安定多数を回復した。そのため大平派を引き継いだ鈴木善幸《ぜんこう》が首相となった。

鈴木も行革と財政再建に積極的に取り組んだが、昭和57年10月の総裁選挙直前になぜか総裁選不出馬を表明した。原因ははっきりしない。後任総裁は総裁予備選挙の結果、田中派や鈴木派（旧大平派）の支持を得た中曽根康弘《やすひろ》が第1位となり、11月27日に第一次中曽根内閣が発足した。

中曽根は戦後まもなく政界入りしたときから首相をめざしており、「戦後政治の総決算」を掲げて日米同盟の強化、行政改革、教育改革などを積極的に推進した。昭和58年10月に田中の有罪判決が出たこともあって、中曽根は党内最大派閥として勢力争いの鍵を握っていた田中派を恐れる必要がなくなり、自民党政権では岸信介《のぶすけ》以来のやり手総理として、三公社の民営化（462頁参照）など大きな治績をあげることになる。

（覚書）大平内閣での内閣不信任案可決はまさに青天の霹靂《へきれき》だった。冷静さで定評のあるNHKのアナウンサーさえ、このニュースを伝える際に言い間違いをしたほどである。

校内暴力といじめ

昭和55年（1980年）〜

荒れる中学校

昭和50年代なかごろは、校内暴力やいじめといった青少年をめぐる悲しい事件が社会問題化した時期だった。

校内暴力は昭和45年ごろから起こりはじめ、次第に増えていった。そうしたなか、昭和55年5月末、東京都内の下町の公立中学校で、教師の注意を無視して授業中にラジカセでロック音楽を聴き続けていた生徒に対し、教師がラジカセを取り上げたところ、十数人の生徒が教師になぐりかかり、ケガを負わせた。しかし教師がなぐり返すわけにはいかない。学校側は警察を呼び、生徒5人が傷害、暴力容疑の現行犯で逮捕された。

さらに10月末、三重県で授業が始まっても教室に入らない生徒を教師が注意したところ、生徒たちが教師に暴行を始めた。学校はやはり警察に通報、生徒12人が補導された。世間は、中学生がもはや教師のいうことを聞かない事態になっていることに驚いた。

こうした状況では過剰防衛に出る教師が現われても不思議はない。昭和58年2月には、東京のベッドタウンにある公立中学校で、教師が暴力を振るってきた生徒ともみ合ううち、護身用の果物ナイフで生徒を刺し、軽傷を負わせるという事件が起きた。

この中学校は当時半年間で暴力事件が99件という荒れた状態であった。しかもこの教師は生徒からいじめの対象となっており、身を守るためナイフを携帯して出勤していたのである。

社会に衝撃を与えた「金属バット殺人事件」

こうした少年たちの暴力は校内だけではなかった。すでに昭和52年10月末、東京で有数の進学校として知られる私立高校に通う息子の家庭内暴力に悩んだ父親が息子を殺害するという事件が起きていたが、55年11月末にはさらに世間を驚かせる事件が起きた。大学浪人中の20歳の男性が両親を金属バットで殺害したのである（金属バット殺人事件）。

犯人の家庭は祖父が著名な学者で、父も兄も一流大学卒業というエリート一家だった。しかし犯人はなかなか一流大学に合格できず、大学浪人も2年目を迎えて生活がすさんでいたところ、両親に生活ぶりを厳しく叱られて腹を立て、犯行に及んだものだった。

受験にまつわる親殺しということで社会に与えた衝撃は大きかった。

そして再び世間を震撼させる事件が起きた。昭和61年2月、岩手県の国鉄盛岡《もりおか》駅で東京都内の公立中学に通う男子中学生が自殺した。遺書には、学校での教師も参加してのいじめ（「葬式ごっこ」）のひどさに耐えかねての自殺であることがほのめかされていた。

一連の事件は学歴偏重、受験戦争、管理社会といった現代日本の負の側面が背景とされた。当然、現場任せでは対策に限界があり、受験戦争の改善や校則の見直し、教師の資質の向上など、さまざまな対策が試みられていくことになる。

覚書　生徒間のいじめは昔からあったが、校内暴力はケンカが少なくなってから顕在化したといわれている。ケンカの作法が忘れられて陰惨化したのが校内暴力だったともいえる。

ホテル火災と逆噴射

昭和57年（1982年）

横井英樹が逮捕されたニュージャパン火災

時に惨事は続けて起きる。この時期では昭和57年2月がそうだった。

2月8日未明、東京永田町《ながた》にあり、3500人ほどの収容人員をもつ老舗ホテルのホテル・ニュージャパンの9階客室から出火、火はすぐに9階と10階に燃え広がり、33人が死亡、29人が重軽傷を負う大惨事となった。一酸化炭素中毒による死者が大半だったが、熱さに耐えかねて飛び降りたために亡くなった人も13人いて、その悲惨な様子が報道のカメラにも収められた。死者の多くは台湾や韓国からの団体客で、大学受験のために上京していた学生もいた。

出火原因は宿泊客の寝たばこだったが、燃え広がって多くの犠牲者を出した原因はホテルの防災対策の不備だった。消防署の指導を無視してスプリンクラーは4階以上にはなく、消火栓や火災報知機も使えない状態で、従業員の避難誘導訓練も行なっていなかった。宿泊施設の防災体制の不備がどのような結果をもたらすかは1年3か月ほど前の昭和55年11月に起きた栃木県川治《かわじ》温泉の「川治プリンスホテル」の火災（45人が焼死）でわかっていたはずであるが、営利優先のホテルの姿勢が惨事を招いたのである。

経営者の横井英樹《ひでき》は世の指弾を受け、11月18日、業務上過失致死傷の疑いで警視庁に逮捕された。以後、「適マーク」の採用など、防災対策の完備を促進させる対策が採られた。

精神障害が原因だった「逆噴射」

この惨事の記憶がまだ生々しい2月9日朝、今度は羽田空港で前代未聞の墜落事故が起きた。

乗客乗員174人を乗せた福岡発東京行き日本航空350便ダグラスDC8－61型機が着陸に失敗して滑走路手前の海上に墜落、死者24人、重軽傷者142人を出す惨事となった。死者の多くは出張途上のサラリーマンだったが、なかにはやはり大学受験生もいた。ただし機長と副操縦士は生存していた。

4日後に日航が発表した事故原因は、精神障害の病歴のある機長が逆噴射操作をして失速したためという驚くべきものだった。機長は治療のため一時副操縦士に降格していたが、2か月前に機長に復帰していた。前夜も異常な操縦がみられて副操縦士が修正していたこと、逆噴射の瞬間も副操縦士が思わず「やめてください」「何をするんだ」と叫んでいたことがわかった。日航の健康管理の甘さが指摘されたが、結局、機長は刑事責任能力がないとして、日航の幹部や嘱託医も過失はないとして不起訴になった。事故は運航システムの盲点を突いた形で起きたということになったのである。

なお、昭和58年9月には航路を外れた大韓航空機がスパイ行為活動中と判断されてサハリン沖でソ連戦闘機に撃墜され、日本人28人を含む乗客269人全員が死亡する事件が起きた。日本人が乗っていたことや日本の近くで起きたことから日本でも大きな関心を集めた。

覚書 横井英樹は昭和28年に老舗デパート白木屋の乗っ取りに成功して以後、「乗っ取り屋」といわれた人物だけに経営手法は荒っぽく、こうした惨事を招いてしまった。

東京ディズニーランド開業

昭和58年（1983年）

ディズニーランドの革新性

昭和58年4月15日に開業した東京ディズニーランドは、遊園地の一種には違いないが、徹底して非日常性を追求した点で、これまでの遊園地の概念を覆す施設となっていた。

たとえば、東京ディズニーランドは千葉県浦安《うらやす》の埋立地に造成されたが、周囲の工場地帯や鉄道、道路、はては富士山まで、日常や日本を感じさせる風景は一切見えないよう柵や植栽が施され、かわりにアメリカのディズニーランドと同じく、中心にはシンデレラ城がそびえ立ち、園内はディズニーのアニメや映画の世界が徹底して繰り広げられている。

さらに、完璧に振り付けられたパレードやショーが常に園内各所で行なわれる。清掃要員が多数園内を巡回して常にゴミ一つない状態が保たれ、しかも清掃要員も演者の一人として振る舞っている。弁当の持ちこみは禁止され、ディズニーのキャラクターに合わせた内装やメニューのレストランで食べ、出入り口の近くにはヨーロッパのアーケードを模した商店街があって、ディズニーキャラクターの土産を買うことになる。つまり、徹底してディズニーの世界に浸りきるようになっている。

こうした非日常性、物語性の強い遊園地をテーマパークと呼ぶ。

建設準備に7年、建設費に1800億円かかった

アニメ「ミッキーマウス」で1920年代にデビューし、1930年代後半以降『白雪姫』『ピノキオ』などの長編アニメーション映画で世界中の子供たちの心をつかんだウォルト・ディズニーは、アニメの世界を現実にした遊園地を造ることを思いつき、昭和30年にカリフォルニアにディズニーランドを建設、大成功を収め、46年にはフロリダにも造った。

浦安の埋立地は高度経済成長期に造成され、住宅や工場のほかに当初からディズニーランドを誘致する構想で、建設すること自体は昭和49年に決まっていた。しかし、アメリカ並みの質の維持を要求するディズニー側との交渉が長引き、建設開始は昭和56年のことだった。だが結果的には景気が上向きの時期に開園できることになった。

開業当初は建設費が1800億円もかかったうえ、質を維持するため、アルバイトが大半を占める従業員の教育にコストがかかりすぎて長続きしないという予想もあっ

た。しかし、結果的にはそうした努力によって多数の常連客（リピーター）ができたことで成功し、さらにアトラクションやショーの見直しを続けることで入場者を増やし常連客をつなぎとめ続けた。

東京ディズニーランドの成功に刺激されて、日本各地で続々とテーマパークが建設されたが、東京ディズニーランドのような成功を収めた例は大阪のＵＳＪ（ユニバーサル・スタジオ・ジャパン）（２００１年３月開業）くらいしかない。よほど徹底してやらないと成功しないのであろう。ともかく、東京ディズニーランドが成熟した日本社会にふさわしい新しい遊園地として成功したことは確かである。

覚書　ディズニーアニメは日本でも戦前から上映され、ミッキーマウスは日本の子供たちにもおなじみのキャラクターだった。

ロス疑惑とグリコ・森永事件

昭和59年（1984年）

週刊誌、ワイドショーが飛びついたロス疑惑

昭和59年には、時代の爛熟《らんじゅく》を思わせるような新しい形の事件が起きた。

一つはいわゆるロス疑惑である。『週刊文春』の59年1月26日号にのった「疑惑の銃弾」という記事が発端である。記事は会社社長の三浦和義《かずよし》にまつわる内容で、三浦と同棲していた白石千鶴子が54年3月に失踪し、5月に遺体で発見されたことと、56年11月にアメリカのロサンゼルスで三浦と妻の一美《かずみ》が写真撮影中に2人組の強盗に狙撃され、一美が1年後に死亡して三浦が1億5000万円の生命保険金を受け取ったことが三浦の仕業ではないかという疑惑を報じたものだった。

三浦はただちに否定したが、白石の失踪後に三浦が白石の姉に白石が無事だとウソの電話をしていたことが発覚し、三浦に一美の殺害を頼まれたが失敗したという元女優が現われたため、日本の警察が捜査に乗り出した。以後週刊誌、ちょうど当時創刊され始めていた写真週刊誌、テレビのワイドショーなどがこの疑惑を盛んにとりあげ、

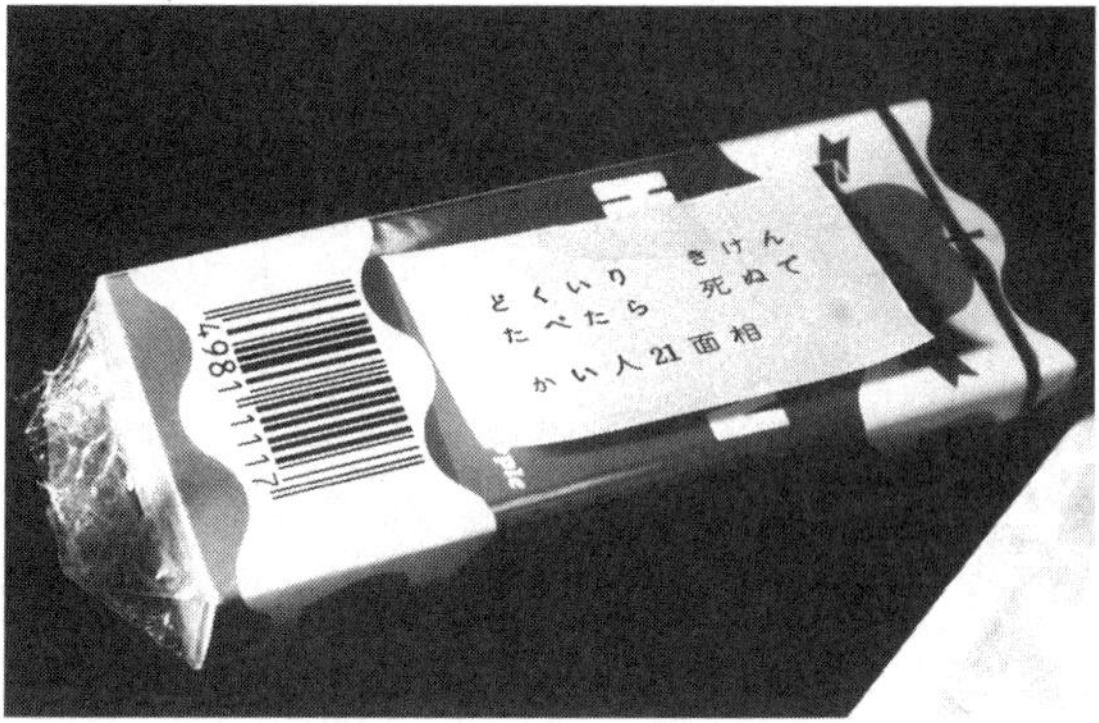

「かい人21面相」から送られてきた青酸入り菓子
昭和59（1984）年10月9日

三浦も積極的にインタビューに応じて疑惑を否定した。60年9月11日、三浦は逮捕されたが、平成15年3月、証拠不十分として最高裁で無罪が確定した。

「劇場型犯罪」の典型となったグリコ・森永事件

もう一つはグリコ・森永事件である。3月18日、江崎グリコの江崎《えざき》勝久《かつひさ》社長が、兵庫県西宮《にしのみや》市の自宅から何者かに車で拉致され、現金10億円と金塊１００キロ（時価3億円）を要求する脅迫状が発見された。しかし21日、江崎社長は大阪府内の監禁場所から自力で脱出した。これに対し4月上旬に江崎社長宅に再び脅迫状が届き、中旬に会社のほうに製品のチョコレートに青酸カリを入れたなどという脅迫電話がかかり、

5月上旬には報道各社に、「かい人21面相」の名で、グリコ製品に青酸ソーダを入れたという脅迫状が届いた。

スーパーやデパート、小売店ではグリコ製品が撤去され、グリコ株は暴落した。6月26日、「かい人21面相」の名で「ゆるして　やっても　ええやろ」という手紙が報道機関に届き、事件は収束に向かったが、グリコは290億円もの損失をこうむった。ところが9月12日、今度は森永製菓に「かい人21面相」の名で1億円を要求する手紙が、10月上旬には「森永製品に青酸ソーダを入れた」という手紙が報道機関に届き、京阪神や中京地方のスーパー12店で致死量の青酸ソーダ入り森永製品が発見され、森永製品が店頭から撤去された。さらに60年に入ると不二家や明治製菓、ロッテのチョコレートにも青酸入りのものが発見された。2月末に犯人たちが報道機関に終息を宣言する手紙を送りつけ、事態は収束に向かったが、製菓各社はバレンタイン商戦を棒に振った。

マスメディアを利用するかのようなこうした犯罪は当時「劇場型犯罪」などと呼ばれた。

（覚書）昭和60年6月に起きた豊田商事の詐欺まがい商法が問題になった際も、取材陣の目前で暴力団員が会長宅に押し入って会長を殺害する事件が起き、報道機関の取材のあり方が問われた。

宮崎アニメの登場
昭和59年（1984年）

『ナウシカ』の大ヒット

昭和59年3月、日本のアニメ映画史上画期的な作品が公開された。宮崎駿《はやお》原作・脚本・監督の長編アニメーション映画『風の谷のナウシカ』である。巨大産業文明が崩壊した後、産業廃棄物に埋まる森（腐海）の近くでひっそり暮らす人々を襲う苦難を、勇敢な少女ナウシカが救うという物語で、大ヒットとなった。

登場人物たちは親しみやすいキャラクターで、飛行機を主役にしたダイナミックな戦闘シーンもあり、子供が十分楽しめる作品になっている。しかしそれだけでなく、ていねいな作画ぶりや、壮大な神話を思わせる設定、近代文明の問題性を意識させたり、人間の敵として登場する巨大な蟲《むし》（王蟲《オーム》）たちにも一定の理解をもって描くなど、大人の鑑賞にもたえる深みももっていた。

この作品は、手塚治虫《てづかおさむ》が切り開いた日本のアニメ文化を一般の大人も楽しめる段階に押し上げたのである。

上『風の谷のナウシカ』、下『天空の城ラピュタ』場面写真

宮崎アニメの系譜

宮崎は太平洋戦争が始まる直前の昭和16年1月に東京で生まれた。小さいときから戦車や飛行機の絵を描くのが好きだったという。早くからアニメ作家を目指し、大学卒業後東映動画に入社。46年に退社してから多くの名作を手がけて地歩を固めてゆく。

昭和49年にフジテレビ系列で放映された連続テレビアニメ『アルプスの少女ハイジ』は児童文学を原作にもつスイスの山地を舞台に

した少女の物語で、明るい主人公をめぐる温かい人間関係で人気を博しただけでなく、海外でも放送されるなど高い評価を得た。54年12月封切りの長編アニメ映画『ルパン三世 カリオストロの城』も、人気漫画を題材に、登場人物たちの生き生きとした描写と息もつかせぬ展開で大人からも高い評価を得た。

こうした経験を経て、宮崎は『風の谷のナウシカ』ではじめて完全なオリジナル作品で力量を世に問い、大成功を収めたのである。その後宮崎はスタジオジブリを設立、昭和期に限っても、冒険活劇『天空の城ラピュタ』(61年)、昭和30年代の郊外農村地帯を舞台にし、少女と不思議な生き物の交流を描いた『となりのトトロ』(63年)を発表。いずれも大ヒットし、数々の賞を獲得した。『となりのトトロ』はモデルとなった東京郊外の地域で自然保護運動が起きるという副産物ももたらした。

宮崎アニメが快進撃を続け、世界の映画界の最高峰であるアカデミー賞まで受賞したことはよく知られている。『風の谷のナウシカ』や『となりのトトロ』の内容を考えると、宮崎アニメもまた、高度経済成長とその成熟がもたらした文化の一つといえる。

覚書　『崖の上のポニョ』『風立ちぬ』などの宮崎監督作品のほかにもジブリアニメが作られ、平成13年に東京都三鷹市に三鷹の森ジブリ美術館が、令和4年に愛知県長久手《ながくて》市にジブリパークが開園するなど、ジブリアニメの人気は今も続いている。

御巣鷹山の大惨事

昭和60年（1985年）

史上最悪の飛行機事故

昭和60年8月12日、世界でも例のない大惨事が起きた。日航機御巣《おす》鷹山《たかやま》墜落事故である。

この日、お盆休みの帰省客や出張族などで満員の乗員乗客524人を乗せた東京発大阪行き日本航空123便ジャンボ機は、夕方の午後6時12分、通常通り羽田空港を離陸した。しかし、6時24分緊急信号を発信、羽田空港の管制塔には引き返すと連絡してきたが、その後同機は山梨県から群馬県方面に向かい、6時57分レーダーから消えた。自衛隊の捜索機が7時12分に御巣鷹山付近で墜落した同機らしきものを発見したが、人里はなれた山中のため、県警のヘリによって同機の残骸と確認されたのは翌日の早朝だった。

さっそく自衛隊や地元警察が捜索に入り、死体や機体が散乱している中から奇跡的に4人が救出された。いずれも最後部に乗っていた人々で、なかでも12歳の少女の救出場面は朝のテレビのニュース番組で日本中に中継放送されて人々の同情を集めた。

結局、520人が犠牲となり、世界航空史上単独の飛行機事故として死亡者数が最多となってしまった。「上を向いて歩こう」などのヒット曲があるスター歌手・坂本九《きゅう》もその1人だった。異常の発生から墜落まで時間があったため、家族あてに遺書を書いた人もおり、一部は公表されて人々に衝撃を与えた。

原因は判明するも、責任は明らかにならなかった

生存者の証言や、ボイスレコーダー、フライトレコーダー、散乱した残骸などの解析から、墜落の原因は機体後部の圧力隔壁が修理不十分なために破裂し、その衝撃で尾翼の一部や操縦用の油圧系統が破壊され、操縦不能になったためと判明した。ボイスレコーダーには、操縦不能という異常事態に翻弄され、地上に連絡する余裕もなく機体の立て直しに最後まで奮闘する操縦士たちの声が記録されており、事故の恐ろしさを改めて印象づけた。

原因は判明したが、責任問題は紛糾した。この機体の圧力隔壁は昭和53年に大阪の伊《い》丹《たみ》空港でしりもち事故を起こした際に壊れ、製造元のボーイング社によって修理されていた。しかし、日航も運輸省ももともと圧力隔壁は定期点検の対象にしていなかったため、修理の不備に気づくことがなかったのである。

結局、警察はボーイング社にも日航にも刑事責任を問うことができなかった。

当然、遺族には苦しい日々が待っていた。日航の対応は次第に冷たくなり、十分な補償がないまま放置された。その結果、倒産や離婚などさまざまなトラブルがのしかかっていったのである。また、事故現場の地元自治体は、事故処理や慰霊碑の建設などに6000万円を負担しなければならなかった。

現在も毎年、日航や遺族により慰霊登山が行なわれている。

覚書　この事故で日航の乗客は1割も減って赤字経営に転落、株式配当の復活は昭和63年のことだった。

バブル経済の始まり

昭和60年（1985年）

バブルの発端「プラザ合意」

バブル経済とは、株価や地価など、泡のように実体のない帳簿上だけの価値が経済を活性化させたものであった。その発端は昭和60年9月の「プラザ合意」である。「プラザ合意」とは、ニューヨークのプラザホテルで開かれた先進5か国（米・英・仏・西独・日）会議で、円高が国際的に合意されたことをさす。当時1ドル230円だったのが、2年後には1ドル120円と円はドルに対してほぼ倍の価値になった。これまで1ドルの品物を1個買えたのが2個買えるようになった一方、売値120円の日本製品がアメリカで2ドルで売れたのが1ドルでしか売れなくなったということである。つまり輸入に有利で輸出には不利な状況となる。

円高が求められた要因は日本経済の好調さであった。イラン革命の勃発に伴うアラブ産油国の原油大幅値上げによって起きた昭和54年の第二次石油ショック以降、世界的には不況が続いていたが、日本企業はいち早くコスト削減に成功し、59年には貿易黒字は442億ドルと世界一になった。そのため、アメリカをはじめとする世界各国から批判が噴出し、対策が求められていた。円高は輸出を抑え、輸入を促進する効果がある。

円高が進んだ効果としては、まず電力料金の値下げがある。発電量の半分以上を占める火力発電の燃料のほとんどは輸入原油だったからである。また、輸入品の多くは値下げになったので、ワインブームが起きたり、大都市にブランド品の直営店が次々にできたりした。さらに海外旅行も国内並みの低価格となり、海外への旅行客はこれ以後の数年間で500万人台から倍増した。

金利引下げは人々を財テクに走らせた

しかし、「プラザ合意」の最大の影響は別のところに現われた。日銀は内需拡大を促進するため金利を引き下げた。貯蓄するより使ってもらおうということである。しかし、昭和50年代中ごろまで長く不況感を味わっていた企業や個人は安易に買い物には走らず、より高利な資産形成のため、証券や不動産に投資した。いわゆる「財テク」である。ここにバブル経済が始まった。ちょうど三公社の民営化（462頁参照）、株式上場がこのころだったこともあり、証券市場は活況を迎え、不動産市場も同じで地価は急上昇。大手企業が土地獲得のため暴力団まで使って地主を追い立てる「地上げ」が話題になるのもこのころからである。
バブル経済が起きた背景は皮肉にも不況克服のための日本人の地道な努力だった。しかし実体の裏づけのない景気は長続きしなかった。バブル崩壊は平成3年のことになる。

覚書　財テクの一環として分譲マンションを買って賃貸に手を出す手法も多く行なわれ、にわかオーナーも増えたが、バブル崩壊後彼らはどうなったのであろうか。

国鉄分割民営化の実現

昭和61年（1986年）

三公社の民営化が同時に進められた

中曽根《なかそね》内閣の内政で最大の業績は三公社の民営化である。これは、鈴木善幸《ぜんこう》内閣で設けられた第二次臨時行政調査会が昭和57年7月の答申で打ち出した政策で、中曽根は増税なき財政再建という公約を実現するため採用したのである。

三公社とは、国鉄（日本国有鉄道）、日本の電話事業を独占していた電電公社（日本電信電話公社）、タバコと塩の販売を独占していた日本専売公社である。電電公社と専売公社の民営化は経営効率をあげるためで、当事者の理解も得られたため作業は比較的スムーズに進み、昭和60年4月1日に実現、NTT（日本電信電話株式会社）とJT（日本たばこ産業）が誕生した。

難航したのは国鉄である。国鉄は、政治家の票集めの材料として赤字ローカル線の建設が続行されたことや、労使関係が悪く合理化が進まないことなどから、昭和50年代後半には累積赤字が20兆円に達していた。そこで、巨大な全国組織のままでは効率化はむずかしいということで、分割民営化による累積赤字の解消、サービスの向上がめざされた。

しかし、国鉄の主な労働組合だった国労と動労は、総評のなかでも激しい闘争をしてきたことで有名であり、当然民営化に対しても人員整理や給与切下げ、労働条件の悪化につながるとして強く反対。総評を重要な支持基盤とする社会党も同じだった。

しかも自民党内でも、ローカル線の建設ができなくなるばかりか、ローカル線の大幅な廃止につながり、自分の支持基盤が危なくなるとして反対の声が強かった。

JR7社の誕生

しかし昭和48年の上尾《あげお》事件（396頁参照）など、国労・動労の順法闘争への批判や昭和50年のスト権ストへの批判から、国労、動労への世論の眼が厳しくなっていたうえに、59年にはヤミ手当、カラ出張など全社的な職場規律の乱れが報道されて問題化していたため、世論は分割民営化には好意的だった。中曽根は世論の支持を背景に分割民営化を推進しようとしたのである。

昭和59年11月、自民党総裁に再選されて政権基盤を固めた中曽根は一気に国鉄分割民営化の実現をはかり、60年10月に、負債は国鉄清算事業団に任せ、九州、四国、西日本、東海、東日本、北海道の各旅客鉄道と貨物の7社に分けるという構想を固めた。

昭和61年7月の衆参同日選挙で大勝した中曽根は11月に国鉄分割民営化法案を成立させ、62年4月、ついに分割民営化が実現した。その結果、ローカル線の廃止などの効率化により国鉄（JR各社）の赤字は減少に向かい、サービスも向上した。

しかし、死者107人を出して民営化以後最大の事故となった平成17年4月の福知《ふくち》山《やま》線脱線事故の際には、経営効率至上主義の弊害も指摘されている。

覚書　昭和62年2月のNTT株上場は、バブル経済まっただ中だったこともあり、個人投資家に人気が高く、大きな話題となった。

リクルート事件と自民党の弱体化

昭和63年（1988年）

有力者が軒並み連座した

昭和の終わりには、バブルの時代を象徴するような汚職疑惑が自民党政権をゆるがせた。

昭和63年6月、就職情報誌出版の大手リクルート社が、59年に川崎市に自社ビルを建設するに際して便宜を図ってもらった見返りに、同市助役（現副市長）に上場直前の子会社（リクルートコスモス）の未公開株を譲渡し、株式上場による不正な利益を得させていたこと、つまり事実上賄賂を贈っていたことが朝日新聞にスクープされた。

その後、同社は、就職情報誌に関する規制緩和実現のため、有力政治家や高官に同じ手口で賄賂を贈っていたこともわかった。これがリクルート事件である。

昭和62年11月に総理総裁の座についた竹下首相、宮澤喜一《きいち》蔵相、中曽根《なかそね》前首相、藤波孝生《ふじなみたかお》前内閣官房長官などが未公開株を受け取ったり、政治資金集めのパーティー券を同社に大量に購入してもらったりしていたこと、安倍晋太郎《しんたろう》自民党幹事長（安倍晋《しん》三《ぞう》の父）の夫人がリクルート社から長年顧問料を受けとっていたことが次々と発覚した。

安倍や宮澤は辞任し、竹下首相自身も平成元年6月に辞任した。竹下の融和的政治手法から長期政権と予想されていた竹下内閣はわずか1年7か月ほどで退陣となってしまった。

また藤波は収賄容疑で起訴され、中曽根も自民党を一時離党した。藤波以外は起訴を免れたが、当時の自民党有力者のほとんどが一時は事実上の謹慎を余儀なくさせられたのだから、政界に対する事件の影響の大きさがわかる。

このほか、贈賄側としてリクルートの創業者で会長の江副浩正《えぞえひろまさ》、収賄側として労働省（現厚生労働省）と文部省（現文部科学省）の元事務次官、公明党議員やＮＴＴ前会長など十数名が贈収賄容疑で逮捕された。江副は新興産業の創業者らしく、功を急ぐあまり荒っぽい手段に出てつまずいてしまったのである。

続く宇野総理は女性スキャンダルで沈む

自民党政権の総理総裁には、疑惑がないという理由で中曽根派のベテラン宇野宗佑《そうすけ》が竹下の指名で選ばれ、7月の参議院選挙に臨んだ。

ところが選挙の直前、宇野の女性スキャンダルが発覚、宇野の評判はがた落ちとなり、平成元年7月23日の参院選で自民党は前回の半分の36議席と大幅に過半数割れとなる歴史的大敗を喫した。

宇野は選挙敗北の責任をとってわずか2か月で退陣、8月8日に自民党総裁選が行なわれ、河本《こうもと》派の海部俊樹《かいふとしき》が新しい総裁となり、8月10日海部内閣が成立した。海部は弱小派閥の一ベテラン議員にすぎないが、党内有力者が動けない状態での各派閥の合従連衡《がっしょうれんこう》と、有権者に対するクリーンなイメージという点から、海部に落ち着いたのである。

しかし海部に党をまとめる力はなく、自民党長期政権の命脈はあと4年も経たないうちに尽きることになるのだが、まだそこまで予想した人はいなかった。

覚書　安倍の場合、本人は潔白だったからいち早く総裁レースに復帰できたはずだが、平成元年4月に体調を崩して入院中だったためチャンスを逃した。

昭和天皇死去

昭和64年（1989年）

在位記録を更新し続けていた昭和天皇

昭和天皇は、昭和48年6月に明治天皇の在位期間（45年6か月）を超え、天皇として在位期間の最長記録を更新し続けていた。さらに昭和61年4月に85歳となり、江戸時代の後水尾《ごみずのお》天皇を超えて天皇としての最高齢記録をも更新し続けていた。そして、62年10月に沖縄で国民体育大会（国体）が行なわれるのに伴う沖縄訪問に意欲を燃やしていた。当時の沖縄はいまだ現役の天皇が訪れたことのない県であり、昭和天皇自身も皇太子時代に立ち寄ったことがあるだけで、天皇となってからは唯一訪れていない県だったのである。

しかし、昭和62年4月29日、自身の86歳を祝う宮中での祝宴の最中に気分が悪くなり嘔吐した。これを機に、天皇が高齢だからとして公務を減らすべきだという声も上がったが、天皇はこれを拒否し、恒例の8月15日の政府主催の全国戦没者追悼式にも出席するなど、ほぼ従来どおりの公務をこなしていった。天皇の責任感の強さがうかがわれる。

8月中旬からは吐き気や食欲不振といった症状が現われはじめた。診察の結果、十二指腸がんと判明し、手術を行なうことになった。ただし、9月19日の発表では単に腸の病気で手術するとされ、がんであることは伏せられた。ただし、新聞好きな天皇本人に知らせないためであったようだ。ただし、生物学者でもある天皇はうすうす感づいていたらしい。

9月22日、天皇は宮内庁病院に入院、東大医学部教授・森岡恭彦《やすひこ》により史上初の天皇への外科手術が行なわれた。手術は成功したが、沖縄訪問は中止となり、天皇は残念がったという。天皇は10月7日に退院し、本人の強い希望で12月から公務に復帰した。しかし、すでに体力が弱っており、昭和63年9月19日夜、寝室で吐血して重体となった。最後の公式行事出席となったのは8月15日の全国戦没者追悼式だった。

昭和天皇が重体となったことは大きく報道され、日本中に自粛ムードが広がった。祝祭的な催し物や派手なテレビコマーシャルは中止された。多くの人々が天皇の病状を心配していたのである。

昭和のおわり

しかし、こうした自粛もむなしく、昭和64年1月7日午前6時半過ぎ、天皇は死去

毎日新聞

号外

天皇陛下 崩御

激動の昭和終わる

87歳、十二指腸がんで

7日午前6時33分

ご在位、最長の62年

新天皇ご即位

宮内庁発表文

昭和天皇の死去を伝える号外

した。87年あまりの生涯だった。午前10時、皇太子明仁《あきひと》が天皇に即位、この日の午後の閣議で2日間の服喪と翌日から元号を平成とすることが決まり、昭和は終わった。

　服喪期間中は町のネオンが消え、コンサートなどほとんどの催し物が中止され、テレビは追悼番組中心の特別編成となった。皇居に記帳に訪れた人は7日だけで13万人にのぼった。

　葬儀にあたる大葬の礼は、天皇の死をいたむかのような冷たい雨が降るなか、世界各国の要人も参列して2月24日に新宿御苑《しんじゅくぎょえん》で行なわれ、遺体は東京都八王子《はちおうじ》市の武蔵《むさし》野陵《ののみささぎ》に葬られた。沿道で葬列を見送った人は57万人にのぼった。

覚書　服喪期間中の特別番組（昭和天皇の追悼番組）は、1日目こそ50パーセントを超える視聴率となったが、2日目にはレンタルビデオ店が大繁盛した。

昭和天皇の生涯

明治34年（1901年）〜昭和64年（1989年）

科学者でもあった昭和天皇

昭和天皇は明治34年に大正天皇の長男として生まれ、迪宮裕仁《みちのみやひろひと》と名づけられた。大正5年に皇太子となり、大正10年には半年にわたってヨーロッパを旅行した。皇太子のヨーロッパ訪問は史上初の快挙だった。

皇太子裕仁はこの旅行で初めて自由に行動する機会に恵まれた。この旅行での物怖じしない立派な態度は、内外の人々に次の天皇はすばらしい人物であることを印象づけた。

大正10年11月、大正天皇の病状悪化により、わずか20歳にして摂政（天皇の代理）に就任した。13年には皇族の久邇宮邦彦王《くにのみやくによしおう》の長女良子《ながこ》と結婚。大正15年12月25日、大正天皇の死去に伴い戦前の制度では最高権力者である天皇に即位し、元号は昭和となった。即位の礼と大嘗祭《だいじょうさい》の大礼は昭和3年に京都で盛大に行なわれた。

昭和天皇は責任感が強く、まじめで、生物学研究を趣味とする科学者でもあった。

しかも最高権力者であるから、他の政治家、官僚、軍人よりはるかに良質でたくさんの情報を集められ、当然、政治、軍事、外交についてはっきりと自分の意見をもっていた。

ただし、正式な決定の際に臣下の意見を否定して天皇が意見を通したりすると、万一その政策が失敗した場合に天皇の責任問題になってしまうので、よほどのことがない限り正式な決定には口を出さず、事前に非公式な形で意思表示をする形をとっていた。太平洋戦争の開戦も政府と軍の意思がまとまったために承認したのである。

昭和天皇が独自に最終的な判断を下したことは3回しかない。昭和4年に張作霖《ちょうさくりん》爆殺事件の処理をめぐり田中義一《ぎいち》首相を強く叱責して退陣させたこと、昭和11年の二・二六事件で反乱軍の断乎討伐を軍に指示したこと、昭和20年8月のポツダム宣言を受諾する（終戦）決定を下したことである。昭和4年の場合は失政続きの田中へのいらだちが高まったためというやや未熟な原因だったが、あとの2回は非常事態で政府や軍が統制を失っていたためである。

戦後は皇室の存続に腐心した

終戦にあたり、昭和天皇は内外に大きな被害をもたらした戦争を起こした国の君王としての責任を痛感し、退位も考えた。しかし、弟たちは軍人であり、皇太子はまだ幼かった。昭和天皇は強い批判を受けることは承知のうえで、皇室を存続させるためにあえて退位しなかった。

昭和22年施行の新憲法のもとで天皇は政治的実権を失ったが、昭和天皇は政治への関心を失わず、マッカーサーに非公式に政治的意思を示したりした。また皇太子が民間から妻を迎えることについても、社会の動きをみすえ、宮中や旧華族らの強い反対のなかでも積極的に支持した。昭和天皇はいかに皇室を存続させるかに最後まで心を砕いていたのである。

覚書　昭和天皇の生活ぶりは質素で、敗戦後しばらくは国民の苦境を考え、靴や洋服は同じものを修理しながら使い続け、空爆で焼失した宮殿を再建したのは高度経済成長期に入ってからだった。

■COLUMN■　テレビコマーシャルの昭和史

昭和28年に日本初の民放テレビ局として日本テレビが開局し、テレビコマーシャル（CM）も始まった。最初は単に商品名を告知するだけのものが多かったが、昭和34年の皇太子（現上皇）のご成婚を機にテレビが普及（244頁参照）し、テレビCMが効果的な宣伝手段だとみなされるようになると、CMソングが活用されるなど工夫が凝らされるようになった。このころ作られたテレビCMで有名なものとして、サントリー（当時は寿屋）ウイスキーの懸賞広告「トリスを飲んでHAWAIIへ行こう」、温泉旅館ハトヤの「伊東に行くならハトヤ」、文明堂カステラの「カステラ1番、電話は2番、3時のおやつは文明堂」、コカコーラの「スカッとさわやか、コカコーラ」などがある。昭和38年の、人気喜劇俳優の植木等《うえきひとし》が「なんである、アイデアル」と言うだけの傘のCM（丸定商店）は爆発的に受けて、販売量は年間10万本から900万本に激増するという絶大な効果をあげたという。

また、音楽家・山本直純《なおずみ》が登場する森永製菓の「大きいことはいいことだ」（42年）、若い女性のミニスカートが車の走り過ぎる風でめくれる丸善石油の「オー、モーレツ」（44年）などは高度経済成長の雰囲気を物語るテレビCMとして有名である。昭和45年には富士ゼロックスの「モーレツからビューティフルへ」というCMも人気を集めたが、働き蜂サラリーマンの生きざまは変わらず、61年の金鳥ゴン（大日本除虫菊）の「亭主元気で留守がいい」、64年の栄養ドリンク（三共リゲイン）の「24時間戦エマスカ」で昭和は終わる。まさにテレビCMは時代を映す鏡といえる。

索　引

『　』は映画名・テレビ番組名・書名、「　」は楽曲名・演目名等を示す。

本文写真（数字は頁）

共同通信イメージズ：
51, 72, 121, 140, 155, 181, 187, 189, 195, 202, 221, 227, 236, 245, 260, 267, 315, 339, 351, 365（2点）, 367, 377, 381, 393, 397, 412, 421, 433, 451
国立国会図書館：39, 48, 54, 78, 87, 161, 176, 257, 299, 324
ACME：96, 105
毎日新聞社：23
外務省：251
スタジオジブリ：454

図版作成　クラップス

本書は二〇〇六年八月に日本実業出版社より刊行された単行本『早わかり昭和史』を改題し、加筆修正のうえ文庫化したものです。

昭和全史《しょうわぜんし》

古川隆久《ふるかわたかひさ》

令和6年 10月25日　初版発行

発行者●山下直久

発行●株式会社KADOKAWA
〒102-8177　東京都千代田区富士見2-13-3
電話　0570-002-301(ナビダイヤル)

角川文庫 24385

印刷所●株式会社暁印刷
製本所●本間製本株式会社

表紙画●和田三造

ISBN 978-4-04-400828-4　C0121

角川文庫発刊に際して

角　川　源　義

第二次世界大戦の敗北は、軍事力の敗北であった以上に、私たちの若い文化力の敗退であった。私たちの文化が戦争に対して如何に無力であり、単なるあだ花に過ぎなかったかを、私たちは身を以て体験し痛感した。西洋近代文化の摂取にとって、明治以後八十年の歳月は決して短かすぎたとは言えない。にもかかわらず、近代文化の伝統を確立し、自由な批判と柔軟な良識に富む文化層として自らを形成することに私たちは失敗して来た。そしてこれは、各層への文化の普及滲透を任務とする出版人の責任でもあった。

一九四五年以来、私たちは再び振出しに戻り、第一歩から踏み出すことを余儀なくされた。これは大きな不幸ではあるが、反面、これまでの混沌・未熟・歪曲の中にあった我が国の文化に秩序と確たる基礎を齎らすためには絶好の機会でもある。角川書店は、このような祖国の文化的危機にあたり、微力をも顧みず再建の礎石たるべき抱負と決意とをもって出発したが、ここに創立以来の念願を果すべく角川文庫を発刊する。これまで刊行されたあらゆる全集叢書文庫類の長所と短所とを検討し、古今東西の不朽の典籍を、良心的編集のもとに、廉価に、そして書架にふさわしい美本として、多くのひとびとに提供しようとする。しかし私たちは徒らに百科全書的な知識のジレッタントを作ることを目的とせず、あくまで祖国の文化に秩序と再建への道を示し、この文庫を角川書店の栄ある事業として、今後永久に継続発展せしめ、学芸と教養との殿堂として大成せんことを期したい。多くの読書子の愛情ある忠言と支持とによって、この希望と抱負とを完遂せしめられんことを願う。

一九四九年五月三日

角川ソフィア文庫ベストセラー

角川ソフィア文庫ベストセラー

ひめゆりの塔をめぐる人々の手記
仲宗根政善

太平洋戦争末期、国内で唯一戦場となった沖縄では、多くの県民を含む二十数万人が犠牲となった。特に悲惨だったひめゆり学徒の最後を、引率教師だった著者が彼女たちの手記と自らの体験で綴る戦争の実録。

日本国憲法を生んだ密室の九日間
鈴木昭典

なぜGHQが憲法草案を手掛けたのか？　第9条はいかにして生まれたか？　男女平等権は誰が書いたのか？　当事者たちへの徹底的な取材を基に、憲法誕生の全過程と真実に迫る貴重なドキュメント！

太平洋戦争　日本の敗因1　日米開戦　勝算なし
編／NHK取材班

軍事物資の大半を海外に頼る日本にとって、戦争遂行の生命線であったはずの「太平洋シーレーン」確保。根本から崩れ去っていった戦争計画と、「合理的全体計画」を持てない、日本の決定的弱点をさらす！

太平洋戦争　日本の敗因2　ガダルカナル　学ばざる軍隊
編／NHK取材班

日本兵三万一〇〇〇人余のうち、撤収できた兵わずか一万人余。この島は、なぜ《日本兵の墓場》になったのか。精神主義がもたらした数々の悲劇と、「敵を知らず己を知らなかった」日本軍の解剖を試みる。

太平洋戦争　日本の敗因3　電子兵器「カミカゼ」を制す
編／NHK取材班

本土防衛の天王山となったマリアナ沖海戦。乾坤一擲、必勝の信念で米機動部隊に殺到した日本軍機は、つぎつぎに撃墜される。電子兵器、兵器思想、そして文化――。勝敗を分けた「日米の差」を明らかにする。